Concours 2024-2025

100% efficace
LE TOUT-EN-UN

Sous-officier de gendarmerie

Concours gendarme externe et interne

12e édition

Thibaut Klinger
Normalien agrégé d'histoire, professeur d'histoire-géographie

Bernadette Lavaud
Professeure de français, formatrice spécialisée dans les écrits professionnels et en expression écrite et orale pour plusieurs filières dont la sécurité

François Lavedan
Commandant de police et membre de plusieurs jurys de concours administratifs

Olivier Sorel
Psychologue et docteur en psychologie, formateur

Vuibert

Téléchargez gratuitement 15 schémas en couleurs, des sujets d'annales corrigés supplémentaires et nos fiches de cours à écouter :

- Organisation et mission de la gendarmerie (1 et 2)
- Les techniques d'intervention professionnelle
- Les techniques d'accueil et de communication
- Les autres acteurs de la sécurité publique
- La Ve République
- Le président de la République
- Le Premier ministre et le Gouvernement
- Le Parlement
- Les collectivités territoriales
- Les institutions européennes
- Organisation judiciaire et juridictions administratives
- Géographie française
- Histoire
- Rappels chronologiques

sur : www.vuibert.fr/site/218350

ISSN : 2262-3906
ISBN : 978-2-311-21835-0

Conception de la couverture : Les PAOistes
Conception de la maquette : Bleu T
Composition : Grafatom

Crédit de la photographie de couverture : © Aliaksandr Siamko/Adobe Stock

Sommaire

Présentation générale

1. Présentation de la Gendarmerie nationale

Une présentation de la Gendarmerie nationale est nécessaire afin de mieux connaître le corps dans lequel vous souhaitez servir. Gardez bien en tête ces informations, notamment dans la perspective de l'épreuve d'entretien avec le jury.

Les missions dévolues à la gendarmerie

La Gendarmerie nationale se définit comme « une force militaire instituée pour veiller à la sûreté publique (elle garantit la protection des personnes et des biens, renseigne, alerte et porte secours), et assurer le maintien de l'ordre public et l'exécution des lois. Par ailleurs, elle participe à la défense de la nation et à la protection des institutions » (source : ministère de l'Intérieur).

La police judiciaire

La police judiciaire consiste à rechercher les infractions à la loi pénale, à les constater, à en rassembler les preuves et à en rechercher les auteurs. Elle est exercée sous le contrôle des magistrats, notamment le procureur de la République et le juge d'instruction en cas de commission rogatoire. Mobilisant 40 % de l'activité quotidienne de la Gendarmerie nationale, la police judiciaire implique aussi bien ses unités territoriales que ses services spécialisés : police technique et scientifique, département « cybercriminalité », service technique de recherches judiciaires et documentation, office central de lutte contre les atteintes à l'environnement et à la santé publique, office central de lutte contre le travail illégal, office central de lutte contre la délinquance itinérante, office central de lutte contre les crimes contre l'humanité, les génocides et les crimes de guerre.

La police administrative

La police administrative vise à prévenir les troubles à l'ordre public. Elle présente donc un aspect essentiellement préventif. La police administrative recouvre de nombreux domaines : police rurale, police de la route, renseignement, police sanitaire des personnes et des animaux, police de l'environnement, police des étrangers, professions réglementées, législation sur les débits de boisson, populations non sédentaires, etc.

La sécurité routière

La Gendarmerie nationale est compétente sur plus de 800 000 kilomètres de voies, dont de très nombreuses autoroutes. Elle s'emploie à surveiller le réseau, à prévenir et réprimer les comportements accidentogènes, ainsi qu'à porter assistance aux personnes en difficulté.

Le secours

Chaque année, les gendarmes effectuent de nombreuses missions de secours. Les milieux montagneux, souterrains, maritimes et fluviaux sont les domaines d'intervention pour lesquels la gendarmerie est spécialisée.

La lutte contre l'immigration irrégulière

À l'instar de la Police nationale, la Gendarmerie nationale est fortement impliquée dans la lutte contre l'immigration irrégulière, tant en métropole qu'en Outre-mer.

L'ordre public et la sécurité générale

Grâce à la gendarmerie mobile, la Gendarmerie nationale dispose d'une force de réserve générale à même d'agir sur tout le territoire national afin de renforcer l'action des services locaux chaque fois que cela s'avère nécessaire.

Ces missions de renfort peuvent être très diverses : protection d'édifices sensibles, sécurisation de rencontres sportives, escortes sensibles, maintien de l'ordre dans des quartiers sensibles, engagement lors d'opérations extérieures, etc.

Les missions de défense

Plusieurs unités de la gendarmerie (sous-groupement opérationnel NRBC, services « renseignement » et cybercriminalité) sont investies de missions de défense, qu'il s'agisse de lutter contre le terrorisme ou de protéger nos infrastructures militaires et de défense. De même, la gendarmerie intervient régulièrement au côté de l'armée lors d'opérations extérieures. La gendarmerie est notamment chargée de la prévôté, qui est la police militaire, et d'une partie de la justice militaire des soldats français sur les théâtres d'opération.

Le renseignement

Il convient également de rappeler l'activité de renseignement de la Gendarmerie nationale, qui est amenée à collaborer avec l'ensemble des services de renseignement du ministère de l'Intérieur et du ministère de la Défense.

■ L'organisation de la Gendarmerie nationale

Comme la Police nationale, la gendarmerie est chargée de la protection des personnes et des biens, ainsi que du respect de l'ordre public. Sous cette formule assez générale, on peut décliner de multiples missions. Cette variété de missions a conduit à la création de structures spécialisées au sein de la Gendarmerie nationale.

Sur le plan de la répartition des compétences, la Police nationale sera responsable de la sécurité publique pour les villes de plus de 10 000 habitants. Dans les campagnes et les zones périurbaines, ce sera la Gendarmerie nationale. Au total, la Gendarmerie nationale comprend environ 101 000 personnels.

La Gendarme nationale est compétente sur 95 % du territoire français, au profit de 50 % de la population. Sur le plan de la délinquance, la Police nationale est saisie des trois quarts des crimes et délits commis en France, la Gendarmerie nationale, du quart restant.

La gendarmerie départementale

La chaîne de commandement territorial de la gendarmerie s'articule en treize régions de gendarmerie, qui correspondent au découpage de la France métropolitaine en treize régions administratives – passé avant l'application de la réforme des collectivités territoriales. Chaque commandant de région exerce son autorité sur l'ensemble des unités territoriales de sa région et est directement subordonné au directeur général de la Gendarmerie nationale.

Au niveau du département, l'échelon de commandement de la gendarmerie est le groupement. Chaque groupement est divisé en plusieurs compagnies. On trouve généralement une compagnie par arrondissement. Une compagnie est divisée en plusieurs brigades territoriales.

Présente dans les campagnes et les zones périurbaines, la gendarmerie départementale se compose principalement de brigades territoriales présentes dans les différents chefs-lieux de canton. 67 000 gendarmes servent dans la gendarmerie départementale. Il y a environ 3 100 brigades sur tout le territoire. Afin de mutualiser les moyens, 1 000 communautés de brigades ont été créées, tandis que 700 sont restées autonomes.

Au contact de la population, ces brigades assurent la sécurité des habitants des différentes communes, la prise des plaintes, les principales enquêtes administratives et judiciaires, ainsi que des missions de sécurité routière.

En plus des brigades territoriales, la gendarmerie départementale comprend également certaines unités spécialisées :

– les **brigades de recherche**, les **brigades départementales** et les **sections de recherche**, qui assurent les enquêtes judiciaires sur toutes les affaires d'importance dont est saisie la gendarmerie ;
– les **pelotons de surveillance et d'intervention de la gendarmerie (PSIG)** sont regroupés au niveau des compagnies. La lutte contre la délinquance est leur principale mission. Ils viennent en renfort des brigades territoriales, notamment la nuit ou lors d'événements particuliers ;
– les **brigades de répression de la délinquance juvénile** : intervenant en priorité dans les zones les plus sensibles, elles sont chargées de missions de dissuasion et de prévention auprès des mineurs en difficulté ;
– plusieurs **unités motorisées** (brigades motorisées, pelotons autoroutiers et brigades rapides d'intervention), qui ont pour missions principales le respect du Code de la route et la sécurité routière ;
– les **unités de montagne** : les pelotons de gendarmerie de haute montagne (PGHM) et les pelotons de gendarmerie de montagne sont principalement chargés du secours en montagne ;
– les **sections aériennes**, équipées d'hélicoptères.

La gendarmerie mobile

Comme leurs homologues des compagnies républicaines de sécurité, les gendarmes mobiles sont investis principalement de missions de maintien de l'ordre (appelé aussi « MO »). Environ 17 000 gendarmes sont regroupés au sein de la gendarmerie mobile.

Sur le plan de son organisation interne, la gendarmerie mobile est principalement composée de :
– 109 escadrons, employant chacun environ 120 gendarmes. Chaque escadron est commandé par un capitaine et comprend 5 pelotons ;
– un groupement blindé, situé au camp de Satory (Yvelines), qui comprend principalement 7 escadrons équipés de véhicules blindés (VBRG) ;
– une cellule nationale NRBC (nucléaire, radiologique, bactériologique et chimique), susceptible d'être projetée de manière autonome ou en soutien. Elle est également chargée de missions de formation.

Outre le maintien de l'ordre lors des manifestations ou de phénomènes de violences urbaines, ils peuvent aussi assurer des missions de sécurisation (secours en montagne, protection, escorte d'armes nucléaires). Il faut également préciser que les gendarmes mobiles peuvent être employés en Outre-mer et à l'étranger (missions ponctuelles dites « Opex », qui est le diminutif d'« opération extérieure »).

Les services spécialisés de la Gendarmerie nationale

Plusieurs services de gendarmerie ont des attributions bien spécifiques :
– la **gendarmerie maritime** assure des missions de surveillance du littoral, de sauvegarde et de police maritime, de police judiciaire, ainsi que de protection des équipements de la Marine nationale. Elle est plus particulièrement compétente dans les ports militaires, les arsenaux, les établissements et les bases de la Marine nationale ;
– la **gendarmerie de l'air** est chargée de la sûreté, de la sécurité et de la police à l'intérieur des bases de l'armée de l'air et de leurs abords immédiats. Elle est saisie des enquêtes relatives aux accidents d'aéronefs militaires ;
– la **gendarmerie des transports aériens** est investie de missions de police aérienne et de sécurité dans les aérodromes et installations aéronautiques civiles. Elle concourt également à la sûreté et à la sécurité de l'aviation civile ;
– la **gendarmerie de l'armement** s'occupe des missions de protection industrielle et de sécurisation dans les établissements de la Direction générale de l'armement, notamment des armements nucléaires. Elle a compétence de police judiciaire dans ces mêmes lieux.

Enfin, d'autres unités spécialisées de la Gendarmerie nationale bénéficient d'une notoriété et d'un prestige importants :

– la **Garde républicaine**. Elle assure des missions de sécurité et d'honneur pour les plus hautes autorités de l'État, tant dans les palais nationaux, comme l'Élysée ou Matignon, que lors de cérémonies. À Paris, certaines missions de sécurité publique sont assurées par des patrouilles équestres. Plus de 2 800 gendarmes composent la Garde républicaine;
– le **Groupe d'intervention de la Gendarmerie nationale (GIGN)**. À l'instar du RAID pour la Police nationale, le GIGN a pour vocation d'intervenir lors de situations très délicates, comme les prises d'otages, la maîtrise des forcenés ou les attaques terroristes. Ses missions comprennent également la protection rapprochée de personnalités et l'assistance au profit d'unités judiciaires de la gendarmerie. Le GIGN participe en outre aux plans gouvernementaux de lutte contre le terrorisme et les pirateries aériennes et maritimes;
– l'**Institut de recherches criminelles de la Gendarmerie nationale (IRCGN)**. Il est basé à Pontoise, en région parisienne, et assure des missions de police scientifique et d'identification criminelle.

Les personnels de la gendarmerie

La gendarmerie compte aujourd'hui environ 102 000 personnels :
- 6 023 officiers et 74 015 sous-officiers de gendarmerie, principalement employés dans des fonctions opérationnelles ;
- 250 officiers et 4 050 sous-officiers du corps technique et de soutien de la gendarmerie ;
- 12 600 gendarmes adjoints volontaires ;
- environ 6 000 personnels civils. Des emplois d'encadrement, d'experts ou de spécialistes dans les domaines administratifs, logistiques et techniques, qui ne sont pas soumis au statut militaire.

En ce qui concerne le recrutement d'éléments féminins, pour les sous-officiers, il atteint 22 %.

Il est important de préciser que les gendarmes et officiers de gendarmerie sont statutairement des militaires. Les gendarmes et gradés de gendarmerie appartiennent au corps des sous-officiers.

En raison de leur statut militaire, les gendarmes n'ont pas de droits syndicaux, ni de grève. Cependant, ils peuvent se porter candidats à des fonctions publiques électives. Ils sont également soumis à un strict devoir de réserve quant à leurs opinions et croyances personnelles.

Enfin, pour nécessité absolue de service, les gendarmes et leurs familles sont logés par la gendarmerie à proximité immédiate de leur lieu d'affectation.

Gendarmes adjoints et réservistes

Les gendarmes adjoints volontaires (GAV) sont actuellement 14 400 et constituent l'équivalent des emplois-jeunes civils. Ils signent un engagement initial de deux ans, renouvelable par un deuxième de trois ans et un éventuel troisième d'un an. Leur contrat est donc limité à six ans. Les gendarmes adjoints volontaires assurent le soutien des gendarmes, auxquels ils sont subordonnés.

La Gendarmerie nationale, en fonction de ses besoins, peut également faire appel à des réservistes. La vocation première de la réserve est le soutien aux forces territoriales de gendarmerie. Les réservistes peuvent assurer les mêmes missions que les gendarmes d'active, à l'exception des compétences spécifiques liées à l'exercice de la police judiciaire (au total 60 000, issus des gendarmes retraités réservistes, anciens militaires, réserve citoyenne). L'objectif du gouvernement est de pouvoir bénéficier d'un potentiel de 100 000 personnels réservistes.

Les gendarmes et les gradés

Au nombre d'environ 74 015 (sur un total d'environ 102 000 personnels), le corps des sous-officiers de gendarmerie comporte plusieurs grades. Par ordre croissant, ces grades sont :
– gendarme sous contrat;
– gendarme;
– maréchal des logis-chef, appelé « chef »;
– adjudant;
– adjudant-chef;
– major.

Les officiers

Les officiers de gendarmerie sont près de 6 000 et sont formés à l'École des officiers de la Gendarmerie nationale (EOGN) de Melun. Les élèves de l'EOGN sont recrutés parmi les diplômés des grandes écoles militaires, par recrutement externe auprès d'étudiants titulaires de diplômes de l'enseignement supérieur, de fonctionnaires de catégorie A ou bien par recrutement interne parmi les sous-officiers de gendarmerie.

Les officiers de gendarmerie sont, par ordre croissant :

- officiers subalternes : élève-officier, aspirant, sous-lieutenant, lieutenant et capitaine : les premiers grades seront appelés « mon lieutenant » ;
- officiers supérieurs : commandant (aussi appelé « chef d'escadrons »), lieutenant-colonel et colonel ;
- officiers généraux : général de brigade, de division, de corps d'armée et d'armée.

Pour un homme, on dira « mon » suivi du grade. Pour une femme, puisque « mon » est le diminutif de « monsieur », on dira simplement le grade.

■ La déontologie de la Gendarmerie nationale

Depuis, le 1er janvier 2014, il existe un Code de déontologie commun à la Police nationale et à la Gendarmerie nationale.

De leur côté, la Charte du gendarme et les obligations découlant du statut militaire des personnels de la Gendarmerie nationale subordonnent l'exercice des missions au strict respect de la Déclaration des droits de l'homme et du citoyen, de la Constitution, des conventions internationales et des lois de la République.

À ce titre, les gendarmes doivent respecter :

- la loyauté envers les institutions de la République ;
- l'intégrité (l'honnêteté) ;
- l'impartialité ;
- l'obligation d'intervenir pour porter aide et assistance, même en dehors de leur temps de service ;
- l'obligation de réserve (un gendarme ne doit en aucun cas exprimer ses opinions politiques, philosophiques ou religieuses au cours de son service et, dans une certaine mesure, également en dehors du travail) ;
- le respect du secret professionnel ;
- l'interdiction du cumul d'activités (un gendarme ne peut exercer plusieurs emplois, sauf dans quelques exceptions très limitées) ;
- l'obéissance hiérarchique (ce principe est complété par une obligation de « désobéissance » lorsque l'ordre reçu par le gendarme est manifestement illégal et de nature à compromettre gravement un intérêt public).

En cas de non-respect de ces obligations, les gendarmes encourent :

- des sanctions disciplinaires ;
- des poursuites pénales en cas d'infraction avérée.

Les insignes de grades

Les insignes de grades de la Gendarmerie nationale sont calqués sur ceux de l'armée de terre. Il existe cependant une petite particularité : les insignes blancs sont ceux de la gendarmerie départementale. Pour la gendarmerie mobile et la Garde républicaine, ils sont de couleur jaune.

Gendarme adjoint volontaire :

Élève-gendarme :

Gendarme sous contrat :

Gendarme de carrière :

Maréchal des logis-chef :

Adjudant :

Adjudant-chef :

Major :

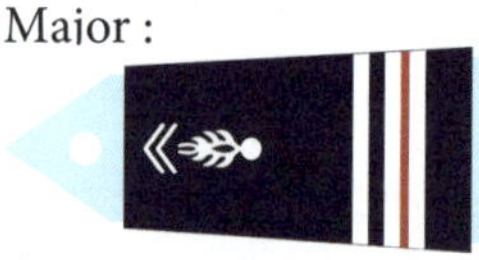

Élève-officier :

Aspirant :

Sous-lieutenant :

Lieutenant :

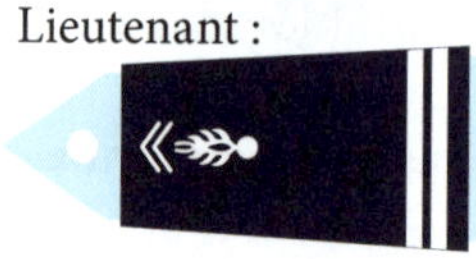

Capitaine :

Commandant :

Lieutenant-colonel :

Colonel :

Général de brigade :

Général de division :

Général de corps d'armée :

Général d'armée :

2. Le métier de gendarme

Le statut

Un gendarme est statutairement un militaire, appartenant au corps des sous-officiers. Depuis 2002, les forces de gendarmerie sont rattachées au ministère de l'Intérieur pour ce qui concerne l'accomplissement de leurs missions de sécurité intérieure. En 2009, la Direction générale de la Gendarmerie nationale quitte le ministère de la Défense pour rejoindre celui de l'Intérieur. Le rapprochement avec la Police nationale est alors pleinement effectif, même si les gendarmes continuent de relever d'un statut militaire auquel ils sont fort attachés. L'intégration des services de police et de gendarmerie continue de se poursuivre, notamment en police judiciaire, en matière de coopération internationale et à travers la mutualisation de certains moyens opérationnels.

D'autre part, en raison de leur statut militaire, les gendarmes n'ont pas de droits syndicaux, ni de grève. Toutefois, une loi du 18 août 2010 et l'article 1 du décret d'application stipule : « Les instances de représentation et de participation au sein de la Gendarmerie nationale contribuent à la communication et au dialogue interne. Elles permettent à chaque militaire de participer à la prise des décisions relatives à la vie courante de son unité. » Par ailleurs, les gendarmes sont également soumis à un strict devoir de réserve quant à leurs opinions et croyances personnelles.

Enfin, pour nécessité de service, les gendarmes bénéficient d'un logement de fonction. Contrairement à une idée reçue, il ne s'agit pas véritablement d'un casernement, même si ce terme est parfois employé et si vous pouvez être amené à vivre à proximité immédiate de vos collègues et de leur famille.

Présentation de la formation

D'une manière générale, les candidats au concours de gendarme sont informés de leurs résultats par courrier et dans un délai de deux mois après le passage des épreuves de sélection. Votre candidature peut être :

– agréée : vous avez réussi les épreuves. Vous serez prochainement invité à rejoindre une école de gendarmerie, sous réserve qu'aucun renseignement défavorable vous concernant ne soit recueilli dans l'intervalle et que vous soyez déclaré apte au cours d'une visite médicale passée auprès d'un médecin servant dans la gendarmerie ;
– ajournée. Vous serez ajourné pour une durée de quatre mois en cas d'échec aux épreuves d'aptitude générale ou à l'épreuve physique. Vous serez ajourné pour une durée de douze mois en cas d'échec au cours des tests écrits de personnalité et d'adaptabilité ou des tests psychotechniques. Une fois ces délais écoulés, vous pourrez de nouveau déposer un dossier de candidature ;
– rejetée : en cas de renseignements défavorables sur la moralité ou d'inaptitude médicale définitive.

Il est important de préciser ici qu'après votre réussite au concours vous pouvez attendre un certain moment avant d'être intégré en école. Ce temps d'attente varie de quelques mois à un peu plus d'une année.

La visite médicale

Si vous êtes reçu au concours, vous serez convoqué à une visite médicale de sélection. Au préalable, vous devrez vous munir de tous les documents médicaux en votre possession (carnet de vaccination, examens radiologiques, carnet de santé...). Vous serez examiné par un médecin servant dans la gendarmerie afin d'établir votre aptitude physique. Cette aptitude physique sera notamment déterminée par votre vue. Le certificat médical établi sera le seul à faire foi en ce qui concerne votre aptitude physique. Le médecin peut alors vous déclarer apte ou inapte temporairement (votre départ en école ne sera prononcé qu'à l'occasion d'une nouvelle visite médicale).

Par la suite, dans le cadre du recrutement, vous passerez une visite médicale d'incorporation. Dès votre entrée en école, elle sera réalisée par le médecin militaire de l'école et confirmera ou infirmera les résultats de la visite médicale de sélection. Le cas échéant, le médecin militaire de l'école peut décider d'envoyer en consultation l'élève-gendarme auprès d'un médecin spécialiste des armées pour un avis quant à son aptitude. En cas d'inaptitude constatée, les élèves seront informés de l'annulation de leur contrat pour inaptitude physique préexistant à la signature du contrat.

Il faut également noter que la constatation d'une toxicomanie avérée ou décelée par des examens médicaux est une cause d'inaptitude à l'engagement.

L'intégration en école

Environ deux mois avant votre admission en école, vous recevrez une notification de décision définitive d'autorisation à l'engagement. Cette notification vous indiquera l'école à rejoindre et la date.

Le premier jour de votre arrivée en école, vous signerez un contrat d'engagement. Ce contrat d'engagement porte sur une durée de six ans durant laquelle vous vous engagez à servir dans la gendarmerie. Ce contrat peut être dénoncé au cours de la période probatoire égale au temps de formation en école (douze mois) :

- sur demande de l'intéressé ;
- pour inaptitude physique préalable à l'engagement ;
- pour inaptitude à l'emploi de gendarme.

Ce contrat d'engagement peut être annulé à tout moment pour non-respect des conditions légales régissant l'engagement dans la gendarmerie.

La formation en école

Votre formation en école sera rémunérée (autour de 1 650 euros nets mensuels pour un élève-gendarme célibataire).

Sa durée sera de 12 mois (8 mois en école et 4 mois sur le terrain), sous le régime de l'internat. À ce jour, il existe cinq principales écoles pour la formation des sous-officiers de gendarmerie : Châteaulin (Finistère), Chaumont (Haute-Marne), Montluçon (Allier) et Tulle (Corrèze).

Le mode d'hébergement est le régime d'internat en caserne. Les frais de nourriture sont supportés par les élèves-gendarmes.

Le contenu de la formation touche principalement les domaines suivants :

- la formation professionnelle (police judiciaire, administrative, circulation routière) ;
- la formation militaire (tir et armement, tactique, topographie et télécommunications) ;
- la formation générale (déontologie, management, accueil du public et bureautique) ;
- la formation physique (sport, techniques professionnelles d'intervention).

Il faut préciser que l'obtention du permis de conduire civil de catégorie B ou militaire « véhicules légers » est indispensable pour pouvoir être nommé gendarme.

Préalablement à l'affectation en unité, chaque gendarme se voit attribuer le certificat d'aptitude à la gendarmerie (CAG), homologué au niveau IV de l'enseignement technologique (équivalence du baccalauréat). Il a également la qualité d'agent de police judiciaire. La première affectation en unité est choisie par les élèves-gendarmes en fin de scolarité et en fonction de leur classement de sortie d'école parmi les places offertes, au choix, en gendarmerie départementale, gendarmerie mobile ou Garde républicaine.

■ Le régime de travail

Le régime de travail des gendarmes est très variable d'une unité à l'autre, en fonction des nécessités opérationnelles du service d'appartenance. D'une manière générale, il faut bien avoir conscience que vous vous destinez à une profession demandant une large disponibilité. Vous pourrez, le cas échéant, travailler la nuit, le week-end ou les jours fériés. De même, les gendarmes mobiles effectuent des missions de plusieurs semaines loin de leur domicile. De manière évidente, ces conditions de travail auront un impact sur votre vie personnelle, familiale et privée.

Sur le plan des congés, les gendarmes bénéficient de neuf semaines de permission, auxquelles s'ajoutent quinze jours de permission supplémentaires.

Les premières années de la carrière

Pendant deux ans, vous serez gendarme sous contrat. Vous devrez préparer le certificat d'aptitude technique (CAT). L'obtention du CAT vous permettra de devenir sous-officier de gendarmerie de carrière et de poursuivre votre parcours professionnel. En cas d'échec au CAT – ce qui est très rare en pratique –, vous devrez quitter la Gendarmerie nationale.

Devenu gendarme de carrière, vous pourrez passer un diplôme au choix :

- officier de police judiciaire (gendarmerie départementale) ;
- diplôme d'arme (gendarmerie mobile et Garde républicaine) ;
- diplôme de spécialité (technicien en investigation criminelle, motocycliste, pilote de véhicule rapide d'intervention, spécialiste montagne, pilote d'hélicoptère, plongeur, maître-chien, cavalier, informaticien...).

Le déroulement de carrière

Le passage de l'un de ces diplômes n'est en aucun cas obligatoire. En revanche, il faut être bien conscient qu'il vous permettra de monter en grade en devenant maréchal des logis-chef, adjudant, adjudant-chef et major.

Comme toute promotion, ces passages de grades vous permettront de bénéficier d'une meilleure rémunération, de responsabilités plus valorisantes, mais aussi de mutations.

Deux voies sont offertes aux gendarmes voulant devenir officier de gendarmerie :

- les sous-officiers titulaires d'un diplôme de licence ou d'un titre professionnel peuvent tenter le concours semi-direct de l'École des officiers de gendarmerie (EOGN de Melun, en Seine-et-Marne) ;
- les majors peuvent postuler au concours « rang » de l'EOGN.

La rémunération

Les rémunérations de gendarme demeurent attractives, surtout si l'on prend en compte le fait que les gendarmes se voient octroyer un logement de fonction.

Quelques exemples de rémunérations nettes mensuelles :

- élève-gendarme célibataire : 1 650 euros ;
- gendarme célibataire, 3 ans de service : 2 300 euros ;
- gendarme, marié, deux enfants, échelon exceptionnel, plus de 20 ans de service : 2 800 euros ;
- maréchal des logis-chef, marié, 2 enfants, 10 ans de service : 2 500 euros ;
- adjudant, marié, 2 enfants, 21 ans de service : 2 800 euros ;
- adjudant-chef, marié, 2 enfants, 25 ans de service : 3 000 euros ;
- major, marié, 2 enfants, 26 ans de service : 3 300 euros.

En fonction de la situation familiale de l'intéressé et des jours de service loin du domicile, des primes peuvent s'ajouter à ces rémunérations. Un gendarme partant en opération extérieure hors du territoire national bénéficiera ainsi d'importantes primes.

3. Le concours de gendarme

Avant de vous présenter au concours de gendarme, il importe de bien connaître toutes les conditions requises. Trop de candidats échouent faute d'avoir pris à temps leurs dispositions pour les satisfaire. Enfin, il faut bien savoir que, si la candidature au concours externe de gendarme implique l'obtention du baccalauréat, le niveau réel de difficulté du concours reste élevé.

Les conditions de dépôt de candidature

Les candidat(e)s peuvent s'inscrire sur le site Internet de la Gendarmerie nationale www.lagendarmerierecrute.fr. L'heure de validation de l'inscription fait foi sur Internet. Le courriel de validation étant envoyé aux candidats

12 heures après l'enregistrement de l'inscription, les candidats doivent tenir compte de ce délai.

Pour pouvoir déposer un dossier de candidature au concours externe de gendarme (appelé également « premier concours »), les conditions sont les suivantes :

- être de nationalité française ;
- être âgé de 18 ans révolus et de 35 ans au plus au 1er janvier de l'année du concours ;
- jouir de ses droits civiques et être de bonne moralité (une enquête de moralité sera effectuée) ;
- les candidats au concours externe de gendarme devront être titulaires du baccalauréat, ou pouvoir en justifier l'obtention par tout moyen à l'issue des résultats d'admissibilité, ou d'un diplôme ou titre enregistré et classé au moins au niveau IV ;
- savoir nager (votre aptitude sera vérifiée en école) ;
- être en règle par rapport aux dispositions du service national : avoir satisfait aux obligations du service national ou à la journée d'appel de préparation à la défense (JAPD), ou bien en avoir été légalement exempté ou dispensé, ou encore à la Journée défense citoyenne (JDC) ;
- ne pas s'être déjà présenté trois fois à chacun des concours ;
- ne pas avoir bénéficié d'un congé de reconversion entraînant la cessation définitive de l'état militaire (candidat militaire ou ex-militaire).

Les candidats au deuxième concours (concours interne) doivent :

- être en particulier de nationalité française ;
- être âgés de 18 ans au moins et de 35 ans au plus au 1er janvier de l'année du concours ;
- ne pas avoir été privés de leurs droits civiques ;
- satisfaire aux conditions médicales et physiques d'aptitude fixées par arrêté ;
- présenter une moralité et avoir un comportement compatibles avec l'exercice de la fonction de sous-officier de gendarmerie ;
- ne pas s'être déjà présentés trois fois au deuxième concours ;

et être :

- soit volontaires de la gendarmerie, titulaires du diplôme de gendarme adjoint, en activité et comptant, au 1er janvier de l'année du concours, au moins un an de service en cette qualité ;
- soit aux policiers adjoints de la Police nationale en activité et comptant, au 1er janvier de l'année du concours, au moins un an de service en cette qualité ;
- soit militaires des forces armées autres que la Gendarmerie nationale servant en vertu d'un contrat, en activité et comptant, au 1er janvier de l'année du concours, au moins quatre ans de service en cette qualité ;
- soit réservistes de la Gendarmerie nationale.

Les candidats au troisième concours (voie professionnelle) doivent :

- être de nationalité française ;
- être âgés de 18 ans au moins et de 35 ans au plus au 1er janvier de l'année du concours ;
- ne pas avoir été privés de leurs droits civiques ;
- satisfaire aux conditions médicales et physiques d'aptitude fixées par arrêté ;
- présenter une moralité et avoir un comportement compatibles avec l'exercice de la fonction de sous-officier de gendarmerie ;
- ne pas s'être déjà présentés trois fois au troisième concours ;
- justifier d'une expérience professionnelle de trois années dans des conditions fixées par arrêté du ministre de l'Intérieur.

La constitution du dossier de candidature

Le dossier de candidature peut être soit téléchargé sur le site Internet du recrutement de la gendarmerie www.lagendarmerierecrute.fr, soit retiré auprès d'une brigade de gendarmerie ou d'un centre d'information et de recrutement.

Le dossier d'inscription rempli doit être adressé pour la métropole au centre de sélection et de concours dont relève le candidat et, pour l'Outre-mer, au centre de recrutement, de concours et de sélection dont relève le candidat (la liste des différents centres est disponible dans le dossier d'inscription). Tout dossier déposé ou posté après la date butoir ne pourra pas être pris en considération, le cachet de la poste faisant foi.

Veillez à respecter scrupuleusement la liste des pièces à fournir pour la constitution de votre dossier de candidature. En toute hypothèse, les candidats s'attacheront à lire attentivement la notice jointe au dossier et à la conserver en lieu sûr.

De même, n'attendez pas le dernier moment pour renvoyer votre dossier de candidature et gardez-en une photocopie. Vérifiez bien que votre dossier comporte toutes les pièces requises (tout dossier incomplet est rejeté).

■ La convocation aux épreuves du concours

Une fois que votre dossier de candidature aura été validé, vous recevrez par voie postale une lettre de convocation aux épreuves, une fiche d'information pratique destinée à faciliter l'accès au centre de sélection et un bon unique de transport, qui vous permettra d'acquérir gratuitement un billet SNCF aller-retour pour vous rendre au centre de sélection.

Les épreuves de sélection se déroulent sur deux jours et auront lieu dans un des centres régionaux de la gendarmerie.

■ Les différents concours

Il existe trois concours différents pour devenir sous-officier de gendarmerie :

- un concours externe, ouvert aux titulaires du baccalauréat ou d'un diplôme équivalent;
- un concours « interne », ouvert aux gendarmes adjoints volontaires, aux policiers adjoints de la Police nationale, aux militaires des forces armées autres que la Gendarmerie nationale et aux réservistes de la Gendarmerie nationale;
- un troisième concours, ouvert sans conditions de diplôme aux candidats justifiant d'une expérience professionnelle d'au moins trois années. Ouvert ponctuellement, ce concours a notamment pour vocation le recrutement de certains spécialistes dont la Gendarmerie nationale pourrait avoir besoin (exemples : maréchal-ferrant ou musicien pour la Garde républicaine).

La répartition des postes offerts entre les trois concours est schématiquement la suivante :

- concours externe : 60 % des postes;
- concours interne : 30 à 40 % des postes;
- troisième concours : entre 0 et 10 % des postes.

Les épreuves du concours externe

L'épreuve écrite d'**admissibilité** :

- une épreuve de composition de culture générale **sans documentation** (durée : 3 heures; coefficient : 7);

Les épreuves d'**admission** en région ou en visioconférence (DROM/COM, ex- DOM/TOM) comprennent :

- une évaluation de l'aptitude professionnelle (non notée) ;
- deux inventaires de personnalité (non notés);
- un entretien individuel avec un ou plusieurs psychologues (non noté);
- une épreuve orale d'entretien avec le jury (durée : 10 minutes de préparation et 20 minutes d'entretien; coefficient : 7);
- l'épreuve physique gendarmerie (coefficient : 3).
- une épreuve d'évaluation numérique (durée : 30 minutes ; coefficient 1).

Les épreuves du concours interne

L'épreuve écrite d'**admissibilité** :

- une épreuve de connaissances professionnelles (durée : 3 heures; coefficient : 7).

Les épreuves d'**admission** comprennent :

- une évaluation de l'aptitude professionnelle (non notée) ;

- deux inventaires de personnalité (non notés) ;
- un entretien individuel avec un ou plusieurs psychologues (non noté) ;
- une épreuve orale d'entretien avec le jury (durée : 10 minutes de préparation et 20 minutes d'entretien ; coefficient : 7) ;
- l'épreuve physique gendarmerie (coefficient : 3).
- une épreuve d'évaluation numérique (durée : 30 minutes ; coefficient 1).

Les épreuves du troisième concours

La phase d'**admissibilité** :
Elle vise à apprécier les acquis de l'expérience professionnelle du candidat et consiste en l'examen d'un dossier dont la composition est fixée par l'arrêté du ministre de l'Intérieur. Les membres de la commission d'admissibilité apprécient chaque dossier puis établissent une présélection des candidats.

Inventaires de personnalité :
En même temps que les épreuves d'admission, les candidats sont soumis à deux inventaires de personnalité destinés à préparer leur entretien individuel avec un ou plusieurs psychologues. Ces inventaires n'étant pas une épreuve du concours, aucune préparation n'est nécessaire.

Nature et forme des épreuves d'**admission** :
- une épreuve pratique d'aptitude professionnelle (coefficient 1) ;
- une épreuve d'entretien (coefficient 1).

1. Épreuve pratique d'aptitude professionnelle
Cette épreuve consiste en une mise en situation pratique en lien direct avec la nature de l'expérience professionnelle au titre de laquelle le concours est ouvert. La durée, le programme et les modalités de cette épreuve sont fixés par arrêté du ministre de l'Intérieur.

2. Épreuve d'entretien
Cette épreuve consiste en un entretien de vingt minutes avec le président du jury et un ou plusieurs militaires de la Gendarmerie nationale ou experts civils. Elle vise à apprécier les aptitudes, la personnalité et la motivation du candidat, ainsi qu'à évaluer les acquis de son expérience professionnelle.

Les inventaires de personnalité et l'entretien avec le ou les psychologues constituent une aide à la décision. Pour cet entretien, les membres disposent du dossier du candidat.

AUTO-ÉVALUATION

30 min

Avant de débuter votre préparation au concours, évaluez-vous en répondant aux 20 questions ci-dessous organisées par types d'épreuve. Après ces séries de QCM, un corrigé et un plan de travail vous seront proposés.
Il n'y a qu'une seule réponse par question.

Évaluation de l'aptitude professionnelle

1. Quel est le sens de l'expression « les chiens aboient et la caravane passe » ?

❒ **a.** Les gens du voyage ne sont guère appréciés.
❒ **b.** Le camping est bruyant.
❒ **c.** Quand on sent l'endroit hostile, il faut passer sa route.
❒ **d.** Il faut suivre sa route sans écouter les détracteurs le long du chemin.

2. Sur sa montre connectée, Cédric constate qu'il a marché 12 000 pas durant les huit heures passées au travail. Sachant qu'un pas équivaut à 70 centimètres, quelle distance a-t-il parcouru en moyenne par heure passée au travail ?

❒ **a.** 1,5 km
❒ **b.** 10,5 hm
❒ **c.** 1 005 m
❒ **d.** 105 500 cm

3. Sur le site « Votre week-end imprévu », Jérémy compare deux offres. La première propose un séjour du vendredi 18 heures au dimanche 15 heures pour 350 €. La seconde offre propose un séjour du samedi 10 heures au dimanche 20 heures pour 220 €. Il se pose une question étrange : quel séjour pratique le taux horaire le plus faible ?

❒ **a.** Le premier séjour.
❒ **b.** Le second séjour.
❒ **c.** Les deux sont équivalents.
❒ **d.** On ne peut pas les comparer car ils sont de durées variables.

4. Quel élément complète la figure ?

5	16
20	4

7	9
21	3

9	?
54	?

a.

42
6

b.

16
4

c.

25
5

d.

36
6

5. Quelle proposition complète la série ?

RAC QED PIF ???

❒ **a.** OJG
❒ **b.** OOK
❒ **c.** NOG
❒ **d.** NUH

6. Trouvez le domino manquant :

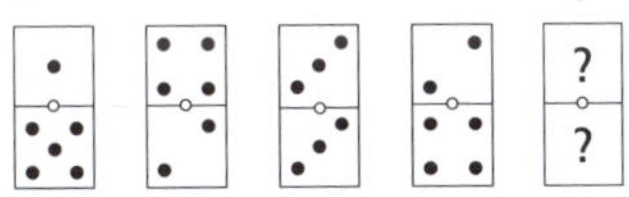

❒ **a.** 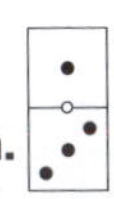

❒ **b.** 

❒ **c.** 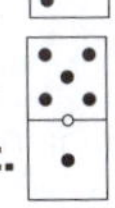

❒ **d.** 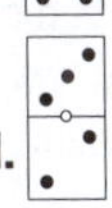

7. Quel code complète la série ?

GENDARME = 123
POLICIER = 344
FONCTIONNAIRE = 116
MILITAIRE = ???

❒ **a.** 174
❒ **b.** 165
❒ **c.** 164
❒ **d.** 185

Culture générale en vue de l'entretien avec le jury

8. Laquelle de ces régions n'existe pas ?

❐ **a.** Grand Est.
❐ **b.** Hauts-de-France.
❐ **c.** Lotharingie.
❐ **d.** Occitanie.

9. Le président de la République peut dissoudre :

❐ **a.** l'Assemblée nationale autant de fois qu'il le souhaite
❐ **b.** l'Assemblée nationale avec au moins treize mois entre deux dissolutions
❐ **c.** le Sénat autant de fois qu'il le souhaite
❐ **d.** le Sénat avec au moins treize mois entre deux dissolutions

10. Le Premier ministre est :

❐ **a.** nommé par le président de la République
❐ **b.** élu par l'Assemblée nationale
❐ **c.** élu par les autres ministres
❐ **d.** nommé par le parti majoritaire à l'Assemblée

11. En 2023, la Constitution prévoit la possibilité pour la Haute Cour de :

❐ **a.** destituer le président de la République
❐ **b.** juger le président de la République
❐ **c.** renverser le gouvernement
❐ **d.** juger les membres du gouvernement

12. Fin 2023, la dette publique française atteint presque :

❐ **a.** 92 % du PIB
❐ **b.** 112 % du PIB
❐ **c.** 202 % du PIB
❐ **d.** 222 % du PIB

13. Les départements d'outre-mer sont :

❐ **a.** Guadeloupe, Mayotte, Réunion
❐ **b.** Guadeloupe, Guyane, Martinique, Réunion, Mayotte
❐ **c.** Guyane, Martinique, Mayotte, Réunion
❐ **d.** Guadeloupe, Martinique, Réunion,

14. En 2023, la présidence tournante du Conseil de l'Union européenne est assurée par :

❐ **a.** la Suède et la République tchèque
❐ **b.** la Suède et l'Espagne
❐ **c.** la République tchèque et l'Espagne
❐ **d.** la Slovénie et l'Espagne

Évaluation numérique

15. Qu'est-ce qu'une carte SD ?

❐ **a.** un logiciel
❐ **b.** une carte graphique
❐ **c.** un support de stockage
❐ **d.** une carte sécurisée

16. Le « R » de DVD-R signifie que le DVD est :

❐ **a.** rare
❐ **b.** reformaté
❐ **c.** enregistrable plusieurs fois
❐ **d.** récent

17. Le terme « download » signifie :

❐ **a.** formatage
❐ **b.** téléchargement
❐ **c.** transfert
❐ **d.** saisie

18. Linux est :

❐ **a.** un virus
❐ **b.** un jeu sur console
❐ **c.** un tableur
❐ **d.** un système d'exploitation

19. Android est :

❐ **a.** un virus
❐ **b.** un jeu sur console
❐ **c.** un tableur
❐ **d.** un système d'exploitation

20. Le « phishing » est une technique visant à :

❐ **a.** procéder à des escroqueries
❐ **b.** transférer des fichiers lourds
❐ **c.** communiquer sur Internet
❐ **d.** créer un réseau social

21. Windows est :

❐ **a.** un virus
❐ **b.** un jeu sur console
❐ **c.** un tableur
❐ **d.** un système d'exploitation

CORRIGÉ

1 d.	2 b.	3 b.	4 d.	5 c.
6 c.	7 d.	8 c.	9 b.	10 a.
11 a.	12 b.	13 b.	14 b.	15 c.
16 c.	17 b.	18 d.	19 d.	20 a.
21 d.				

ATTENTION

Quels que soient vos résultats et votre niveau, n'oubliez surtout pas de vous mettre en situation de concours grâce aux sujets d'annales et/ou aux concours blancs corrigés que nous vous proposons dans la seconde partie de l'ouvrage.

	Réponses correctes	Réponses incorrectes	Vous avez entre 0 et 2 réponses correctes	Vous avez entre 3 et 5 réponses correctes	Vous avez entre 6 et 8 réponses correctes
Évaluation de l'aptitude professionnelle	… /7	… /7	Votre résultat montre que vous devez travailler à fond les exercices de tests psychotechniques. Les fiches de cours (à partir de la page 64) et les entraînements (à partir de la page 110) vous aideront à mettre toutes les chances de votre côté pour réussir !	Rendez-vous au chapitre 3 et prenez connaissance des 24 fiches proposées. Testez ensuite vos acquis grâce aux différents types d'entraînements. Vous y êtes presque !	Bravo ! Consolidez vos connaissances en lisant les fiches de cours (chapitre 3) et continuez de vous entraîner avec les QCM et exercices en fin de chapitre.

	Réponses correctes	Réponses incorrectes	Vous avez entre 0 et 3 réponses correctes	Vous avez entre 4 et 8 réponses correctes	Vous avez entre 9 et 12 réponses correctes
Culture générale en vue de l'entretien avec le jury	… /7	… /7	Votre résultat montre que vous devez travailler à fond les connaissances générales. Les fiches de cours (à partir de la page 146) et les entraînements (à partir de la page 168) vous aideront à mettre toutes les chances de votre côté pour réussir !	Rendez-vous à la page 146 et prenez connaissance des 11 fiches proposées. Testez ensuite vos acquis grâce aux différents types d'entraînements. Vous y êtes presque !	Bravo ! Consolidez vos connaissances en lisant les fiches de cours (à partir de la page 146) et continuez de vous entraîner avec les QCM et les questions à partir de la page 168.

	Réponses correctes	Réponses incorrectes	Vous avez entre 0 et 3 réponses correctes	Vous avez entre 4 et 6 réponses correctes	Vous avez 7 réponses correctes
Évaluation numérique	… /7	… /7	Votre résultat montre que vous devez travailler à fond l'épreuve d'évaluation numérique. La fiche de méthode (page 126), les fiches de cours (à partir de la page 128) et les entraînements (à partir de la page 132) vous aideront à mettre toutes les chances de votre côté pour réussir !	Rendez-vous à la page 126 pour prendre connaissance de la méthodologie de l'épreuve, puis à la page 128 pour les fiches de cours. Testez ensuite vos acquis grâce aux différents types d'entraînements. Vous y êtes presque !	Bravo ! Consolidez vos connaissances en lisant la méthodologie page 126) et les fiches de cours (à partir de la page 128). Continuez de vous exercer avec les entraînements à partir de la page 132.

Partie 1

Préparation aux épreuves

PARTIE 1

Préparation aux épreuves

Chapitre 1

Composition de culture générale (concours externe)

Fiche de méthode

Entraînements

FICHE 1

Méthodologie

L'épreuve de composition de culture générale ne consiste pas seulement à écrire un texte. Il faut être capable de réfléchir et d'organiser une argumentation efficace.
Procédons par étapes afin d'utiliser au mieux le temps qui vous est imparti et de répondre aux questions que vous pouvez vous poser pour cette épreuve.

1. Comment lire le sujet ?

Repérez les mots importants qui délimiteront le sujet à traiter.

Il existe plusieurs types de libellés :
– une question, par exemple : Le système français d'éducation permet-il l'égalité des chances ? Pensez-vous / d'après vous...
– une phrase sans question, par exemple : La crise économique, un tremplin pour repenser la société. (Ce dernier type de libellé sous-entend : développez !)

Vous devez identifier clairement la problématique que vous allez devoir traiter. Il est recommandé de reformuler le sujet avec vos propres termes quand cela est possible. Cela vous permet de vous approprier avec plus de clarté et de précision le sujet que vous aurez à développer. Vous serez ainsi sûr de votre degré de compréhension. Et, si vous avez des doutes, notez sur votre brouillon ce qui vous pose problème, ce que vous aurez à éclaircir par la suite, sous forme de questions précises.

Il faut être attentif à ne pas faire de hors-sujet, à ne pas déborder du périmètre qui doit être traité. N'hésitez pas à supprimer ce que vous identifiez comme ne faisant pas partie du sujet, même si cela vous semble une réflexion pertinente.

2. Comment débuter un brouillon ?

Très souvent, les candidats se demandent comment débuter un devoir : « Je n'ai pas d'idées sur le sujet ». Or tout le monde a des idées, il faut juste trouver le moyen de les faire émerger !

La méthode des questions permet d'amorcer une réflexion sans perdre de temps. Vous saurez ainsi comment accumuler « de la matière » pour ne pas raisonner dans le vide ni affronter une page désespérément blanche.

Posez-vous les questions suivantes, en les mettant toujours en rapport avec le sujet :
– Qui ? (Les personnes impliquées, les acteurs, etc.)
– Quoi ? (De quoi s'agit-il ? Cette question vous permet également de délimiter plus précisément le sujet.)
– Quand ? (Notez des dates, des indications temporelles, etc.)
– Où ? (Les lieux.)

- Comment ? (De quelle façon ? Toutes les actions, principales et secondaires, les exemples, etc.)
- Pourquoi ? (Les raisons, les causes, etc.)
- Pour quoi ? (Le but, les objectifs, etc.)
- Combien ? (Connaissez-vous des statistiques, des chiffres ?)

Vous devez être apte à délimiter avec précision le sujet à traiter. Pour cela, votre questionnement doit être suffisamment large et permanent pour l'englober.

À noter : Selon le sujet à traiter, certaines questions n'ont pas lieu d'être posées. Éliminez-les donc rapidement si elles n'ont pas d'intérêt pour votre sujet ou si vous ne trouvez pas de réponse.

Grâce à ce questionnement, vous verrez aussi apparaître ce qu'on appelle l'« idée directrice », c'est-à-dire le fil conducteur de votre développement, depuis votre point de départ jusqu'à votre conclusion. Où voulez-vous qu'il aboutisse ?

Problématique, idée directrice, idées secondaires et exemples ne peuvent apparaître que si vous avez rassemblé « de la matière » en répondant aux questions précédemment exposées. Bien sûr, il faudra les trier : garder, mettre en évidence, éliminer.

Conseil pratique : Choisissez deux stylos de couleur différente pour distinguer facilement les idées et les exemples.

Après avoir rassemblé tous ces éléments, vous passerez plus facilement à l'étape suivante, celle du plan.

Puisque vous êtes dans la phase de repérage et de classement, mettez en relief les exemples que vous avez trouvés. Soit ils illustreront vos idées, soit ils constitueront une base de réflexion. Ils sont issus de vos connaissances, de votre culture générale. Faites appel à vos lectures (articles de presse, essais, etc.), aux émissions de télévision et de radio, et éventuellement à votre expérience personnelle. Ne retenez que ce dont vous êtes sûr. Et approfondissez vos idées en revenant toujours aux questions proposées ci-dessus afin de les exploiter au maximum. Le questionnement, quelle que soit l'étape de votre développement, est toujours le bienvenu et permet la progression de la pensée.

3. Comment trouver un plan ?

Un plan, c'est avant tout une organisation, la vôtre, qui permettra au correcteur de comprendre votre pensée et son cheminement logique. Ne perdez pas de vue que vous écrivez pour quelqu'un et que cette personne a en charge une évaluation, la vôtre. Le plan, c'est aussi un moyen de mettre de l'ordre dans vos idées, au brouillon tout d'abord, de trouver un déroulement logique à votre réflexion.

Le plan doit suivre votre raisonnement. Il n'existe pas de plan tout fait. Ne le cherchez pas, vous perdriez un temps précieux. Bien sûr, il est souvent indiqué de dégager deux aspects d'une problématique, c'est ce qu'on appelle le plan dialectique. Cela peut constituer une piste, d'ailleurs donnée dans la formulation même du sujet (exemple : les OGM, opportunité ou danger ?). Mais il faudra trouver une formulation personnelle pour le déroulement logique de vos parties.

Deux parties sont exigées en principe dans une composition de culture générale. Ne vous évertuez pas à en chercher trois comme dans une dissertation littéraire, mais si vous jugez en avoir besoin, alors développez-les.

Vous êtes obligé de rédiger une introduction et une conclusion.

Avec l'introduction, vous entrez en contact avec le sujet... et votre correcteur. Vous devez susciter de l'intérêt pour votre copie. Une introduction se compose de trois parties que l'on nomme les trois P :
– Préambule : vous partez d'un fait en lien avec le sujet, vous éviterez ainsi les entrées banales du type : « Depuis toujours, l'homme a... », « Tout le monde sait que... », « De tout temps... ». Ne détaillez pas trop ce fait, il va servir de prétexte à la présentation du sujet. Entrez ensuite dans le vif du sujet le plus rapidement possible.
– Problématique : posez-la clairement, quitte à la reformuler de façon personnelle en partant du libellé du sujet. Vous pouvez utiliser la forme interrogative.
– Plan : vous devez annoncer les parties que vous développerez dans votre copie. Notez qu'il est judicieux d'utiliser quelques liens logiques dans cette partie de l'introduction, du type : dans un premier temps, ensuite, puis... afin de bien guider votre correcteur.

La conclusion ne doit pas être négligée, prenez soin de bien la rédiger. Elle est l'aboutissement de votre réflexion. Vous quittez le correcteur, laissez-lui une bonne impression. Privilégiez la qualité plutôt que la quantité. Rassemblez les grandes lignes de votre développement et trouvez, si vous le pouvez, une ouverture pour élargir le débat.

Il est préférable de rédiger entièrement l'introduction et la conclusion au brouillon.

4. Comment gérer son temps ?

Plutôt que de vous inviter à un découpage arbitraire – tant de minutes pour trouver un plan, tant de minutes pour rédiger, etc. – nous vous proposons une autre méthode.

Lors de vos entraînements à cette épreuve, soyez attentif à vos performances et posez-vous les questions suivantes : Où ai-je le plus de facilités ? Où suis-je, au contraire, en difficulté ? Est-ce que je rédige aisément une introduction ? Est-ce que je trouve un plan facilement ?

Déterminez les moments de la réflexion ou de l'écriture qui vous demandent le plus de temps et d'attention, puis découpez alors les 3 heures de l'épreuve selon vos propres performances. Il faut bien se connaître pour écrire efficacement.

Distinguez forme et fond dans vos capacités à composer ce travail. Évidemment pour cette épreuve les candidats doivent mobiliser rapidement leurs connaissances et avoir acquis une aisance dans l'écriture. C'est une question d'entraînement, d'où la nécessité de faire des exercices préparatoires : entraînement à la rédaction...

5. Comment rédiger ?

Vous n'avez pas le temps de rédiger l'intégralité de votre copie au brouillon. L'introduction et la conclusion, deux éléments importants de votre épreuve, doivent être les objets de toute votre attention. Rédigez-les entièrement au brouillon.

Assurez-vous que vous avez été fidèle dans votre développement à ce qui a été annoncé dans l'introduction. C'est là souvent une erreur commise par les candidats. Un plan bien détaillé facilitera la rédaction de votre copie, en limitant les risques d'oubli et d'égarement (évitez absolument les ratures). Formulez éventuellement les titres de vos deux ou trois parties et de vos sous-parties. Ils n'apparaîtront pas sur votre copie, mais ils vous serviront de points de repères.

Rédigez des phrases relativement courtes, de 20 à 25 mots. Plus la structure de vos phrases est complexe, plus le risque de faute de syntaxe est élevé. Et ces longues phrases sont souvent le signe d'une pensée confuse. Soyez attentif au choix du vocabulaire, utilisez des termes précis. Évitez les verbes passe-partout (mettre, dire, faire, etc.), car les verbes portent l'action et doivent être soigneusement choisis. Bannissez les répétitions. La ponctuation doit être adaptée à une copie de concours : n'utilisez ni points d'exclamation ni points de suspension ni points-virgules.

Rédigez avec simplicité – ce qui ne veut pas dire de façon simpliste – et efficacité. C'est votre habileté de rédacteur qui est en jeu et elle ne peut s'acquérir le jour du concours. Entraînez-vous lors de votre préparation : faites de petits exercices d'écriture en choisissant un sujet et en écrivant à son propos. Vous apprendrez ainsi à connaître vos compétences et vos lacunes, et vous mesurerez votre rapidité à réfléchir et à écrire sur n'importe quel sujet.

6. Comment présenter une copie de concours ?

La première chose que les correcteurs voient, c'est la présentation de votre copie. Sa lisibilité est primordiale. Adoptez une écriture facilement déchiffrable, sans ambiguïtés, sans ratures, si possible.

Attention à ce que l'on appelle les « signes distinctifs » ou les « ruptures d'anonymat ». Chaque année des candidats sont éliminés à cause de cela. Donc pas de changement de couleur de stylo, pas d'utilisation du crayon noir, pas de renvoi dans la marge ou en bas de page, pas de flèches, pas de signature en fin de copie.

Aérez votre copie : laissez une ligne blanche à la fin de l'introduction et une à la fin du développement. Séparez donc nettement l'introduction et la conclusion du corps du devoir. Une ligne blanche suffira. Allez à la ligne quand vous changez de paragraphe. N'oubliez pas les majuscules. Insérez un alinéa pour distinguer les différentes parties. La présentation du devoir indique sa structure, son organisation, c'est un indice important pour le correcteur.

Le jour du concours, gardez environ 5 minutes pour relire votre copie. Il s'agira juste de vérifier l'orthographe, la ponctuation.

Les copies de concours comportent en général une marge pré-tracée, n'y inscrivez rien. Remplissez correctement les renseignements qui vous sont demandés en première page, sans rien omettre.

Une copie de concours doit attester du soin que vous apportez à la rédaction d'un document lu par autrui. C'est ce qui sera exigé dans vos nouvelles fonctions.

EXERCICES

EXERCICE 1 ★☆☆ 7 min

Insérez les liens logiques dans les phrases suivantes : parce que, puisque, afin que, dès que, vu que, sous prétexte que, si bien que, en définitive, toutefois, ainsi.

1. Tu partiras .... tu auras fini ton travail.

2. .... tu ne comprends pas la situation, il faudra envisager une nouvelle discussion.

3. J'ai pris toutes les mesures nécessaires .... tu ne te fasses pas de soucis.

4. Il n'a pas fourni tous les papiers .... cela avait déjà été fait.

5. .... le temps n'est pas stable, nous n'envisagerons qu'une courte promenade.

6. Tu viendras me voir, ... nous pourrons parler tranquillement.

7. Il a travaillé dix heures aujourd'hui .... il n'a plus le courage de sortir ce soir.

8. J'ai pris cette route ....l'autre me semblait trop dangereuse.

9. Il est très sérieux, ... je me demande s'il s'intéresse vraiment à son travail.

10. Tout a été réglé pour la réunion, ... ce n'était pas si compliqué que cela.

EXERCICE 2 ★★☆ 15 min

Distinguez le sens des paronymes suivants :

1. Biennal et bisannuel
2. Collègue et confrère
3. Prescrire et proscrire

EXERCICE 3 ★★☆ 25 min

Lisez le texte et répondez aux questions.

Déserts médicaux : le ras-le-bol des maires de petites villes

Réunis pour leurs 23e assises à Cenon (Gironde), les maires de petites villes de France ont manifesté leur désarroi et leur exaspération face à la persistance de la crise de la démographie médicale, malgré tous les efforts entrepris.

[....]

Un débat sur ses rails, jusqu'à ce que la première magistrate d'une commune d'Indre ne prenne le micro pour raconter les efforts engagés pour la création d'une maison de santé, et la déception, une fois l'équipement achevé, de ne voir arriver aucun médecin : « nous avons construit une jolie cage, et pourtant aucun oiseau n'est venu s'y installer », explique-t-elle, dépitée et désemparée. Mais pas abattue : « Il va falloir poser la question de la régulation de l'installation des médecins ! »

[...]. Ainsi, depuis des années, pour pallier les déserts médicaux, les collectivités sont invitées à faire preuve d'imagination et de générosité financière pour convaincre des médecins, généralistes au premier chef, à venir s'installer dans les zones sous-dotées : création de maisons de santé avec prise en charge de la construction ou la rénovation des locaux, loyers minimum voire offerts, embauche directe de médecins... Les communes sous-dotées n'ont pas mégoté sur les moyens. Et pourtant, les déserts médicaux ne verdissent pas, au contraire ; la crise s'aggrave, y compris en zone urbaine.

[...] La fin du numerus clausus, depuis 2020, devrait apporter du sang neuf dans les effectifs de médecins, mais pas avant plusieurs années. Alors faut-il continuer à créer des maisons de santé et autres équipements dans les petites villes ?

Il faut être en mesure de proposer un emploi de cadre, pour le conjoint qui suit le praticien, il faut que le territoire propose un certain niveau de services... La démographie médicale est donc directement liée à la capacité de relance et aux activités proposées dans les petites villes. Or, si toutes les communes proposent des dispositifs normés, type maisons médicales, elles ne se différencient plus, et ne répondent pas à ce qui fait leur attractivité, pour un médecin ». [...]

Jérôme Guedj, l'ancien patron du département de l'Essonne, plaide lui aussi pour des mesures plus contraignantes : « il faut réguler l'installation des médecins pour les détourner des zones surdenses. Ou alors, fonctionnarisons une partie des nouveaux médecins... »

Nathalie Nieson, maire de Bourg-de-Péage, [...] ne veut plus, elle non plus, tergiverser : « Il faut anticiper la répartition des futurs médecins sur le territoire. Nous sommes en situation de pénurie en ville, dans le périurbain, comme en zone rurale. [...]

par Romain Mazon, www.lagazettedescommunes.com.

1. Donnez une définition de ce qu'on appelle dans le texte la démographie médicale.

→ *Retrouvez les corrigés en p. 34*

2. Expliquez les expressions :
– *numerus clausus* ;
– pour pallier les déserts médicaux.

3. Donnez un synonyme dans le contexte de :
– désarroi ;
– contraignantes ;
– pénurie.

4. Pourquoi les maisons médicales ne rencontrent-elles pas le succès escompté ?

EXERCICE 4 ★★★ 20 min

Lisez le texte et répondez aux questions.

[...] Au moins un Européen sur cinq est actuellement exposé à des niveaux de bruit de la circulation routière considérés comme nocifs pour sa santé. Ce chiffre est encore plus élevé dans les zones urbaines et ce problème se pose dans la plupart des villes d'Europe. La circulation routière est de loin la principale source de pollution sonore en Europe, d'après un récent rapport de l'AEE [...] dont les auteurs ont étudié les niveaux sonores des axes routiers, des chemins de fer, des aéroports et de l'industrie. Ces sources sont conformes à la directive relative au bruit dans l'environnement, qui ne couvre pas le bruit provenant, par exemple, des activités domestiques ou des voisins, ni le bruit sur les lieux de travail.

Selon les estimations, 113 millions d'Européens sont victimes d'une exposition à long terme à des niveaux sonores jour-soirée-nuit de 55 décibels au minimum dus à la circulation. En outre, 22 millions d'Européens sont exposés à des niveaux élevés de bruit émis par les convois ferroviaires, 4 millions à des niveaux élevés de bruit généré par les avions et moins d'un million à des niveaux élevés de bruit causé par les industries.

Ce que beaucoup de gens ne savent peut-être pas, c'est que l'exposition à long terme au bruit, même aux niveaux auxquels nous sommes habitués dans les zones urbaines, a des répercussions importantes sur la santé. [...]

L'AEE (Agence européenne pour l'environnement) estime que l'exposition à long terme au bruit dans l'environnement provoque 12 000 décès prématurés et contribue à l'apparition de 48 000 nouveaux cas de maladies cardiaques ischémiques chaque année en Europe. [...]

L'exposition des personnes au bruit est contrôlée en vertu de la directive relative au bruit dans l'environnement par rapport à deux seuils de signalement : un indicateur jour-soirée-nuit qui mesure l'exposition à des niveaux de bruit liés à une « nuisance » et un indicateur pour la nuit (Lnight) conçu pour évaluer les troubles du sommeil. Ces seuils de signalement sont supérieurs aux valeurs recommandées par l'Organisation mondiale de la santé et il n'existe actuellement aucun mécanisme opérationnel permettant de suivre les évolutions. [...]

www.eea.europa.eu publié le 2 mars 2021.

1. Donnez un synonyme (dans le contexte) de :
– nocifs ;
– conformes ;
– répercussions.

2. Expliquez l'expression « en vertu de ».

3. Que mesurent les deux indicateurs des seuils de signalement ?

4. Ces évaluations couvrent également le bruit généré par les activités domestiques et sur les lieux de travail.
❒ Vrai
❒ Faux

5. Existe-t-il une possibilité de suivre les évolutions des seuils de signalement ?

➜ *Retrouvez les corrigés en p. 34*

CORRIGÉS

EXERCICES

EXERCICE 1

1. Tu partiras **dès que** tu auras fini ton travail.
2. Puisque tu ne comprends pas la situation, il faudra envisager une nouvelle discussion.
3. J'ai pris toutes les mesures nécessaires **afin que** tu ne te fasses pas de soucis.
4. Il n'a pas fourni tous les papiers **sous prétexte que** cela avait déjà été fait.
5. Vu que le temps n'est pas stable, nous n'envisagerons qu'une courte promenade.
6. Tu viendras me voir, **ainsi** nous pourrons parler tranquillement.
7. Il a travaillé dix heures aujourd'hui **si bien qu'**il n'a plus le courage de sortir ce soir.
8. J'ai pris cette route **parce que** l'autre me semblait trop dangereuse.
9. Il est très sérieux, **toutefois** je me demande s'il s'intéresse vraiment à son travail.
10. Tout a été réglé pour la réunion, **en définitive** ce n'était pas si compliqué que cela.

EXERCICE 2

1. Biennal : qui dure deux ans.
Bisannuel : qui revient tous les deux ans.
2. Collègue : personne qui a la même fonction ou qui travaille dans la même entreprise.
Confrère : exerce la même profession libérale.
3. Prescrire : donner un ordre, recommander (souvent dans le domaine médical).
Proscrire : interdire formellement.

EXERCICE 3

1. La démographie médicale établit des statistiques de la population médicale ou, plus largement, des personnels de santé sur un territoire donné. On comptabilise le nombre de médecins et leur répartition dans une région. C'est un état statistique en fonction du nombre d'habitants.

2. Le *numerus clausus* en médecine détermine le nombre d'étudiants autorisés à poursuivre leurs études en fonction des besoins d'une population ou d'un territoire. On réglemente ainsi chaque année le nombre d'étudiants admis dans certains cursus de médecine.

3. Synonymes de :

– désarroi : détresse, angoisse ;

– contraignantes : astreignantes, gênantes ;

– pénurie : insuffisance, manque.

4. Les maisons médicales sont des dispositifs trop normés, trop uniformes, ne répondant pas vraiment aux attentes des médecins et parfois trop peu attractives. Les médecins attendent des structures peut-être plus innovantes, plus souples, plus adaptées à leurs pratiques. Ils souhaitent trouver aussi dans ces petites villes de réelles facilités pour eux et leur conjoint.

EXERCICE 4

1. On peut accepter :

– nocifs : dangereux, nuisibles, néfastes ;

– conformes : en adéquation avec, en correspondance avec ;

– répercussions : conséquences, effets, incidences, retentissements.

2. En vertu de : au nom de.

3. Les indicateurs des seuils de signalement mesurent, d'une part, l'exposition à des niveaux de bruit pour un certain type de nuisance et, d'autre part, l'exposition nocturne à des bruits susceptibles de générer des troubles du sommeil.

4. Faux

5. Non, actuellement, il n'est pas possible de suivre les évolutions. On constate seulement que les seuils dépassent les recommandations de l'OMS.

PARTIE 1

Préparation aux épreuves

CHAPITRE 2 Connaissances professionnelles (concours interne)

Fiche de méthode

Fiches de cours

Entraînements

FICHE 1 Méthodologie

Cette épreuve spécifique au concours interne repose sur la connaissance de la pratique effective du métier de gendarme (organisation, missions, techniques, domaines d'intervention).

1. Présentation de l'épreuve

✔ La nature de l'épreuve

Cette épreuve consiste pour le candidat à répondre à plusieurs questions, avec ou sans documentation (le plus souvent sans documentation), sur des problématiques relatives à la sécurité intérieure et à la défense. Le programme de l'épreuve est présenté ci-dessous.

Cette épreuve dure trois heures et est affectée du coefficient 5. Toute note inférieure à 6 sur 20 est éliminatoire.

✔ Les attentes du jury

Il est attendu des candidats qu'ils aient une bonne connaissance des textes qui régissent le travail des agents de police judiciaire adjoints (APJA) de la gendarmerie et de leur environnement professionnel.

Cette épreuve a également pour objectif d'évaluer l'expression écrite du candidat. Les réponses aux questions devront être organisées (introduction – argumentation – conclusion). Une attention particulière sera portée à la maîtrise de la langue française.

2. Programme de l'épreuve

Ce programme a été récemment modifié et correspond aux éléments de la formation initiale des gendarmes adjoints volontaires. Par rapport au précédent programme, la connaissance des institutions publiques et des libertés fondamentales a été renforcée. En revanche, les éléments relatifs aux aspects socioculturels contemporains de la délinquance ont été supprimés du programme.

a) Préparation militaire opérationnelle

1. Le gendarme, militaire de la gendarmerie et connaissance du milieu militaire :
- le gendarme, militaire de la gendarmerie ;
- la militarité et la gendarmerie ;
- les récompenses et les sanctions.

2. Sécurité et service de garnison :
- sécurité de la caserne et service de garnison ;
- sécurité des systèmes d'information.

b) Contact de proximité et numérique

1. Formation à la proximité, au contact et à la victimologie :
- la France administrative ;
- les institutions françaises et européennes ;
- les autres acteurs de la sécurité publique ;
- éducation civique et libertés fondamentales ;
- les libertés publiques ;
- principes de proximité et contact avec la population ;
- l'accueil téléphonique ;
- la charte et la logique d'accueil ;
- l'accueil physique par le chargé d'accueil ;
- le renseignement d'ordre public.

2. Connaissances de la gendarmerie :
- organisation de la gendarmerie ;
- les missions de service public ;
- la gendarmerie et le service public.

3. Déontologie et éthique militaires :
- le serment, la charte du gendarme et le Code de déontologie ;
- sensibilisation aux réseaux sociaux ;
- la lutte contre les discriminations ;
- le devoir d'agir et de réagir du gendarme ;
- le respect de la personne humaine.

c) Sécurité du gendarme en intervention

1. Formation générale à l'intervention professionnelle :
- les fondements légaux de l'intervention – généralités ;
- la coercition ;
- l'usage des armes par les militaires de la gendarmerie.

2. Formation aux techniques d'intervention :
- les fondamentaux de la progression tactique ;
- les conduites sous escorte.

3. Maîtrise sans arme de l'adversaire :
- les fondamentaux de la maîtrise sans arme de l'adversaire ;
- réglementation du menottage et des fouilles.

d) Sécurité des territoires et des mobilités

1. L'agent de police judiciaire adjoint :
- infraction, classification des infractions et circonstances aggravantes ;
- acteurs de la police judiciaire, les compétences juridictionnelles, la police judiciaire, les différents types d'enquêtes et les missions de l'APJA ;
- le droit d'arrestation et les mandats de justice ;
- l'enquête de voisinage ;
- l'alerte, le transport et le gel des lieux – le rôle de l'APJA lors du gel des lieux, de la garde à vue et de la perquisition ;
- la préplainte en ligne ;
- le rapport d'infraction et la main-courante en gendarmerie.

2. L'agent de la sécurité des mobilités :

- les missions et principes d'action de la police de la route, les postes de contrôle ;
- les conduites addictives ;
- l'accident.

3. Formation aux systèmes d'information et de communication :

- la procédure radio et le réseau RUBIS.

3. Comprendre le programme

a) Préparation militaire opérationnelle

Il est important que le candidat soit, en premier lieu, conscient qu'un gendarme est un militaire. À ce titre, il doit savoir définir les qualités fondamentales exigées par le statut militaire de la gendarmerie : la discipline, la disponibilité, la loyauté, le sens du service public, l'esprit de corps, la moralité et l'abnégation (ou esprit de sacrifice).

Une partie importante du programme est également consacrée au comportement du gendarme adjoint volontaire. Un candidat doit connaître les grades et appellations en gendarmerie, la manière d'accueillir une autorité militaire et de se présenter physiquement et au téléphone, les attitudes négatives à proscrire et les attitudes positives à adopter, ainsi que le comportement à adopter en dehors du service.

Enfin, s'agissant de la sécurité des casernes, le candidat doit savoir les raisons d'être d'un service de garde : surveillance du casernement, garde de l'armement, garde des moyens de transmissions, surveillance des véhicules, garde des documents classifiés et cachets d'autorité.

b) Contact de proximité et numérique

Il faut avoir une bonne connaissance de base des institutions et des libertés publiques, ainsi que des règles d'accueil (pensez notamment à consulter la Charte Marianne, dans sa dernière version).

La notion de renseignement est également importante pour un gendarme. À ce titre, le candidat doit savoir définir le renseignement, connaître ses domaines d'application en matière d'ordre public et la manière de s'approprier son territoire.

La connaissance de la gendarmerie doit être approfondie dans les domaines suivants : les missions de la gendarmerie (militaires, administratives et judiciaires), les principes d'action de la gendarmerie (prévention, protection, secours, répression), les grands principes d'organisation de la gendarmerie, la notion de service public et son implication pour un gendarme (intérêt général, continuité et égalité du service public).

Les questions déontologiques figurent souvent parmi les annales du concours. Il est donc important que le candidat soit familier du serment du gendarme, de la charte du gendarme et du Code de déontologie commun à la Police nationale et à la Gendarmerie nationale. Le bon usage des réseaux sociaux, la définition d'une discrimination, la lutte contre les discriminations et le rôle du Défenseur des droits, la définition de la non-assistance à personne en danger et les fondements légaux des droits de la personne mise en cause (présomption d'innocence, droits du gardé à vue, procédure particulière pour les mineurs, etc.) sont également des notions à connaître pour un candidat.

c) Sécurité du gendarme en intervention

Une bonne maîtrise des techniques d'intervention professionnelle est nécessaire. À cet égard, les fondamentaux des techniques d'intervention (attitude, appui, protection, communication), les techniques de progression et leur chronologie doivent être maîtrisés. De même, la définition de l'intervention graduée, les phases de l'intervention graduée et les règles fondamentales de sécurité commune sont des notions importantes.

Le cadre légal du contrôle d'identité, des palpations, des fouilles, du menottage et de la légitime défense sont des questions fondamentales pour un gendarme adjoint volontaire se préparant au concours de sous-officier de gendarmerie.

Enfin, les techniques professionnelles de menottage, de triangulation, de distance de sécurité, d'attitudes de sécurité et de placements doivent également être connues.

d) Sécurité des territoires et des mobilités

Un effort particulier de préparation doit être réalisé en matière de connaissance de prérogatives juridiques et judiciaires d'un gendarme adjoint volontaire. À ce titre, les différents cadres d'enquête, les actes pouvant être accomplis par un gendarme adjoint volontaire, le rôle d'un gendarme adjoint volontaire sur le lieu d'une infraction, la pré-plainte en ligne et le rapport d'infraction sont les principales notions à maîtriser.

Outre une connaissance de base de la police de la route, un gendarme adjoint volontaire doit savoir quelles sont les règles professionnelles et juridiques en matière de contrôle routier et d'un accident de la route. Les conduites sous l'empire d'un état alcoolique et sous stupéfiants doivent être des infractions connues d'un candidat au concours interne de sous-officier de gendarmerie.

Enfin, la procédure radio (alphabet phonétique, nombres, appel radio et contrôle radio, termes de procédures) et le réseau RUBIS (caractéristiques et modalités d'utilisation) doivent être connus des candidats.

4. Préparer l'épreuve

Les questions font souvent appel à la culture professionnelle des gendarmes (ou à celle des policiers) qui exercent des missions de service général : cadre légal (contrôle d'identité, flagrant délit/préliminaire, verbalisations...), armement, régime disciplinaire, registres tenus au poste... Aussi, si ces notions vous sont peu familières ou éloignées de vos missions habituelles, faites un réel effort d'approfondissement en la matière.

Pour approfondir vos connaissances professionnelles, il existe plusieurs possibilités :

- S'ils ne sont pas trop anciens (les textes juridiques et normatifs deviennent vite obsolètes...), reprenez vos livrets et modules de formation de gendarme adjoint volontaire (ou de policiers adjoints).
- Rapprochez-vous du correspondant « formation » de votre unité. Essayez de travailler sur des documents internes à la Gendarmerie nationale (ou à la Police nationale) : livrets de formation de gendarme (ou gardien de la paix), manuels de préparation aux examens internes...
- Au cours de vos missions, portez une attention particulière aux notes de service et aux textes de loi dont vous pouvez avoir connaissance.
- Reportez-vous au programme de l'épreuve, définissez quels sont vos points faibles et travaillez particulièrement dans les domaines concernés.

5. Répondre aux questions

✔ Bien comprendre les questions

Avant de répondre au questionnaire, relisez bien (à plusieurs reprises) la question posée. Celle-ci doit vous paraître parfaitement claire et univoque.
Ensuite seulement vous commencerez à répondre aux questions posées.

✔ Construire des réponses équilibrées

Bien entendu, toutes vos réponses doivent être rédigées. En matière de longueur, un paragraphe d'une vingtaine de lignes devrait pouvoir constituer une longueur minimale.
En ce qui concerne la construction même de vos réponses, vous pouvez vous inspirer des conseils suivants :

- organisez vos réponses (introduction – développement – conclusion), sans pour autant faire appel à un plan apparent ;
- n'indiquez qu'une idée par phrase. Si vous avez deux idées à formuler dans votre réponse, faites deux phrases, que vous lierez par des mots de liaison (*donc, mais, d'une part/d'autre part…*) ;
- répondez de préférence aux questions dans l'ordre indiqué. Si vous n'avez pas la réponse à une question, passez à la suivante. Mais essayez d'y revenir par la suite : il est très pénalisant de ne pas répondre à toutes les questions posées.

✔ La rédaction des réponses

Il faut proscrire de votre copie les abréviations, le langage familier (ou, pire encore, de type « SMS ») et les énumérations (listes avec des tirets…).

Utilisez les mots de liaison appropriés (*donc, par conséquent, ensuite, en effet…*) pour lier, si nécessaire, certaines phrases. Voici un rappel des principaux mots de liaison :

Objet	Mots de liaison
Introduction	En premier lieu, premièrement, d'une part…
Énumération	Ensuite, de plus, d'autre part, deuxièmement, par ailleurs…
Exemple	Par exemple, ainsi, d'ailleurs, notamment…
Expliquer	Parce que, c'est pourquoi, car, puisque, en effet…
Opposition	Mais, cependant, néanmoins, toutefois, pourtant…
Restriction	Au contraire, en revanche, inversement…
Conséquence	Donc, en conséquence, si bien que, c'est pourquoi…
But	Afin de, pour, en vue de…
Hypothèse	Si, en cas de, au cas où…
Résumer ou conclure	Pour conclure, en résumé, donc, en somme…

FICHE 2

Organisation et missions de la gendarmerie (1)

Statuts, missions, ministère de tutelle, organisations et champs d'action.

1. Principe général

La gendarmerie est une force de police à **statut militaire**. L'action de la gendarmerie s'exerce sur l'ensemble du territoire métropolitain, au profit de tous les départements ministériels, et plus spécialement ceux de l'Intérieur, de la Justice et de la Défense.

2. Définition des missions de la Gendarmerie nationale

Selon la loi du 3 août 2009, « la Gendarmerie nationale est une force armée instituée pour veiller à l'exécution des lois.
La police judiciaire constitue l'une de ses missions essentielles.
La Gendarmerie nationale est destinée à assurer la sécurité publique et l'ordre public, particulièrement dans les zones rurales et périurbaines, ainsi que sur les voies de communication.
Elle contribue à la mission de renseignement et d'information des autorités publiques, à la lutte contre le terrorisme, ainsi qu'à la protection des populations.
Elle participe à la défense de la patrie et des intérêts supérieurs de la nation, notamment au contrôle et à la sécurité des armements nucléaires.

L'ensemble de ses missions, civiles et militaires, s'exécute sur toute l'étendue du territoire national, hors de celui-ci en application des engagements internationaux de la France, ainsi qu'aux armées. »

3. Rattachement de la gendarmerie au ministère de l'Intérieur

À l'instar de la Police nationale, la Gendarmerie nationale est placée sous la tutelle hiérarchique du ministère de l'Intérieur, tout en conservant son statut militaire.

4. Schéma d'organisation de la Gendarmerie nationale

Dépendent du directeur général de la Gendarmerie nationale :
- la Direction générale de la Gendarmerie nationale (DGGN) ;
- l'Inspection générale de la Gendarmerie nationale (IGGN) ;
- des formations territoriales constituant la gendarmerie départementale ;
- des formations constituant la gendarmerie mobile ;
- la Garde républicaine ;

– des formations spécialisées : la gendarmerie maritime ; la gendarmerie de l'air ; la gendarmerie des transports aériens (GTA) ; la gendarmerie de l'armement ; la gendarmerie de la sécurité des armements nucléaires ; des formations prévôtales ; des organisations d'administration et de soutien (dont l'Institut de recherche criminelle de la Gendarmerie nationale [IRCGN]) ; des organismes de formation du personnel (écoles de gendarmerie…) ; le Groupe d'intervention de la Gendarmerie nationale (GIGN).

5. Schéma d'organisation de la gendarmerie départementale

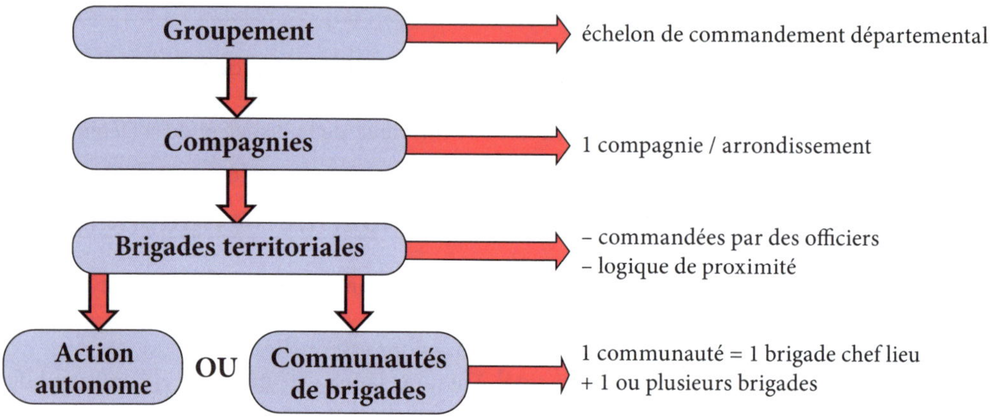

Les unités spécialisées de la gendarmerie départementale sont les suivantes :
- les unités de recherche (missions de police judiciaire) ;
- les pelotons de surveillance et d'intervention (lutte contre la délinquance) ;
- les brigades de prévention de la délinquance juvénile ;
- des unités de police de la route ;
- des unités de montagne.

6. Schéma d'emploi de la gendarmerie mobile

Comme pour les CRS, outre le maintien de l'ordre, la gendarmerie mobile assure des missions de sécurisation en soutien du dispositif territorial des forces de l'ordre. Dans cette logique, le **préfet de zone de défense** est l'autorité d'emploi des unités disponibles implantées dans son ressort. La gendarmerie mobile est également chargée de missions en Outre-mer.

7. Les missions et l'organisation de la Garde républicaine

La Garde républicaine a pour mission principale d'assurer les missions de sécurité et les services d'honneur du protocole d'État au **profit des instances gouvernementales** et des hautes autorités. Elle assure également certaines missions de sécurité publique au moyen de patrouilles équestres (par exemple, dans les jardins publics à Paris). Ce corps comprend : deux régiments d'infanterie ; un régiment de cavalerie ; des formations spécialisées : orchestre, chœur de l'armée française, musique, fanfare de cavalerie, escadron motocycliste.

FICHE 3

Organisation et missions de la gendarmerie (2)

16 février 1791 : la gendarmerie devient une composante de l'armée.

1. Présentation historique de la gendarmerie

Au Moyen Âge, il existait déjà en France différents corps de militaires responsables de l'ordre public. Succédant aux sergents d'armes, la maréchaussée est chargée par le roi François Ier, en 1536, de lutter contre les « crimes de grand chemin ». Organisée selon un maillage territorial, la **maréchaussée** est l'ancêtre de la Gendarmerie nationale actuelle.

L'article premier de la loi du 16 février 1791 déclare que « la maréchaussée portera désormais le nom de Gendarmerie nationale ». Officiellement intégrée à l'armée, la gendarmerie perd les quelques missions de justice qu'elle assurait jusqu'alors.

Son rôle est clairement défini par la loi du 28 germinal an VI (17 avril 1798) : « Le corps de la Gendarmerie nationale est une force instituée pour assurer dans l'intérieur de la République le maintien de l'ordre et l'exécution des lois. » Cette définition rend parfaitement compte du double aspect de ses missions : police administrative (prévention des troubles) d'une part, et police judiciaire (répression des crimes et délits) d'autre part.

Sous le Consulat et l'Empire, Napoléon renforce de façon importante la gendarmerie, notamment pour mieux contrôler l'ordre public dans les provinces, mais également au cours des campagnes militaires.

Sous la Restauration, entre 1815 et 1848, la gendarmerie tombe quelque peu en disgrâce aux yeux du pouvoir royal. Napoléon III et la IIIe République revalorisent son rôle et augmentent ses effectifs. En 1849, la garde municipale de Paris devient la Garde républicaine.

Durant la IIIe République, la Gendarmerie nationale s'organise peu à peu. La situation sociale et politique fait ressentir aux gouvernants le besoin d'une force efficace de maintien de l'ordre, ce qui conduit à la création des pelotons mobiles de gendarmerie. En 1954, ils deviendront les escadrons de gendarmerie mobile.

Au cours des deux guerres mondiales et des conflits coloniaux, la gendarmerie poursuit ses missions de justice aux armées (la prévôté) et de lutte contre les déserteurs et insoumis.

Après la Seconde Guerre mondiale, la Gendarmerie nationale devient véritablement autonome au sein du ministère de la Défense. La féminisation des effectifs et le développement de l'investigation (brigades de recherche) sont deux facteurs importants de modernisation. Ses missions se diversifiant largement, la Gendarmerie nationale est amenée à créer en son sein des services spécialisés (gendarmerie maritime, gendarmerie des transports aériens…). Pour autant, la grande majorité des effectifs et des missions se trouve concentrée dans la gendarmerie départementale (les brigades territoriales) et la gendarmerie mobile (maintien de l'ordre).

Depuis 2002, les forces de gendarmerie sont rattachées au ministère de l'Intérieur pour ce qui concerne l'accomplissement de leurs missions de sécurité intérieure. En 2009, la Direction générale de la Gendarmerie nationale quitte le ministère de la Défense pour rejoindre celui de l'Intérieur. Le rapprochement avec la Police nationale est alors pleinement effectif, même si les gendarmes continuent de relever d'un statut militaire auquel ils sont fort attachés.

2. Définition du devoir de réserve

Selon l'article L. 4121-2 du Code de la défense, « les opinions ou croyances, notamment philosophiques, religieuses ou politiques, sont libres. Elles ne peuvent cependant être exprimées qu'en dehors du service et avec la réserve exigée par l'état militaire. Cette règle s'applique à tous les moyens d'expression. Elle ne fait pas obstacle au libre exercice des cultes dans les enceintes militaires et à bord des bâtiments de la flotte.

Indépendamment des dispositions du Code pénal relatives à la violation du secret de la défense nationale et du secret professionnel, les militaires doivent faire preuve de discrétion pour tous les faits, informations ou documents dont ils ont connaissance dans l'exercice ou à l'occasion de l'exercice de leurs fonctions. En dehors des cas expressément prévus par la loi, les militaires ne peuvent être déliés de cette obligation que par décision expresse de l'autorité dont ils dépendent. »

Le devoir de réserve impose donc la **discrétion sur vos opinions** :
- philosophiques ;
- religieuses ;
- politiques.

3. Le contrôle de l'action de la gendarmerie

En cas de non-respect de leurs obligations professionnelles et déontologiques, les gendarmes encourent :
- des **sanctions disciplinaires** ;
- des **poursuites pénales** en cas d'infraction avérée.

L'action des gendarmes est contrôlée à la fois :
• en interne :
- par la hiérarchie de la Gendarmerie nationale,
- par des corps d'inspection et d'enquêtes internes, qui sont chargés des investigations disciplinaires et judiciaires sur les fautes susceptibles d'être reprochées aux gendarmes ;

• en externe :
- par l'autorité judiciaire, sous l'autorité de laquelle sont, du reste, conduites les actions liées à l'exercice de la police judiciaire,
- par le Défenseur des droits. Reprenant les attributions de la Commission nationale de déontologie de la sécurité (CNDS), le Défenseur des droits est une autorité administrative indépendante chargée notamment de veiller au respect de la déontologie par les personnes exerçant des activités de sécurité sur le territoire de la République. Toute personne peut le saisir. Chaque année, un rapport d'activité est remis au président de la République. En outre, un projet de contrôle parlementaire est à l'étude.

FICHE 4

Les techniques d'intervention professionnelle

Quelques notions sur les armes, de l'usage approprié des menottes, cadre réglementaire de la fouille à corps et de la palpation de sécurité.

1. Les armes

En matière de police administrative, les armes sont divisées en plusieurs catégories :

- catégorie A (A1, A2) : armes interdites et matériels de guerre ;
- catégorie B : armes soumises à autorisation ;
- catégorie C : armes soumises à déclaration ;
- catégorie D : armes soumises à enregistrement et armes et matériels en détention libre.

Deux sous-catégories divisent la catégorie A.

La catégorie A1 correspond à une nouvelle sous-catégorie, tandis que la catégorie A2 correspond aux armes relevant des matériels de guerre, les matériels destinés à porter ou à utiliser au combat des armes à feu (c'est-à-dire les véhicules armés) et les matériels de protection contre les gaz de combat.

L'introduction d'une sous-catégorie regroupant, au sein de la catégorie D, des armes susceptibles d'être soumises à enregistrement permet d'assurer la traçabilité de certaines armes, compte tenu de leur valeur patrimoniale.

L'introduction d'une notion de « dangerosité » comme principe de classement des armes constitue une importante innovation juridique, résultant de la volonté de mettre fin au classement ancien dans lequel des armes de dangerosité comparable pouvaient se trouver dans des catégories différentes. Cette dangerosité s'apprécie notamment en fonction de :

- la **répétabilité du tir** (à répétition, semi-automatique, automatique) ;
- la capacité de tir **sans rechargement** (nombre de cartouches dans un chargeur et dans le magasin).

2. Le menottage

L'article 803 du Code de procédure pénale dispose : « Nul ne peut être soumis au port des menottes ou des entraves que s'il est considéré soit comme dangereux pour autrui ou pour lui-même, soit comme susceptible de tenter de prendre la fuite. »

Cet article consacre le pouvoir d'interprétation du gendarme quant à la dangerosité de la personne interpellée et des risques de fuite. Cela signifie que la décision d'utilisation des menottes relève de la responsabilité personnelle du gendarme : ce pouvoir doit être utilisé avec discernement, en fonction des circonstances.

Sur le plan juridique, la justification de l'emploi du menottage doit obligatoirement trouver une traduction juridique dans le procès-verbal d'interpellation relatant les circonstances de l'intervention des gendarmes. Il est nécessaire de mentionner dans ce procès-verbal le comportement de l'individu (prend la fuite, provocation à la rébellion, menaces…) et les éventuels incidents survenus lors du menottage.

3. Définitions de la fouille à corps et de la palpation de sécurité

Selon l'article 63-7 du Code de procédure pénale, « lorsqu'il est indispensable pour les nécessités de l'enquête de procéder à une fouille intégrale d'une personne gardée à vue, celle-ci doit être décidée par un officier de police judiciaire et réalisée dans un espace fermé par une personne de même sexe que la personne faisant l'objet de la fouille. La fouille intégrale n'est possible que si la fouille par palpation ou l'utilisation des moyens de détection électronique ne peuvent être réalisées.

Lorsqu'il est indispensable pour les nécessités de l'enquête de procéder à des investigations corporelles internes sur une personne gardée à vue, celles-ci ne peuvent être réalisées que par un médecin requis à cet effet. »

L'initiative de la fouille dite « à corps » revient donc à l'officier de police judiciaire, qui vise à la recherche d'objets ou d'indices intéressant l'enquête, dans le cadre de l'établissement de la preuve.

En revanche, la palpation de sécurité ne nécessite pas de qualification judiciaire particulière. Elle est praticable par tout gendarme, notamment sur la voie publique lors d'un contrôle d'identité. Son but est de se prémunir de la présence d'objets illicites ou dangereux sur un individu. La palpation de sécurité, effectuée de façon méthodique et méticuleuse, doit être pratiquée par une personne de même sexe au travers des vêtements de l'individu contrôlé.

FICHE 5 Les agents de la police judiciaire et de la police de la circulation

Rôles, pouvoirs et champs d'action pour les fonctions d'agent de police judiciaire et de la circulation.

1. La police judiciaire

✔ Les pouvoirs dévolus à l'agent de police judiciaire (APJ)

Les pouvoirs dévolus à l'agent de police judiciaire (APJ) sont prévus par l'article 20 du Code de procédure pénale :

« Sont agents de police judiciaire :

1° les gendarmes n'ayant pas la qualité d'officier de police judiciaire ;

2° les fonctionnaires des services actifs de la Police nationale, titulaires et stagiaires, n'ayant pas la qualité d'officier de police judiciaire.

Toutefois, les fonctionnaires mentionnés aux 1° et 2° ne peuvent exercer effectivement les attributions attachées à leur qualité d'agent de police judiciaire et se prévaloir de cette qualité que s'ils sont affectés à un emploi comportant cet exercice ; l'exercice de ces attributions est momentanément suspendu pendant le temps où ils participent, en unité constituée, à une opération de maintien de l'ordre.

Les agents de police judiciaire ont pour mission :
– de seconder, dans l'exercice de leurs fonctions, les officiers de police judiciaire ;
– de constater les crimes, délits ou contraventions et d'en dresser procès-verbal ;
– de recevoir par procès-verbal les déclarations qui leur sont faites par toutes personnes susceptibles de leur fournir des indices, preuves et renseignements sur les auteurs et complices de ces infractions.

Les agents de police judiciaire n'ont pas qualité pour décider des mesures de garde à vue. »

✔ Les pouvoirs dévolus à l'agent de police judiciaire adjoint (APJA)

Les pouvoirs dévolus à l'agent de police judiciaire adjoint (APJA) sont prévus par l'article 21 du Code de procédure pénale :

« Sont agents de police judiciaire adjoints :

1° les fonctionnaires des services actifs de la Police nationale ne remplissant pas les conditions prévues par l'article 20 ;

1° *bis* les volontaires servant en qualité de militaire dans la gendarmerie et les militaires servant au titre de la réserve opérationnelle de la Gendarmerie nationale ne remplissant pas les conditions prévues par l'article 20-1 ;

1° *ter* les policiers adjoints (anciennement appelés adjoints de sécurité ou ADS) mentionnés à l'article 36 de la loi n° 95-73 du 21 janvier 1995 d'orientation et de programmation relative à la sécurité et les membres de la réserve civile de la Police nationale qui ne remplissent pas les conditions prévues à l'article 20-1 du présent code ;

1° *quater* les contrôleurs de la préfecture de police exerçant leurs fonctions dans la spécialité voie publique et les agents de surveillance de Paris ;

1° *quinquies* (abrogé) ;

1° *sexies* (abrogé) ;

2° les agents de police municipale ;

3° les gardes champêtres, lorsqu'ils agissent pour l'exercice des attributions fixées au dernier alinéa de l'article L. 2213-18 du code général des collectivités territoriales.

Ils ont pour mission :
- de seconder, dans l'exercice de leurs fonctions, les officiers de police judiciaire ;
- de rendre compte à leurs chefs hiérarchiques de tous crimes, délits ou contraventions dont ils ont connaissance ;
- de constater, en se conformant aux ordres de leurs chefs, les infractions à la loi pénale et de recueillir tous les renseignements en vue de découvrir les auteurs de ces infractions, le tout dans le cadre et dans les formes prévues par les lois organiques ou spéciales qui leur sont propres ;
- de constater par procès-verbal les contraventions aux dispositions du Code de la route dont la liste est fixée par décret en Conseil d'État ainsi que les contraventions prévues à l'article 621-1 du code pénal.

Lorsqu'ils constatent une infraction par procès-verbal, les agents de police judiciaire adjoints peuvent recueillir les éventuelles observations du contrevenant. »

2. La police de la circulation

✔ La mise en place d'un contrôle routier

La **signalisation** est l'un des aspects essentiels de la mise en place d'un contrôle routier. La sécurité des gendarmes et du public est étroitement liée à une signalisation satisfaisante du contrôle routier. À ce titre, les gendarmes :
- devront s'équiper de leur protection individuelle avant de descendre du véhicule ;
- devront être constamment mobiles (même équipés de leurs effets réfléchissants), ceci afin d'accroître leur visibilité, et donc leur sécurité ;
- devront utiliser uniquement la palette de signalisation ou éventuellement la raquette de signalisation pour obtenir le ralentissement des véhicules ;
- ne devront jamais diriger les feux blancs du phare en direction des usagers de la route (risque d'éblouissement, usage non réglementaire) ;
- devront utiliser des dispositifs coniques ayant un bon pouvoir réfléchissant ; ces cônes seront donc propres et récents car la durée de vie du revêtement est limitée à six ans environ ;
- devront utiliser de préférence les feux lumineux à éclats plutôt que les feux lumineux fixes ou tournants.

✔ Le cadre légal du contrôle routier

Les articles R. 233-1 et R. 233-3 du code de la route et R. 211-14 et suivants du Code des assurances désignent « les agents de l'autorité compétente » pour procéder à un contrôle

routier. Ce sont les fonctionnaires, militaires et agents habilités à rechercher et constater les infractions au Code de la route qui sont énumérés :
- aux **articles L. 130-1 à L. 130-4** dans la partie législative du Code de la route;
- aux **articles R. 130-1 à R. 130-8** dans la partie réglementaire du Code de la route, en ce qui concerne leurs compétences respectives.

Le contrôle routier dont peut faire l'objet tout conducteur de véhicule à moteur (véhicules légers, poids lourds, deux roues, véhicule agricole, etc.) est réalisé d'initiative, sans aucune condition préalable. L'existence d'une infraction préalable n'est donc pas exigée.

Lors d'un contrôle routier, le gendarme est amené à contrôler :
- le titre justifiant l'autorisation de conduire (permis de conduire, certificat constatant l'achèvement d'une formation de conducteur de transport par route…);
- le certificat d'immatriculation du véhicule et, le cas échéant, celui de la remorque;
- le certificat et/ou l'attestation d'assurance.

Dans l'hypothèse d'une perte ou d'un vol des pièces administratives, le récépissé de déclaration est valable :
- deux mois pour le permis de conduire;
- un mois pour le certificat d'immatriculation.

✔ Les différents permis de conduire

Âge	Catégorie	Véhicule autorisé
18 ans	**A** depuis moins de 2 ans	Motocyclettes avec ou sans side-car d'une puissance inférieure ou égale à 25 kW ou dont le rapport puissance/poids est inférieur ou égal à 0,16 kW par kg. Tricycles à moteur. Quadricycles lourds à moteur.
OU 21 ans avec épreuve spécifique	**A** depuis plus de 2 ans	Toutes motocyclettes avec ou sans side-car. Tricycles à moteur. Quadricycles lourds à moteur.
16 ans	sous-catégorie **A 1**	Motocyclettes légères avec ou sans side-car. Tricycles à moteur d'une puissance n'excédant pas 15 kW et dont le PV n'excède pas 550 kg. Quadricycles lourds à moteur.
18 ans	**B**	Véhicules automobiles d'un PTAC < 3,5 t comprenant, outre le siège du conducteur, 8 places assises au maximum. Véhicules d'un PTAC < 3,5 t affectés au transport de marchandises et véhicules qui leur sont assimilés. À tous ces véhicules peut être attelée une remorque n'entraînant pas le classement dans la catégorie E (B). Motocyclettes légères avec ou sans side-car et tricycles à moteur (si cat. B délivrée depuis au moins 2 ans et attestation de formation pratique). Quadricycles lourds à moteur.
16 ans	sous-catégorie **B 1**	Tricycles à moteur d'une puissance n'excédant pas 15 kW et dont le PV n'excède pas 550 kg. Quadricycles lourds à moteur.

➤

Âge	Catégorie	Véhicule autorisé
18 ans	**C**	Véhicules automobiles isolés autres que ceux de la cat. D dont le PTAC > 7,5 t. Ces véhicules peuvent tracter une remorque d'un PTAC ⩽ 750 kg.
De 18 à 21 ans	**C** sans certificat de formation du conducteur	Véhicules d'un PTAC > 7,5 t.
21 ans	**D** avec expérience ou formation du conducteur	Véhicules affectés au transport de personnes comportant, outre le siège du conducteur, plus de 8 places assises, conduits dans un rayon dépassant 50 km autour du point d'attache du véhicule. Ces véhicules peuvent tracter une remorque d'un PTAC > 750 kg.
	D sans expérience ou sans formation du conducteur	Mêmes véhicules que ci-dessus, mais ne peuvent être conduits que dans un rayon inférieur à 50 km autour du point d'attache des véhicules.
18 ans	**E (B)**	Véhicules de la cat. B attelés d'une remorque d'un PTAC excédant 750 kg, lorsque : – PTAC de la remorque > PV du véhicule tracteur **OU** – la somme des poids totaux en charge (PTRA : véhicule tracteur + remorque) > 4,250 t.
18 ans	**E (C)** avec expérience ou formation du conducteur	Ensemble de véhicules couplés dont le véhicule tracteur de cat. C est attelé d'une remorque d'un PTAC > 750 kg Véhicules de la cat. E (B) ci-dessus. Véhicules de la cat. E (D) si possession de la cat. D.
De 18 à 21 ans	**E (C)** sans certificat de formation du conducteur	Véhicules d'un PTAC n'excédant pas 7,5 t. Véhicules de la cat. E (B) ci-dessus.
21 ans	**E (D)**	Ensemble de véhicules couplés dont le véhicule tracteur de cat. D est attelé d'une remorque d'un PTAC excédant 750 kg. Véhicules de la cat. E (B) ci-dessus.

Modes de calcul du poids des véhicules

PTAC : poids total autorisé en charge = poids à vide (PV) + charge utile (CU).

PTRA : poids total roulant autorisé d'un véhicule articulé, d'un ensemble de véhicules ou d'un train double et de leur chargement.

FICHE 6

Les techniques d'accueil et de communication

Deux documents de référence régissent les relations avec le public : la Charte de l'accueil du public et des victimes et le référentiel Marianne.

1. La Charte de l'accueil du public et des victimes

La Charte de l'accueil du public et des victimes se décompose de la manière suivante :
- **articles 1 à 3 :** Qualité de l'accueil ;
- **article 4 :** Accueil et écoute privilégiés de victimes d'infractions pénales ;
- **article 5 :** Obligation de recevoir les plaintes ;
- **article 6 :** Signalement de la disparition d'une personne ;
- **article 7 :** Obligation d'informer les plaignants du résultat des investigations ;
- **article 8 :** Droit d'accès aux fichiers informatiques et à leur rectification.

Le contenu de chaque article doit être connu de chaque gendarme :

« **Article 1 :** L'accueil du public constitue une priorité majeure pour la Police nationale et la Gendarmerie nationale.

Article 2 : L'assurance d'être écouté à tout moment par une unité de la Gendarmerie nationale ou un service de la Police nationale, d'être assisté et secouru constitue un droit ouvert à chaque citoyen.

Article 3 : La qualité de l'accueil s'appuie sur un comportement empreint de politesse, de retenue et de correction. Elle se traduit par une prise en compte immédiate des demandes du public.

Article 4 : Les victimes d'infractions pénales bénéficient d'un accueil privilégié.

Article 5 : Les services de la Police nationale et de la Gendarmerie nationale sont tenus de recevoir les plaintes déposées par les victimes d'infractions pénales, quel que soit le lieu de commission.

Article 6 : Tout signalement d'une disparition de personne fait l'objet d'une attention particulière et d'un traitement immédiat.

Article 7 : Les services de la Police nationale et les unités de la Gendarmerie nationale veillent à informer le plaignant des actes entrepris à la suite de sa déposition et de leurs résultats.

Article 8 : Dans le seul but d'identifier les auteurs d'infractions, des informations relatives aux victimes peuvent être enregistrées dans certains fichiers de police judiciaire.

Toute victime peut :
- obtenir communication de ces données ;
- demander, en cas d'erreur, leur rectification ou leur suppression.

Ces droits s'exercent indirectement auprès de la Commission nationale de l'informatique et des libertés (CNIL) 8, rue Vivienne 75083 Paris Cedex 02. Le procureur de la République territorialement compétent peut aussi être saisi. Sur simple demande orale ou écrite, une notice détaillant les modalités pratiques de ces droits est remise aux victimes. En cas de condamnation définitive de l'auteur, la victime peut aussi s'opposer à la conservation dans le fichier des informations la concernant en s'adressant au service de police ou de gendarmerie compétent mentionné dans la notice susvisée. »

2. Le référentiel Marianne

Conçu pour devenir la référence en matière d'accueil dans les services publics, le référentiel Marianne vise à garantir la qualité de l'accueil sous ses différentes formes (accueil des usagers dans une approche multicanal : physique, téléphonique, postal et électronique) et promeut des valeurs telles que la courtoisie, l'accessibilité, la rapidité, la clarté des réponses, mais aussi un esprit d'écoute, de rigueur et de transparence. Son application et son respect, après contrôle par un organisme habilité, donnent lieu à la délivrance d'un label, « le label Marianne ».

Le référentiel se divise en **cinq thématiques/rubriques** :
- un accès facilité à l'ensemble des services ;
- un accueil attentif et courtois ;
- une réponse compréhensible aux demandes des usagers dans un délai annoncé ;
- une réponse systématique à toute réclamation ;
- une prise en compte des avis des usagers pour tendre vers un meilleur accueil.

À l'heure actuelle, la Charte d'accueil du public et d'assistance aux victimes reste le texte de référence. Toutefois, différentes mesures (enquête de satisfaction, bilan annuel...) doivent être mises en œuvre et adaptées afin de répondre à tous les engagements du référentiel.

De manière concrète, pour les services de gendarmerie, ces mesures sont :
• la multiplication des « enquêtes mystère » (ou « contrôles inopinés ») diligentées par les services de contrôle du ministère de l'Intérieur (DGGN, IGGN, etc.). Ces enquêtes, réalisées chaque année, permettent de mesurer le déploiement du référentiel sur le terrain et de vérifier la conformité (ou l'écart) entre le niveau d'exigence prescrit par le référentiel et la réalité des pratiques à partir de la perception d'un usager « mystère ». Elles permettent de poser une appréciation extérieure sur la qualité de l'accueil dans les services et constitueront, pour chaque réseau de services, un levier complémentaire de management et d'amélioration des pratiques d'accueil. Ces enquêtes peuvent prendre la forme d'appels téléphoniques ou de visites à l'accueil des brigades territoriales ou des services de gendarmerie ;
• le respect des nouveaux critères de rapidité d'action fixés par le « référentiel Marianne » :
- **appel téléphonique** : prise en charge des appels en moins de cinq sonneries ;
- **courrier électronique** : première réponse sous cinq jours ouvrés soit par une réponse sur le fond, soit, si le délai ne peut être tenu, par une réponse d'attente indiquant les délais prévisionnels de traitement. Un accusé de réception électronique est adressé à l'usager de manière systématique suite à toute sollicitation par voie électronique ;
- **courrier postal :** traitement de la demande sous quinze jours ouvrés (si ce délai ne peut être tenu, réponse d'attente indiquant le délai prévisionnel de traitement...).

Les réponses apportées devront être rédigées dans un langage adapté à la compréhension de leurs destinataires et comporter les références de l'agent.

ICHE 7

Les autres acteurs de la sécurité publique

Dans l'accomplissement de leurs missions, les gendarmes sont régulièrement amenés à travailler en complémentarité avec des effectifs de la Police nationale ou de la police municipale. La loi sur la sécurité intérieure de 2003 associe d'ailleurs ces trois composantes des forces de l'ordre.

Dans de nombreuses communes, des contrats locaux de sécurité (CLS) sont mis en place afin de concerter et d'organiser l'action des forces de l'ordre avec celles d'institutions civiles (associations de prévention de la délinquance, collèges et lycées, bailleurs sociaux, municipalités, etc.).

1. La Police nationale

La Police nationale est composée d'environ 125 000 effectifs. Ceux-ci se répartissent en trois corps distincts : les gardiens de la paix et gradés, les officiers et les commissaires.

Les missions de la Police nationale ont été notamment définies par la loi du 21 janvier 1995 :
- assurer la sécurité des personnes, des biens et des institutions ;
- lutter contre les violences urbaines, la petite délinquance et l'insécurité routière ;
- contrôler l'immigration irrégulière et la lutte contre l'emploi des clandestins ;
- lutter contre la drogue, la criminalité organisée et la grande délinquance économique et financière ;
- protéger le pays contre le terrorisme et les atteintes aux intérêts fondamentaux de la nation ;
- maintenir l'ordre public.

Pour faire face à l'ensemble de ces missions, la Police nationale dispose de plusieurs directions spécialisées :
- la **Direction nationale de la sécurité publique (DNSP)** : les policiers de la sécurité publique sont chargés de lutter contre la petite et moyenne délinquance dans les communes de plus de 10 000 habitants (en dessous de 10 000 habitants et dans les campagnes, la gendarmerie est compétente). Ces policiers exercent des missions d'investigation et de sécurisation de la voie publique. En outre, en son sein, la DNSP intègre un service central du renseignement territorial. Ce service a pour particularité de regrouper des policiers et des gendarmes. Il est chargé d'analyser les phénomènes sociaux protestataires, sectaires, de radicalisation ou à potentialité violente ;
- la **Direction centrale des compagnies républicaines de sécurité (DCCRS)** : comme les gendarmes mobiles, les policiers des compagnies républicaines de sécurité (CRS) interviennent lors d'événements publics, d'opérations de maintien de l'ordre et de sécurisation de secteurs sensibles ;
- la **Direction nationale de la police aux frontières (DNPAF)** : la police aux frontières (PAF) s'occupe de la sécurisation des frontières et de la lutte contre l'immigration irrégulière, de l'emploi d'étrangers sans titre et de toute délinquance en ces domaines ;

– la **Direction nationale de la police judiciaire (DNPJ)** : la police judiciaire (PJ) a pour mission la lutte contre toutes les formes de crime organisé et de grande délinquance (stupéfiants, vols à main armée, proxénétisme, infractions économiques) ;
– la **Direction générale de la sécurité intérieure (DGSI)** : issue de la fusion opérée entre les Renseignements généraux (RG) et la Direction de la surveillance du territoire (DST), la DGSI est investie de la lutte contre le terrorisme, l'espionnage, l'islam radical et tous les extrémismes de violences ;
– le **Service de la protection (SDLP)** : il est chargé de la protection des hautes personnalités françaises et étrangères (vivant en France ou en visite en France) ;
– l'**Unité de coordination de la lutte antiterroriste (UCLAT)** : rattachée au directeur général de la Police nationale, elle centralise les informations en matière de lutte antiterroriste ;
– le **RAID, l'unité de recherche, d'assistance, d'intervention et de dissuasion**, intervient lors d'opérations complexes et périlleuses ;
– la **Préfecture de police** : pour Paris et les départements des Hauts-de-Seine, de la Seine-Saint-Denis et du Val-de-Marne, la Préfecture de police (PP) est compétente. Placée sous l'autorité du préfet de police, elle assure les mêmes missions de sécurité intérieure que la Direction générale de la Police nationale dans sa compétence territoriale. Le directeur général de la Police nationale n'a aucune autorité sur les services de la PP, en effet le préfet de police en dispose exclusivement, et ce dernier relève directement de l'autorité du ministre de l'Intérieur.

2. La police municipale et les gardes champêtres

La police municipale est placée sous l'autorité directe d'un maire et contribue à assurer les fonctions de police dont est responsable cet élu local. En effet, le maire, en France, est chargé d'importants pouvoirs de police administrative. Les pouvoirs de police du maire sont principalement définis par l'article L. 2212-2 du Code général des collectivités territoriales (CGCT) : dans sa commune, le maire a la responsabilité d'assurer le bon ordre, la sûreté, la sécurité et la salubrité publiques.

3. Les douanes

La France compte environ 17 000 douaniers. Ceux-ci sont principalement chargés de la perception des droits et taxes dus à l'entrée des marchandises sur le territoire national, de la protection des consommateurs, de la lutte contre les trafics illicites, du contrôle des personnes aux frontières et du contrôle des contributions indirectes (taxes sur les produits pétroliers, les alcools, le tabac, la fiscalité écologique, etc.).

QCM

1 heure

1. Le fusil d'assaut des gendarmes est :

❒ **a.** Le Famas
❒ **b.** Le HK G36
❒ **c.** Le M16

2. Le jour-amende est une peine correctionnelle qui s'élève à :

❒ **a.** 1 000 € maximum
❒ **b.** 1 500 €maximum
❒ **c.** 500 € maximum

3. Quel élément ne caractérise pas la tentative punissable ?

❒ **a.** L'intention coupable
❒ **b.** Le commencement d'exécution
❒ **c.** L'absence de désistement involontaire

4. Parmi les services chargés des missions de sécurité, lequel n'est pas placé sous l'autorité du ministre de l'Intérieur ?

❒ **a.** La sécurité civile
❒ **b.** La Gendarmerie nationale
❒ **c.** La police municipale

5. Le juge d'instruction est :

❒ **a.** Un magistrat du Parquet
❒ **b.** Un magistrat du siège
❒ **c.** Un substitut du procureur

6. Lorsqu'un contrevenant s'oppose à l'enlèvement de son véhicule, il commet alors :

❒ **a.** Un délit d'obstacle à un ordre d'envoi en fourrière
❒ **b.** Une contravention de 5e classe pour obstacle à un ordre d'envoi en fourrière
❒ **c.** Un délit de refus d'obtempérer

7. Quelle est la limitation de vitesse sur les routes à double-sens, sans séparateur central ?

❒ **a.** 80 km/h
❒ **b.** 90 km/h
❒ **c.** 110 km/h

8. Le gendarme est tenu à l'obligation de neutralité. À quoi cela correspond-il ?

❒ **a.** Au devoir de réserve
❒ **b.** Au devoir d'exemplarité
❒ **c.** Au secret professionnel

9. La sûreté désigne le droit de se déplacer à son gré, de n'être ni arrêté, ni détenu arbitrairement. De quelle liberté publique s'agit-il ?

❒ **a.** La liberté d'aller et venir
❒ **b.** La liberté de circuler
❒ **c.** La liberté individuelle

10. Un gendarme doit en toutes circonstances s'abstenir en public de tout acte ou propos de nature à porter la déconsidération sur la Gendarmerie nationale, il s'agit de :

❒ **a.** L'obligation d'impartialité
❒ **b.** L'obligation d'exemplarité
❒ **c.** L'obligation de dignité

11. Parmi les missions suivantes, laquelle n'est pas du ressort du procureur de la République ?

❒ **a.** Recevoir les plaintes et les dénonciations
❒ **b.** Délivrer des commissions rogatoires
❒ **c.** Assurer la poursuite pénale des délinquants

12. Parmi les cas de rétention des personnes, lequel n'est pas à caractère judiciaire ?

❒ **a.** La vérification d'identité
❒ **b.** La retenue des mineurs de 10 à 13 ans
❒ **c.** Le placement en chambre de sûreté des personnes en état d'ivresse

13. Importuné verbalement par un SDF alcoolisé, un commerçant exaspéré lui porte des coups. Témoin des faits, vous intervenez. En tentant de maîtriser ce dernier, vous lui fracturez malencontreusement le poignet. Quelle légitime défense pourrait être reconnue dans le cas présent ?

❒ **a.** La légitime défense d'autrui
❒ **b.** La légitime défense des biens
❒ **c.** La légitime défense de soi-même

14. L'enquête préliminaire peut être mise en œuvre :

❒ **a.** Pour tous les crimes, délits et contraventions
❒ **b.** Seulement pour les délits non punis d'emprisonnement et les contraventions
❒ **c.** Seulement pour les crimes et les délits

➔ *Retrouvez les corrigés en p. 60*

15. **Le juge d'instruction délivre des enquêtes sur commission rogatoire :**

❒ **a.** À certains APJ à l'article 20 du CPP et aux OPJ à l'article 16 du CPP
❒ **b.** À tout APJ à l'article 20 du CPP
❒ **c.** Exclusivement aux OPJ à l'article 16 du CPP

16. **L'OPJ de permanence est requis pour la découverte d'une personne décédée sous un pont de la ville. Dans quel cadre d'enquête pourra-t-il travailler ?**

❒ **a.** Le cadre de la disparition inquiétante
❒ **b.** Le cadre concernant la mort ou les blessures graves, de cause inconnue ou suspecte
❒ **c.** Le cadre d'une mort ou de blessures violentes

17. **L'enquête de flagrant délit s'applique pour :**

❒ **a.** Les crimes non punis d'une peine d'emprisonnement
❒ **b.** Les crimes et délits punis d'une peine d'emprisonnement
❒ **c.** Les crimes, délits et contraventions

18. **Dans le cadre de la qualité de l'accueil, quel label peut être délivré par un organisme habilité ?**

❒ **a.** Le « Label Rouge »
❒ **b.** Le « Label Qualité »
❒ **c.** Le « Label Marianne »

19. **Monsieur DURAND est verbalisé pour un dépassement de la vitesse autorisée de 28 km/h. Combien de points risque-t-il deperdre sur son permis de conduire ?**

❒ **a.** 1 point
❒ **b.** 2 points
❒ **c.** 3 points

20. **Les « radars tronçons » sont :**

❒ **a.** Des modes de constatation totalement automatisés
❒ **b.** Des équipements de terrain mobiles
❒ **c.** Des modes de constatation embarqués

21. **Le fait qu'un homme profite en connaissance de cause du train de vie de sa femme reconnue coupable de détournement au préjudice de son employeur :**

❒ **a.** ne constitue pas une infraction
❒ **b.** constitue un recel
❒ **c.** constitue une escroquerie

22. **Combien existe-t-il de catégories d'armes ?**

❒ **a.** 4
❒ **b.** 7
❒ **c.** 8

23. **Combien y-a-t-il de licences concernant la vente de boissons alcoolisées en France ?**

❒ **a.** 2
❒ **b.** 3
❒ **c.** 4

24. **La juridiction supérieure de l'ordre judiciaire est :**

❒ **a.** la cour d'appel
❒ **b.** la cour administrative d'appel
❒ **c.** la Cour de cassation

25. **Un homicide avec préméditation est :**

❒ **a.** un meurtre
❒ **b.** un assassinat
❒ **c.** une violence ayant entraîné la mort

26. **En matière contraventionnelle, la tentative est :**

❒ **a.** punissable
❒ **b.** non punissable
❒ **c.** impossible

27. **Quel magistrat délivre une commission rogatoire ?**

❒ **a.** Le juge d'instruction
❒ **b.** Le juge d'instance
❒ **c.** Le juge aux affaires familiales

28. **En cas de contrôle par les services de gendarmerie, les commerçants ambulants doivent présenter :**

❒ **a.** l'inscription au Registre du commerce
❒ **b.** la carte de commerçant non sédentaire
❒ **c.** la facture des marchandises

29. **Un individu reçoit d'un tiers un objet qu'il sait volé. Il ne le conserve pas, mais le remet à un ami en cadeau. Qualifiez les faits commis par cette personne :**

❒ **a.** il est auteur d'une complicité de vol
❒ **b.** il est auteur d'un recel
❒ **c.** il ne commet aucun fait répréhensible

30. **Indiquez la circonstance aggravante de violences volontaires ayant entraîné une mutilation ou une infirmité permanente qui prévoit une peine de 30 ans de réclusion criminelle :**

❒ **a.** les violences sont commises par plusieurs personnes auteurs ou complices
❒ **b.** les violences sont commises sur la personne d'un mineur de 15 ans par un ascendant ou une personne ayant autorité
❒ **c.** les violences sont commises avec l'usage ou menace d'une arme

➜ *Retrouvez les corrigés en p. 60*

31. L'outrage peut être commis par : paroles, gestes, menaces… Complétez en indiquant les actes matériels retenus pour cette infraction :

❒ **a.** voies de faits ou violences
❒ **b.** écrits, images ou envois d'objets quelconques
❒ **c.** résistance physique

32. Hors les cas d'enquêtes particuliers (ex. : flagrant délit), les gendarmes ne peuvent pénétrer dans un domicile sans y être invités par l'occupant des lieux. Néanmoins, parmi les situations suivantes, cochez celle qui leur permet de s'affranchir de cette autorisation.

❒ **a.** exécution d'un mandat de comparution
❒ **b.** réclamation faite de l'intérieur
❒ **c.** tapage nocturne

33. Qu'est-ce qui différencie les contraventions des autres infractions ?

❒ **a.** Les contraventions sont prévues et réprimées uniquement par le Code de la route
❒ **b.** La complicité n'est pas possible en matière de contravention
❒ **c.** Dans la majorité des cas, les contraventions sont punissables même en l'absence d'élément moral

34. Parmi les propositions suivantes, cochez celle pour laquelle le huis clos peut être décidé par le président de la juridiction de jugement :

❒ **a.** affaire impliquant des hommes politiques
❒ **b.** affaire impliquant la presse
❒ **c.** affaire impliquant des mineurs

35. Le juge d'instruction peut demander aux gendarmes de procéder à des actes d'enquête. Pour cela il délivre :

❒ **a.** une commission d'enquête
❒ **b.** une commission rogatoire
❒ **c.** un mandat de perquisition

36. La palpation de sécurité s'effectue selon des gestes professionnels d'intervention précis. Parmi les palpations suivantes, laquelle est réglementaire ?

❒ **a.** Par deux gendarmes, l'un palpant, l'autre menottant le mis en cause
❒ **b.** Par deux gendarmes pendant qu'un troisième assure la protection de l'intervention
❒ **c.** Par un seul gendarme pendant qu'un ou deux collègue(s) assure(nt) la protection de l'intervention

37. L'article 803 du Code de procédure pénale dispose : « Nul ne peut être soumis au port des menottes ou des entraves que s'il est considéré soit comme dangereux pour autrui ou pour lui-même, soit comme susceptible de tenter de prendre la fuite. » En conséquence, la conduite à tenir à l'égard d'un mineur de plus de 13 ans est :

❒ **a.** Tout menottage est à proscrire à l'égard de ce mineur
❒ **b.** Selon les circonstances, il peut être menotté
❒ **c.** Il faut obligatoirement l'instruction d'un magistrat pour menotter ce mineur

38. Lors de l'entretien avec une personne, il existe plusieurs manières de poser des questions, pour obtenir des précisions. Si vous souhaitez obtenir des réponses par oui ou par non, vous poserez des questions de type :

❒ **a.** ouvertes
❒ **b.** fermées
❒ **c.** restreintes

39. Les chauffeurs de taxi doivent être titulaires du permis de conduire de catégorie B. Ils sont en outre soumis à une visite médicale d'aptitude dont la périodicité tient compte de leur âge. Ainsi, entre 60 et 76 ans, la périodicité de cette visite est de :

❒ **a.** 1 an
❒ **b.** 2 ans
❒ **c.** 3 ans

40. La composition du numéro d'immatriculation des véhicules de diplomates ou personnes assimilées dépend de la qualité du titulaire du certificat d'immatriculation. Ainsi, un haut fonctionnaire international aura la plaque d'immatriculation de son véhicule caractérisée par la lettre :

❒ **a.** CD
❒ **b.** C
❒ **c.** K

41. En règle générale, le transport sur un cyclomoteur, aménagé ou non, d'un passager âgé de plus de 14 ans est interdit, sauf s'il s'agit d'un cyclomoteur de type « scooter » ou « booster » équipé :

❒ **a.** de repose-pieds, d'un dispositif de retenue pour passager, d'une double selle et que le passager adulte transporté est d'un poids forfaitaire maximal de 75 kg
❒ **b.** de repose-pieds, d'un dispositif de retenue pour passager et d'une double selle et que le passager adulte transporté est d'un poids forfaitaire maximal de 55 kg
❒ **c.** de freins renforcés

→ *Retrouvez les corrigés en p. 60*

42. **Le port de la ceinture de sécurité est obligatoire, sauf dans certaines circonstances. Parmi les propositions suivantes, laquelle n'est pas un cas de dispense réglementaire ?**

❒ **a.** En intervention urgente, pour les occupants de véhicules d'intérêt général (police, gendarmerie, douanes, lutte contre l'incendie, véhicules des unités mobiles hospitalières et ambulances)
❒ **b.** Pour les conducteurs de taxis en service
❒ **c.** Pour les occupants des véhicules effectuant des livraisons de porte-à-porte, en agglomération

43. **L'infraction de circulation d'un véhicule non autorisé sur une voie réservée aux véhicules de transport public de voyageurs est sanctionnée par :**

❒ **a.** un PV rose cas 4 bis, sans retrait de point
❒ **b.** un PV rose cas 4 bis, retrait de 1 point
❒ **c.** un PV rose cas 4 bis, retrait de 4 points

44. **Le montant de l'amende forfaitaire ordinaire pour une contravention de 3e classe est de :**

❒ **a.** 66 euros
❒ **b.** 67 euros
❒ **c.** 68 euros

45. **Le projecteur « LAP » à feu blanc fixe sert à éclairer une zone accidentée (véhicule, débris, etc.). Il ne doit jamais être utilisé pour obtenir le ralentissement des véhicules. Pourquoi ?**

❒ **a.** Seul l'usage d'un feu jaune orangé signifie l'injonction « ralentir »
❒ **b.** Il n'est pas assez puissant pour être vu des automobilistes
❒ **c.** Il a une autonomie trop limitée pour ce type d'utilisation

46. **Lors de l'utilisation d'un éthylotest de type A (tube réactif et ballon), si la personne vient d'absorber une boisson alcoolisée, combien de minutes est-il recommandé d'attendre avant de faire le dépistage ?**

❒ **a.** 10 à 15 minutes
❒ **b.** 15 à 20 minutes
❒ **c.** au moins 30 minutes

47. **Les gendarmes adjoints volontaires assistent les gendarmes lors de la constatation d'un accident corporel de la circulation routière. En revanche, certains actes leur sont interdits. Parmi les propositions suivantes, laquelle est prohibée ?**

❒ **a.** Dépistage de l'imprégnation alcoolique
❒ **b.** Régulation de la circulation
❒ **c.** Audition des témoins

48. **Il existe plusieurs cadres juridiques d'enquête prévus par le Code de procédure pénale. Lequel s'applique lorsqu'un jeune enfant a disparu, hors le cas d'un crime ou d'un délit ?**

❒ **a.** Enquête pour disparition inquiétante
❒ **b.** Enquête de flagrant délit
❒ **c.** Enquête préliminaire

49. **Dans le cadre d'une enquête pénale, la rétention judiciaire est une mesure qui peut être mise en œuvre à l'encontre de :**

❒ **a.** tout mis en cause âgé de 7 à 10 ans
❒ **b.** tout mis en cause âgé de 10 à 13 ans
❒ **c.** tout mis en cause âgé de 13 à 16 ans

50. **Afin de préserver les traces et indices sur les lieux d'un meurtre, s'il y a lieu, le corps de la victime doit être recouvert par :**

❒ **a.** une couverture
❒ **b.** un drap
❒ **c.** une feuille de plastique

51. **Parmi les propositions suivantes, indiquez celle qui caractérise l'élément matériel du délit de rébellion envers une personne chargée ou dépositaire de l'autorité publique :**

❒ **a.** le mis en cause porte des coups de poing à l'agent
❒ **b.** le mis en cause exerce une forte résistance et commet des voies de fait envers l'agent
❒ **c.** le mis en cause désobéit aux ordres et injonctions de l'agent

52. **Parmi les peines suivantes, laquelle ne peut être prononcée par un tribunal correctionnel ?**

❒ **a.** Le jour-amende
❒ **b.** Le travail d'intérêt général
❒ **c.** La détention criminelle

53. **Dans quelle circonstance opérationnelle l'agent de police judiciaire ne peut exercer sa qualité ?**

❒ **a.** Lorsqu'il est en unité constituée lors d'une opération de maintien de l'ordre
❒ **b.** Lorsqu'il agit sous les ordres et la responsabilité d'un officier de police judiciaire en flagrant délit
❒ **c.** Lorsqu'il agit en matière de circulation routière

→ *Retrouvez les corrigés en p. 60*

54. Lorsqu'il prend une communication téléphonique, le gendarme adjoint volontaire ne doit pas oublier de noter : la date et l'heure de l'appel, le nom de l'appelant, les renseignements à retenir (adresse, information, demande de renseignements...), la suite donnée à l'appel. Vous remarquerez qu'il manque un élément important dans l'énumération précédente, indiquez lequel.

❒ **a.** le numéro de contre-appel
❒ **b.** le sexe de l'appelant
❒ **c.** la profession de l'appelant

55. Une discrimination est une inégalité de traitement fondée sur un critère prohibé par la loi dans un domaine visé par la loi. Parmi les propositions suivantes, laquelle n'est pas reconnue comme un critère de discrimination ?

❒ **a.** L'âge
❒ **b.** L'état de santé
❒ **c.** L'appartenance vraie ou supposée à une association sportive

56. En code phonétique international, 2011 s'épelle :

❒ **a.** un et un/zéro/un tout seul/un tout seul
❒ **b.** deux/zéro/un/un
❒ **c.** deux/zéro/un tout seul/un tout seul

57. Le Code de la route considère le stationnement ou l'arrêt du véhicule comme dangereux lorsque la visibilité est insuffisante dans certaines circonstances. Parmi les propositions suivantes, laquelle n'est pas prévue par l'article R. 417-9 du Code de la route ?

❒ **a.** À proximité des virages
❒ **b.** À proximité des sommets de côte
❒ **c.** À proximité des passages pour piétons

58. Une fois la mise en sécurité du PA Sig-Sauer effectuée, il s'ensuit obligatoirement :

❒ **a.** la mise en place du témoin de chambre vide dans le canon
❒ **b.** le nettoyage de l'arme
❒ **c.** le dépôt de l'arme à l'armurerie

59. À l'issue du nettoyage de l'arme de service, il convient prioritairement :

❒ **a.** de remettre l'arme dans son étui
❒ **b.** de procéder aux coups de bon fonctionnement
❒ **c.** d'approvisionner le chargeur

60. La capacité du pistolet PA Sig-Sauer, mis en service, est de :

❒ **a.** 14 cartouches
❒ **b.** 15 cartouches
❒ **c.** 16 cartouches

→ *Retrouvez les corrigés en p. 60*

CORRIGÉS

QCM

CORRIGÉ

1 b.	2 a.	3 a.	4 c.	5 b.
6 a.	7 a.	8 a.	9 c.	10 b.
11 b.	12 c.	13 a.	14 a.	15 c.
16 b.	17 b.	18 c.	19 b.	20 a.
21 b.	22 a.	23 c.	24 c.	25 b.
26 b.	27 a.	28 b.	29 b.	30 b.
31 b.	32 b.	33 b.	34 c.	35 b.
36 c.	37 b.	38 b.	39 b.	40 a.
41 a.	42 c.	43 a.	44 c.	45 b.
46 b.	47 c.	48 a.	49 b.	50 b.
51 b.	52 c.	53 a.	54 a.	55 c.
56 a.	57 c.	58 a.	59 b.	60 b.

Pour aller plus loin

4. c. Il est placé sous l'autorité du maire.
11. b. Seul le juge d'instruction délivrera des commissions rogatoires.
22. a. Les armes ne sont plus classées qu'en quatre catégories, au lieu de huit.
24. c. La juridiction supérieure de l'ordre administratif est le Conseil d'État.
25. b. Le terme « assassinat » n'est cependant pas un terme juridique.
26. b. La tentative est punissable en matière délictuelle et criminelle.
27. a. Ce seront les OPJ de la Police nationale et de la Gendarmerie nationale qui recevront les commissions rogatoires.
31. b. L'outrage est un délit.
32. b. Dans ce cas, on peut parler de réquisition ou d'état de nécessité, en fonction des cas rencontrés.
33. b. Il n'y a pas d'élément intentionnel en matière de contravention.
34. c. Le huis clos est également possible en matière de mœurs.
35. b. Seul un OPJ pourra acter en matière de commission rogatoire.
36. b. Il s'agit d'une triangulation.
40. a. Une plaque caractérisée par CMD est également possible.
45. b. La sécurité des citoyens et des intervenants est un aspect essentiel de tout contrôle routier.
46. b. De même, il est souhaitable d'attendre plusieurs minutes entre deux dépistages.
47. c. Seuls un OPJ ou un APJ pourront procéder à des auditions.
49. b. Au-delà de 13 ans, la garde à vue est possible.
50. b. Un drap peut aussi servir à dissimuler une personne morte ou blessée à la vue du public.
52. c. La détention criminelle sera prononcée par la cour d'assises.
54. a. Le numéro de contre-appel est le numéro de l'appelant.
58. a. Toute manipulation de l'arme doit être exercée devant une zone neutre.
60. b. Une cartouche chambrée et quatorze cartouches dans le chargeur.

PARTIE 1

Préparation aux épreuves

Chapitre 3

Évaluation de l'aptitude professionnelle (concours externe et interne)

Fiche de méthode

Fiches de cours

Aptitude verbale

Aptitude numérique

Raisonnement logique

Observation et attention

Personnalité

Entraînements

FICHE 1 Méthodologie

1. Présentation de l'épreuve

L'épreuve dure 35 minutes. Elle consiste en une série de questions de raisonnement verbal, de raisonnement numérique et de calcul mental, de raisonnement logique, d'attention et d'observation, et de tests de personnalité. Cette épreuve est notée coefficient 2. Non notée, elle vise à évaluer le potentiel intellectuel des candidats, en les soumettant en un temps restreint (35 minutes) à un ensemble de questions portant sur un système de raisonnement logique. A l'instar des tests de quotient intellectuel, cette épreuve requiert des candidats des capacités de compréhension rapide, d'adaptation, de flexibilité, d'abstraction, d'élaboration et d'application d'un système de raisonnement et d'analyse.

2. Conseils

✔ Lors de la préparation

– **Soyez rigoureux(se) :** traiter l'intégralité de l'ouvrage, en reportant des annotations à la fin de cet ouvrage (ne rien inscrire sur les tests, car cela est perturbant le jour où vous souhaitez refaire certains exercices).

– **Soyez méthodique et organisé(e) :** travaillez fiche par fiche. Il est important de maîtriser une notion avant de commencer à en travailler une nouvelle. Revenez régulièrement sur les fiches précédentes afin de vérifier que les acquis perdurent au fur et à mesure des nouveaux apprentissages.

– **Soyez persévérant(e) :** n'aller consulter la solution qu'une fois que vous êtes certain(e) de votre réponse, ou après avoir TOUT essayé et passé un long moment sans réussir.

– **Soyez honnête avec vous-même** dans la façon de vous préparer : connaître ses points forts et faibles est un des secrets de la réussite. Ne travaillez pas seulement les exercices que vous appréciez mais plutôt en priorité ceux pour lesquels vous éprouvez des difficultés.

– **Soyez régulier(e)** dans votre préparation : les exercices qui vous sont proposés et leur correction visent à vous faire développer des réflexes et automatiser certaines logiques et certains raisonnements. Ne pas pratiquer pendant une période assez longue signifie perdre ces réflexes.

– **Sachez vers qui vous tourner** lorsque vous éprouvez des difficultés. Expliquez ce qui vous gène dans tel ou tel exercice à un proche. L'explication de quelqu'un qui vous connaît peut vous « décoincer » d'une impasse, même si la personne ne fait que vous reformuler une correction de cet ouvrage.

– Pendant un exercice, habituez-vous à **passer les questions difficiles ou longues à traiter**. Toutefois, après avoir noté le temps mis pour chaque exercice, et AVANT d'aller voir la correction, revenez sur ces questions écartées la première fois.

– **Travaillez toujours au calme** et très attentivement. Ne vous dispersez pas.

– Travaillez avec un chronomètre et du brouillon.

– Notez le nombre de bonnes réponses et le temps mis pour chaque exercice. Comparez avec la fois précédente quand vous refaites le même exercice.

– **Soyez créatif(ve).** Créez vous-mêmes des exercices relatifs aux différentes notions abordées dans les fiches de cours et dans les divers exercices de cet ouvrage. Pour créer un exercice cohérent, vous devrez vous réapproprier les notions.

– **Apprenez à parler de vous :** quelles sont vos qualités, vos défauts ? Vous connaître pourra vous aider pour répondre aux tests de personnalité.

✔ La veille de l'épreuve

– **Vérifiez votre matériel.** Pensez à prendre les papiers nécessaires (convocation ou carte d'identité). Prenez des crayons neufs. Une année de travail intensif peut être venue à bout de vos crayons fidèles toute l'année.

– **Reposez-vous.** Être bien reposé est un atout essentiel pour réussir cette épreuve. Il est trop tard pour réviser la veille. Soyez détendu(e) autant que possible. Vos capacités d'analyse, d'attention et de concentration en seront d'autant plus en éveil.

✔ Pendant l'épreuve

– **Lisez l'intégralité des CONSIGNES !**

– **Gérez votre temps.** L'épreuve est longue. Il est important de savoir optimiser le temps passé pour chaque exercice. Gardez-vous un temps de relecture et de vérification des réponses apportées.

– **Soyez sélectif(ve)** dans les questions que vous traitez et celles que vous passez.

– **Soyez honnête** dans les réponses aux tests de personnalité, tout en vérifiant que votre réponse n'apparaît pas rédhibitoire pour la profession que vous souhaitez exercer. N'oubliez pas que vous pourrez être amené(e) à justifier vos réponses lors de l'épreuve orale, devant un psychologue.

– Si vous avez du temps, **mémorisez les questions relatives aux tests de personnalité.**

✔ Après l'épreuve

Notez les questions dont vous vous souvenez sur une feuille afin de pouvoir vous préparer aux différentes questions qui peuvent vous être posées lors de l'épreuve orale, face au jury.

FICHE 2 Les anagrammes

Quel est le point commun entre Pascal Obispo et Pablo Picasso ?
À première vue, aucun, si ce n'est une éventuelle célébrité. À y regarder plus attentivement, on constate que, pour écrire ces deux noms, nous utilisons les mêmes lettres.

1. Présentation

Définition : Les anagrammes sont des mots constitués de lettres identiques mais dont l'ordre va différer.

Dans ces exercices, il faut donc réarranger les lettres du mot donné afin d'en former un nouveau.

Exemples : chien – niche
seigneur – seringue, insurgée
tenbori – robinet, obtenir

ATTENTION
Les mots donnés n'ont pas toujours un sens. Il est fréquent, dans ces exercices, d'avoir des lettres en vrac, et il est demandé de retrouver le mot qui s'y cache.

2. Quelques conseils pour trouver rapidement les anagrammes

– Lire la liste de mots une première fois. Il est fort probable que certains mots soient « transparents » et que votre cerveau lise de manière non consciente le mot attendu. En effet, les psychologues et les linguistes ont montré, au cours de recherches scientifiques, que nous sommes capables de lire, de façon quasi fluide, un texte dont les lettres de chaque mot le constituant sont mélangées, si la première et la dernière lettre sont à leur place.

Exemple : Nmobuesres snot les rehcrcehes astattent de nrtoe ciaacpté à lrie des mtos dnot les lteetrs snot dnas le dsédorre.

Nombreuses sont les recherches attestant de notre capacité à lire des mots dont les lettres sont dans le désordre.

– Pensez à **associer, dans votre recherche organisée, les lettres qui le sont souvent dans notre langue**. Par exemple, les lettres TNOI sont souvent associées pour former le phonème « TION », qui se trouve généralement en fin de mot. La lettre H est souvent associée à la lettre C ou à la lettre P, pour former respectivement les sons « CH » et « PH ». Cette méthode, s'appuyant sur la probabilité d'association de deux lettres, peut vous faire gagner de précieuses minutes.

– **Ne pas hésiter à passer** à la question suivante, pour y revenir ultérieurement. En lisant plus tard le mot que vous avez laissé de côté, il est possible que la réponse vous apparaisse automatiquement.

– **Procéder par élimination** dans le cas d'un QCM. En effet, si le barème ne sanctionne pas le candidat en cas d'une mauvaise réponse, vous pouvez choisir une réponse parmi les anagrammes non résolues.

Exemple : Raiche – chaire
cahier

– **Se laisser guider par un thème.** Il est fréquent que les mots proposés appartiennent au même champ lexical ou sémantique. Ainsi, trouver un premier mot oriente la recherche des suivants.

ATTENTION

Une anagramme peut en cacher une autre. Il faut donc être certain d'avoir combiné les lettres de plusieurs manières afin de s'assurer de ne pas passer à côté du mot à trouver, en se focalisant sur la première combinaison concluante.

Exemple : Trouver l'intrus dans la série suivante :

dexin coupe rejaum perlee

Après réorganisation, les mots deviennent

index pouce majeur épeler

L'intrus est donc le quatrième, car ce n'est pas un des cinq doigts de la main. Trouver le premier mot (index) guide la pensée et oriente l'esprit vers les autres noms de doigts.

Exemples de célébrités :

Albert Einstein – rien n'est établi
Jean Paul Gaultier – lier la jupe au gant

Exemples génériques :

imaginer – migraine
chicane – caniche

Exemples du champ lexical de votre future profession :

sanglier – signaler
terrera – arrêter
décartonnes – contredanse
mépris – permis

ATTENTION

Il ne faut pas nécessairement tenir compte des accents dans les anagrammes, ni de la ponctuation et de la segmentation des mots.

FICHE 3

Les palindromes, les pangrammes et les syllogismes

La langue française est riche en jeu de lettres et jeu de mots. Les palindromes et les pangrammes sont deux cas amusants de construction de mots. Les syllogismes d'Aristote sont, quant à eux, des jeux de logique.

1. Les palindromes

Définition : Un palindrome est une figure de style dont la particularité est de pouvoir lire un mot, ou un groupe de mots, à l'endroit comme à l'envers, et ce, lettre par lettre.

Exemples :
radar : de gauche à droite : R A D A R ;
de droite à gauche : idem
kayak
laval
ressasser

ATTENTION
Dans le cas d'une phrase, il ne faut pas tenir compte de la segmentation, et il est nécessaire de replacer les espaces à l'endroit voulu.

Exemples :
Esope reste ici et se repose > Esoperesteicietserepose > Esoper es te ici etser epose
(segmentation normale) (sans espaces) (espaces à l'envers)
Mon nom.
La mariée ira mal.
Elu par cette crapule.

2. Les pangrammes

Définition : Un pangramme est une phrase constituée de toutes les lettres de l'alphabet, au moins une fois. Un pangramme est donc constitué au minimum de 26 lettres, si l'on ne tient pas compte des lettres accentuées et autres ligatures (é, è, ï, œ). La construction d'un pangramme a pour objectif d'écrire une phrase la plus courte possible, ayant un sens, et sans avoir recours à des sigles ou abréviations.

Exemple :
Portez ce vieux whisky au juge blond qui fume.

Exemple : lipogramme en **e** :
Portons dix bons whiskys à l'avocat goujat qui fumait au zoo.

ATTENTION
Un lipogramme est un pangramme pour lequel il manque une lettre.

À noter : Georges Perec a écrit en 1962 un roman, *La Disparition*, sans utiliser la lettre e.

3. Les syllogismes

Définition : Un syllogisme est constitué, dans sa forme classique, de trois phrases : deux prémisses et une conclusion. Les deux prémisses sont *de facto* supposées vraies et elles permettent d'appréhender la validité de la conclusion.

Exemple :

Tous les hommes sont mortels (prémisse 1).
Tous les Grecs sont des hommes (prémisse 2).
Donc tous les Grecs sont mortels (conclusion).

Ici, la conclusion est valide et la signification peut nous aider à aboutir à cette conclusion certaine : tous les Grecs sont mortels.

À noter : Il est possible de dessiner des cercles pour se représenter les différents ensembles. Les Grecs sont tous dans l'ensemble des hommes, qui sont tous dans l'ensemble des mortels.

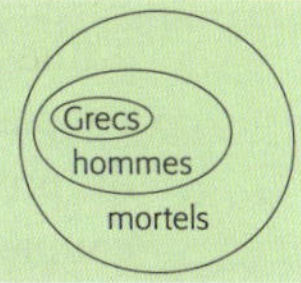

Quand une prémisse fait référence à « certains », par exemple, « certains gardiens de la paix sont des femmes », alors le cercle représentant l'ensemble des gardiens de la paix doit dépasser du cercle des femmes.

Quand une prémisse fait référence à « aucun », par exemple, « aucun pompier n'est joueur d'échecs », alors le cercle des pompiers et celui des joueurs d'échecs doivent être distincts, sans intersection.

Exemple de syllogisme dont le contexte est piège :

Tout ce qui est rare est cher (prémisse 1).

Un cheval bon marché est rare (prémisse 2).

Donc un cheval bon marché est cher (conclusion).

Ici la conclusion est valide d'un point de vue logique formelle, toutefois la conclusion est absurde dans le sens où « bon marché » et « cher » sont antinomiques.

ATTENTION

Le contexte, en d'autres termes la signification des phrases, peut constituer un piège. Il convient alors de distinguer la validité de la véracité. La validité réfère à la logique formelle : la conclusion est valide car découle logiquement des deux prémisses. La véracité renvoie à la vérité : la conclusion est vraie ou fausse, selon son sens, sa signification.

FICHE 4 Les analogies verbales

Il existe de nombreux types de raisonnement (déductif, inductif). Le raisonnement par analogie en est un qui s'appuie sur des comparaisons de situations problèmes, ou de phrases, comme dans le cas d'analogies verbales.

1. Définition

Les analogies verbales sont des exercices basés sur un raisonnement analogique de type « une chose est à une autre ce que telle chose est à telle autre ». Autrement dit, deux couples de mots vous sont proposés. Vous devez identifier les liens entre les deux mots du premier couple, et choisir parmi une liste d'items celui qui complètera le second couple en conservant le même lien.

Exemple : Grand *est à* petit (Couple 1) *ce que* gros *est à* ? (Couple 2)

2. Les étapes de résolution

– Identifier le lien entre les deux termes du couple 1.

– Reporter le même lien au sein du couple 2.

– Choisir l'item qui correspond parmi les propositions.

Ici, les deux mots du premier couple sont des antonymes, des mots de sens opposé.

Ainsi, il faut trouver un contraire de « gros », pour compléter le second couple.

ATTENTION

Il est important de respecter l'ordre des éléments au sein de chaque couple.
Les premiers termes de chaque couple sont souvent associés : ce sont des synonymes, des mots appartenant au même champ lexical, ou tout au moins des mots de nature identique.

Exemple : Laquelle des trois propositions permet de compléter le second couple ?

Pomme *est à* pommier (Couple 1) *ce que* ? *est à* ? (Couple 2)

A. poirier est à poire
B. poire est à poirier
C. pomme est à compote

La proposition B est correcte. Elle garde le lien fruit/arbre fruitier, en respectant l'ordre des termes, contrairement à la proposition A. La proposition C est un piège, sans rapport avec le lien du premier couple.

Les types de liens entre les deux termes d'un couple

Liens	Premier couple				Second couple		
Antonymes	Grand		Petit		Fort		Faible
Synonymes	Patient		Calme		Égoïste		Égocentrique
Partie/Tout	Noyau		Fruit		Pétale		Fleur
Hiérarchie	Triste		Déprimé		Joyeux		Heureux
Auteur/Œuvre	Avare		Molière		Misérable		Hugo
Contenant/Contenu	Bol	**est à**	Lait	**ce que**	Tasse	**est à**	Café
Matière/Objet	Porcelaine		Tasse		Bois		Guitare
Exemplaire/Catégorie	Roman		Livre		Thriller		Film
Objet/Utilisation	Couteau		Couper		Pinceau		Peindre
Outil/Profession	Couteau		Boucher		Ciseaux		Coiffeur

ATTENTION

Cette liste est non exhaustive, et vous pouvez, à partir de l'association des deux termes du premier couple, trouver d'autres liens.
Certaines analogies font appel à la culture générale. Par exemple : « Avare est à Molière ce que Misérable est à Hugo » fait référence à deux œuvres majeures des auteurs.

À noter : Sur le format des analogies verbales peuvent être proposées des analogies visuelles : des images remplacent les mots. La démarche à adopter pour les résoudre est la même.

Exemple :

↑ *est à* ↓ *ce que* ☝ *est à* ☟

Ici le lien entre les deux flèches du premier couple est une symétrie centrale. Ce lien est le même pour les mains du second couple.

FICHE 5 Les synonymes

Un vocabulaire enrichi peut résider dans le fait de disposer de nombreux mots pour évoquer la même chose. On utilise alors des synonymes.

Définition : Les mots synonymes sont des mots qui signifient la même chose ou qui ont un sens voisin.

Exemples :

Quel *beau* temps aujourd'hui.
Quel *superbe* temps aujourd'hui.
Le facteur *donne* le courrier chaque matin.
Le facteur *distribue* le courrier chaque matin.

À noter : Un même mot peut avoir plusieurs synonymes.

Exemples :

Cette peinture est *laide.*
Cette peinture est *horrible.*
Cette peinture est *affreuse.*
Cette peinture est *hideuse.*
Cette peinture est *moche.*
Ce film relate une histoire *extraordinaire.*
Ce film relate une histoire *exceptionnelle.*
Ce film relate une histoire *fantastique.*
Ce film relate une histoire *formidable.*
Ce film relate une histoire *fabuleuse.*

Règle 1 – Les mots synonymes sont de même nature.

Exemples : Si on cherche le synonyme d'un **nom commun**, ce synonyme sera également un nom commun.

Maxime lance une grosse *balle.* Maxime lance un gros *ballon.*

Si on cherche le synonyme d'un **verbe**, ce synonyme sera également un verbe.

Maxime *lance* une grosse balle. Maxime *jette* une grosse balle.

Si on cherche le synonyme d'un **adjectif qualificatif**, ce synonyme sera également un adjectif qualificatif.

Maxime lance une *grosse* balle. Maxime lance une *énorme* balle.

À noter : L'utilisation des synonymes permet d'éviter les répétitions et d'enrichir un texte en apportant des nuances.

Exemples :

Mettre dans un saladier les tomates coupées, les olives noires et le fromage en morceaux.
Dans un autre récipient, *mettre* la farine et la levure.
Mettre ensuite les œufs entiers, l'huile et le lait.
Bien mélanger et *mettre* la pâte obtenue dans le premier saladier.
Mettre dans un moule à cake préalablement beurré.
Mettre au four pendant 40 minutes à 180°.

Placer dans un saladier les tomates coupées, les olives noires et le fromage en morceaux.
Dans un autre récipient, *mélanger* la farine et la levure.
Ajouter ensuite les œufs entiers, l'huile et le lait.
Bien mélanger et *verser* la pâte obtenue dans le premier saladier.
Remplir un moule à cake préalablement beurré.
Faire cuire au four pendant 40 minutes à 180°.

Règle 2 – Pour remplacer un mot par un synonyme, il faut prendre en compte le contexte ; c'est-à-dire le sens de la phrase.

Exemples :

Cet immeuble est *grand*.
Cet immeuble est *haut*.

Quel *grand* succès !
Quel *remarquable* succès !

Dans ces deux exemples, pour que les phrases gardent leur sens, l'adjectif qualificatif *grand* ne peut pas être remplacé par n'importe lequel de ses synonymes.

En effet, si on utilise le synonyme *remarquable* pour décrire l'immeuble, la phrase n'exprime plus la même idée.

Cet immeuble est *remarquable*. Cette phrase ne montre pas l'idée de grandeur mais le fait que l'on remarque l'immeuble pour une raison non identifiée (peut-être parce que cet immeuble est peint en rouge ou encore parce qu'il est construit en verre).

FICHE 6 Les antonymes

Pour évoquer le contraire d'un concept, il est possible d'utiliser son antonyme, son contraire.

Définition : Les antonymes s'appellent aussi des contraires. Les antonymes sont des mots de sens contraires. Ils expriment donc des idées opposées.

Exemples : Je *commence* mon exercice. Je *termine* mon exercice.
Béatrice est *heureuse*. Béatrice est *malheureuse*.

À noter :
Les antonymes peuvent être des mots différents.

Exemples : la jeunesse/la vieillesse — la droite/la gauche
allumer/éteindre — trier/mélanger

Les antonymes peuvent également être des mots formés à l'aide d'un préfixe.

Un préfixe est un élément **placé devant un mot** pour former un mot nouveau ou modifier le sens d'un mot.

Lorsque cet élément donne le contraire du mot initial, il porte le nom de préfixe privatif.

Voici les plus courants :

Préfixes	Exemples
il-	légal/illégal
in-	stable/instable
im-	possible/impossible
ir-	réel/irréel
dé-	monter/démonter
dés-	obéir/désobéir
dys-	fonctionnement/dysfonctionnement
mal-	adroit/maladroit
anti-	gel/antigel
para-	tonnerre/paratonnerre

Certains préfixes s'opposent entre eux et les mots qui en sont constitués sont donc des antonymes.

Quelques exemples :

Préfixes contraires	Exemples
sou-/sur-	souligner/surligner
hyper-/hypo-	hypertonie/hypotonie
im-/ex-	implosion/explosion
homo-/hétéro-	homogène/hétérogène
inter-/intra-	intercellulaire/intracellulaire
pré-/rétro-	précéder/rétrocéder
phil-/mis-	philanthrope/misanthrope
ante-/post	antérieur/postérieur
endo-/exo-	endogène/exogène

Règle 1 – Les antonymes appartiennent à la même classe grammaticale.

Exemples : Les antonymes d'un nom sont des **noms**.
C'est *le début* de l'année scolaire. C'est *la fin* de l'année scolaire.
Les antonymes d'un adjectif qualificatif sont des **adjectifs qualificatifs**.
Ce paysan est *pauvre*, pourtant il est *généreux*.
Ce paysan est *riche*, pourtant il est *égoïste*.
Les antonymes d'un verbe sont des **verbes**.
Le chauffeur routier *s'énerve* dans les embouteillages.
Le chauffeur routier *se calme* dans les embouteillages.

Règle 2 – Si un mot a plusieurs sens, il a plusieurs contraires.

Exemples : Un *grand* homme habite dans cette *grande* maison.
Un homme *inconnu* habite dans cette *petite* maison.
Si le mot *grand* est utilisé au sens de « célèbre », son antonyme ne peut pas être le mot *petit*.
Il est nécessaire de prendre en compte le sens de la phrase et de s'aider du contexte pour trouver l'antonyme qui correspond le mieux au mot donné.

Règle 3 – On peut également exprimer une idée contraire en utilisant la forme négative : ne… pas…

Exemples : Il fait froid ce matin !
Il fait chaud ce matin !
Il ne fait pas froid ce matin !

Marc adore le gâteau au chocolat.
Marc déteste le gâteau au chocolat.
Marc n'adore pas le gâteau au chocolat.

FICHE **7**

Les homonymes

Notre langue repose sur la correspondance entre un graphème (signe) et un phonème (son). Toutefois, plusieurs graphèmes peuvent correspondre au même son. Dans le cas de mots, on parle d'homonymes.

Définition : Les homonymes sont des mots qui se prononcent de la même façon, mais qui s'écrivent différemment et qui ont un sens différent.

Exemples : Mon bonnet est *vert.* → la couleur

Un *ver* se promène dans cette pomme. → l'animal
Ce poème est composé de huit *vers.* → chaque ligne d'un poème
Il arrive *vers* midi. → préposition
Julien a renversé son *verre* rempli d'eau. → un récipient pour boire
La bouteille de vin est en *verre.* → le matériau
Je suis contre la fabrication de manteaux en *vair.* → la fourrure d'un écureuil appelé « petit-gris »

À noter : Certains homonymes ont la même orthographe.

Exemples : Le guacamole est une purée faite à base d'*avocats.*

La robe ou la toge est le vêtement porté par les *avocats.*

Le mot *avocat* s'écrit de la même manière dans les deux exemples. Pourtant, dans le premier cas, il s'agit du fruit ; alors que dans le deuxième cas, il s'agit de la personne.

Règle 1 – Lorsqu'on hésite entre deux homonymes, c'est le contexte qui indique le mot à choisir. Il faut donc réfléchir au sens de la phrase pour écrire correctement les homonymes.

Exemples : Cet insecte est une .... religieuse.

Cet exemple ne mentionne pas la plante aromatique appelée la *menthe* mais l'animal vert très répandu sous les tropiques.

Cet insecte vert est une *mante* religieuse.
Je parfume mon taboulé avec de la *menthe* fraîche.
Voici le .... de notre nouvelle maison.

Il n'est pas question dans cet exemple d'un *plant* de tomates (plantation) mais du résultat sur papier du travail d'un architecte.

Voici le *plan* de notre nouvelle maison.
Le jardinier a mis en terre un *plant* de courgettes.

Règle 2 – La langue française est composée de nombreux homonymes grammaticaux.

Exemples :

a : auxiliaire *avoir* au présent	Il *a* (avait) deux chiens.
à : préposition	Je vais *à* la piscine demain.

est : auxiliaire *être* au présent	Il *est* (était) l'homme parfait.
et : conjonction de coordination	Tu manges une pomme *et* (et puis) une poire
on : pronom personnel	*On* (il ou elle) part en vacances.
ont : auxiliaire *avoir* au présent	Ils *ont* (avaient) une grande maison.
son : déterminant possessif	Il prend *son* (ton) parapluie.
sont : auxiliaire *être* au présent	Mes parents *sont* (étaient) très inquiets.
ou : relie deux mots	Préfères-tu un fruit *ou* (ou bien) un yaourt ?
où : exprime un lieu	*Où* avez-vous caché le trésor ?
se : pronom, toujours placé devant un verbe	Le singe *se* gratte (je me gratte) la tête.
ce : déterminant démonstratif	*Ce* garçon est beau (ces garçons sont beaux).
ses : déterminant possessif	Il range *ses* crayons dans sa trousse.
ces : déterminant démonstratif	*Ces* loups sont craintifs (ce loup est craintif).
s'est : pronom + auxiliaire *être* au présent	Il s'est perdu (il se perd) dans la forêt.
c'est : *cela* + auxiliaire être au présent	*C'* (cela) *est* un miracle.
mais : conjonction de coordination	J'aime les animaux *mais* (pourtant) j'ai peur des rats.
mes : déterminant possessif	Je range *mes* (ma) chemise(s) dans l'armoire.
met : verbe *mettre* au présent	Il *met* ses chaussettes.
mets : verbe *mettre* au présent	Tu *mets* tes chaussettes. Je *mets* mes chaussettes
la : article défini	Paul a fermé *la* (une) porte.
la : pronom personnel	Maude est fatiguée. Je *la* porte.
là : exprime un lieu	Reste *là* (ici), je vais voir.
l'a : *le* ou *la* + auxiliaire *avoir* au présent	J'ai perdu ma clé. Zoé *l'a* (l'avait) retrouvée.
l'as : *le* ou *la* + auxiliaire *avoir* au présent	J'ai perdu ma clé. Tu *l'as* (l'avais) retrouvée.
leur : pronom personnel, invariable devant un verbe	Il *leur* (lui) est interdit de stationner devant le portail.
leur : déterminant possessif	*Leur* maison est grande.
leurs : déterminant possessif	*Leurs* maisons sont grandes.

À noter : les sons « tous », « quels » et « sans » ont des homonymes grammaticaux à connaître.

FICHE 8 La compréhension de phrases

Maîtriser une langue n'est pas chose aisée et pour comprendre le sens de certaines phrases, il est nécessaire de comprendre le contexte dans lequel celle-ci est dite. Ainsi, le style employé, le sens (propre ou figuré), ou l'ironie sont autant d'informations utiles pour ne pas faire de contre sens.

1. Les niveaux de langage

La façon de s'exprimer varie selon la personne à qui on s'adresse (un proche ou un inconnu), la situation dans laquelle on se trouve (au club de sport ou dans le cabinet du médecin) et si l'on s'exprime à l'oral ou à l'écrit.

Définition : On distingue trois niveaux de langage :

- le niveau familier ;
- le niveau courant ;
- le niveau soutenu.

Exemples : Voici un même énoncé mais rédigé différemment selon le niveau de langage employé.

Avec le niveau **familier** : Y'a un mec qui s'est paumé en bécane dans la cambrousse.

Avec le niveau **courant** : Un homme s'est perdu à vélo dans la campagne.

Avec le niveau **soutenu** : Un monsieur s'est égaré à bicyclette en milieu rural.

À noter : Le langage familier est utilisé dans le langage oral. Il faut éviter d'écrire en utilisant ce niveau de langage, sauf dans les dialogues.

2. Sens propre et sens figuré

Un mot peut avoir plusieurs sens. Quand on ne connaît pas le sens d'un mot, le contexte aide à le deviner.

Exemples : Une *pièce* de monnaie ; la *pièce* à vivre ; une *pièce* de puzzle ; une *pièce* d'identité.
La *marche* à pied, une *marche* d'escalier, le sens de la *marche* ; être en état de *marche*.

Définition : Certains mots ont un sens propre et un sens figuré.

Le sens propre est le sens concret, habituel d'un mot. C'est généralement le **premier** sens d'un mot.

Le sens figuré est un sens imagé. C'est le sens qu'on donne au mot en l'utilisant dans un **autre contexte**.

Exemples : Le pommier est un arbre fruitier. (sens propre)
Mon grand-père complète notre arbre généalogique. (sens figuré)
Jeanne et Sarah sont assises sur un banc dans le parc. (sens propre)
J'aperçois un banc de poissons dans la mer. (sens figuré)

3. Proverbes et locutions

Les proverbes et les locutions correspondent à différentes expressions françaises familières dont le sens n'est pas toujours évident.

Pour comprendre ces expressions, il peut être nécessaire d'en étudier chaque mot et de réfléchir aux différents sens de ces mots.

Il faut également faire appel à son bon sens et à sa culture.

Exemples : Voici une liste de quelques expressions françaises et leur signification.

– montrer patte blanche	– prouver son identité
– voler de ses propres ailes	– être indépendant
– avoir un sacré coup de patte	– être talentueux dans une activité artistique
– faire patte de velours	– se montrer aimable et courtois
– ne pas se moucher du coude	– avoir les moyens de, avoir de l'argent
– tomber dans les bras de Morphée	– s'endormir
– coûter un bras	– coûter très cher
– avoir le cœur au bord des lèvres	– avoir l'estomac retourné, avoir la nausée
– à cœur vaillant rien d'impossible	– avec du courage, on vient à bout de tout
– avoir un cœur d'artichaut	– tomber facilement amoureux
– faire contre mauvaise fortune bon cœur	– savoir se contenter de ce qu'on a
– avoir des doigts de fée	– être très habile de ses mains
– avoir la main verte	– avoir des aptitudes pour la culture des plantes
– mettre le doigt dans l'engrenage	– s'engager dans une démarche qui présente des risques
– traiter par-dessus la jambe	– négliger ses devoirs et obtenir un résultat médiocre
– avoir les dents qui rayent le plancher	– être arriviste
– balayer d'un revers de main	– repousser, refuser, rejeter catégoriquement
– avoir les deux pieds dans le même sabot	– être malhabile, peu débrouillard
– se tirer une balle dans le pied	– faire quelque chose qui va à l'encontre de son intérêt
– couper les cheveux en quatre	– pinailler, chicaner
– tirer le diable par la queue	– avoir des difficultés financières.
– rendre gorge	– restituer par force ce qu'on a pris ou acquis illicitement
– être le bec dans l'eau	– avoir raté quelque chose, une action

FICHE 9

La grammaire et l'orthographe

Le passage à l'écrit d'une langue nécessite la maîtrise de la grammaire et de l'orthographe.

1. Les accents

Les accents et le tréma se placent sur les voyelles et peuvent changer leur prononciation.

Noms	Signes	Prononciations	Exemples	Remarques
accent aigu	é	[e]	l'école	
accent grave	è	[ɛ]	le père	*à* et *ù* : la prononciation ne change pas (là, où)
accent circonflexe	ê	[ɛ]	la crêpe	*â, î, ô, û* : la prononciation ne change pas (un câble, une île, un cône, une mûre)
tréma	ë ï	Chaque voyelle doit être prononcée séparément.	un canoë égoïste	la syllabe *gue* se prononce différemment : aiguë

À noter : Le ***e*** placé au milieu d'une syllabe ou devant deux consonnes se prononce [ɛ]. Il ne prend pas d'accent.

Exemples : le bec/une erreur/un escargot

L'accent circonflexe est souvent la marque de la suppression de la lettre *s*. On peut retrouver ce *s* dans des mots de la même famille.

Exemples : hôpital/hospitalier, fête/festival, croûte/croustillant

2. La cédille

La cédille placée sous la lettre *c* devant les voyelles *a, o, u* permet de conserver le son [s].

Exemples : il lança/un glaçon/être déçu

3. Le doublement de consonnes

Dans de nombreux mots, on trouve des consonnes doubles : *tt, mm, pp, ss, nn, rr, ll, ff, cc…*

Exemples : attente/immobile/apparaître/assouplissement/connaître/corriger/allonger/offrir/accueillir

Attention, il existe des exceptions :
af- pour *affreux* mais *afin, Afrique, africain.*

ac- pour *accepter* mais *académie, acacia, acajou, acompte, acrobate.*

ap- pour *appel* mais *apaiser, apercevoir, apeurer, apéritif, apitoyer, aplanir, aplatir, apostrophe*

Les terminaisons des noms selon le genre :

Règles	Exemples	Exceptions
Les noms féminins terminés par le son [e] s'écrivent *-ée*	une année une maisonnée	une clé
Les noms féminins terminés par le son [te] s'écrivent *-té*	la gaieté la beauté	une dictée, une montée, une pâtée, une portée, une jetée Les noms de contenus : une assiettée, une pelletée…
Les noms féminins terminés par le son [tje] s'écrivent *-tié*	la moitié l'amitié	
Les noms masculins et féminins terminés par le son [œr] s'écrivent *-eur*	une fleur un ordinateur	la demeure, le beurre, l'heure, un heurt, un leurre
Les noms féminins terminés par le son [war] s'écrivent *-oire*	une bouilloire une poire	
Les noms masculins terminés par le son [war] s'écrivent *-oir*	un tiroir un arrosoir	un laboratoire, l'observatoire, un réfectoire, le territoire, le conservatoire, un pourboire, un répertoire, un accessoire
Les noms féminins terminés par le son [aj], [ɛj], [œj], [uj] s'écrivent *-aille, -eille, -euille, -ouille*	la paille une abeille une feuille une grenouille	
Les noms masculins terminés par le son [aj], [ɛj], [œj], [uj] s'écrivent *-ail, -eil, -euil, -ouil*	un détail un orteil un fauteuil du fenouil	un œil le chèvrefeuille le portefeuille le millefeuille

4. Les noms composés et leur pluriel

Les noms et les adjectifs qui forment les noms composés se mettent au pluriel.

Exemples : un homme-grenouille/des hommes-grenouilles (nom + nom)
un rouge-gorge/des rouges-gorges (adjectif + nom)
un sourd-muet/des sourds-muets (adjectif + adjectif)

Les verbes qui forment les noms composés restent toujours au singulier.

Exemples : un pique-assiette/des pique-assiettes (verbe + nom)

Les mots invariables qui forment les noms composés ne changent pas.

Exemples : une contre-attaque/des contre-attaques (mot invariable + nom)

FICHE 10

Les signes négatifs et positifs

Dans notre système numérique, un chiffre peut être considéré comme positif ou négatif, selon s'il est supérieur ou inférieur à zéro.

1. Définition

Zéro est un nombre neutre, qui réfère à l'absence de quelque chose. Par exemple, avoir une somme de 0 euro sur son compte en banque signifie que l'on n'a ni pécule ni dette.

Les chiffres et les nombres peuvent s'écrire précédés d'un signe + ou d'un signe –.

Exemple : – 15

signe → – ; valeur numérique → 15

À noter : Par convention, quand un nombre n'est précédé d'aucun signe, cela signifie qu'il est positif, c'est-à-dire supérieur à 0.

– 12 | + 12

-∞ *nombres négatifs* 0 *nombres positifs* +∞

Exemples : + 12 = 12 nombre positif

– 12 nombre négatif

À noter : – 12 et 12 sont deux opposés, c'est-à-dire qu'ils sont de part et d'autre du chiffre 0, et qu'ils sont composés de la même valeur numérique.

ATTENTION

Il ne faut pas confondre les opposés et les inverses. Deux nombres inverses sont en réalité deux fractions pour lesquelles on a permuté le numérateur et le dénominateur (voir la fiche 12 – Les fractions). L'inverse de 12, qui s'écrit aussi $\frac{12}{1}$, est donc $\frac{1}{12}$.

2. Les signes négatifs et positifs en opérations

✔ Additionner ou soustraire deux nombres

Règle 1 – Quand les deux termes d'une addition sont de même signe, il suffit respectivement de les additionner, ou de les soustraire, et d'apposer au résultat leur signe commun.

Premier terme		Second terme		Résultat
+	plus	+	égal	+
–		–		–
+		–		+ ou –; signe du plus grand des termes
–		+		

Règle 2 – Quand les deux termes d'une addition ou d'une soustraction sont de signes différents, il suffit de soustraire au plus grand des deux le plus petit, et d'apposer au résultat le signe du plus grand des deux termes.

À noter : Soustraire deux termes de même signe revient à soustraire au plus grand des deux termes le plus petit, et d'apposer au résultat le signe du plus grand des deux termes, comme pour la règle 2.

Exemples :

– 3 + (– 5) → deux termes de même signe donc 5 + 3 = 8 avec leur signe – → = – 8

+ 3 + (+ 5) → deux termes de même signe donc 5 + 3 = 8 avec leur signe + → = + 8

– 3 + (+ 5) → deux termes de signes différents donc on soustrait au plus grand le plus petit
→ 5 – 3 = 2 ; celui qui a la plus grande valeur numérique est + 5 qui affecte le résultat de son signe positif → = + 2

+ 3 + (– 5) → deux termes de signes différents donc on soustrait au plus grand le plus petit → 5 – 3 = 2 ; celui qui a la plus grande valeur numérique est – 5, qui affecte le résultat de son signe négatif → = – 2

✔ Multiplier ou diviser deux nombres

Règle 1 – Quand les deux termes d'une multiplication ou d'une division sont de même signe, il suffit respectivement de les multiplier, ou de les diviser, et d'apposer au résultat un signe +, car le résultat est positif.

Règle 2 – Quand les deux termes d'une multiplication ou d'une division sont de signes contraires, il suffit d'effectuer l'opération demandée (trouver respectivement leur produit ou leur quotient) et d'apposer au résultat le signe –, car le résultat est négatif.

Premier terme		Second terme		Résultat
+	multiplié par	+	égal	+
–		–		+
+		–		–
–		+		–

Règle 3 – Si un produit est constitué d'un nombre impair de termes négatifs, alors son résultat est négatif.

FICHE 11 La priorité des opérations

Il existe, dans notre système numérique, quatre opérations principales : l'addition, la soustraction, la multiplication et la division. Dans une suite d'opérations, il convient de respecter les priorités de calculs afin de ne pas se tromper.

1. Calculs sans parenthèses

Règle 1 – Dans un calcul sans parenthèses constitué d'additions ou de soustractions, les calculs peuvent se réaliser dans le sens de la lecture, c'est-à-dire de gauche à droite. Des résultats intermédiaires peuvent donc être calculés.

Exemple : $50 + 4 - 3 + 10 - 7 = 54 - 3 + 10 - 7 = 51 + 10 - 7 = 61 - 7 = 54$

Ici, les calculs sont effectués de gauche à droite.

À noter : Dans ce type de calculs, il est possible d'additionner d'une part tous les nombres positifs et d'autre part tous les nombres négatifs.
$50 + 4 - 3 + 10 - 7 = 50 + 4 + 10 - 3 - 7 = 64 - 10 = 54$

Règle 2 – Dans un calcul sans parenthèse, la multiplication et la division sont prioritaires par rapport à l'addition et la soustraction. Il faut donc les effectuer en premier.

Exemple :

$2 + 3 \times 4 = 2 + 12 = 14$ et non 20 comme on pourrait le trouver sans respecter la priorité des multiplications et divisions sur les additions et soustractions.

À noter : Ce calcul simple peut être réalisé sur une calculatrice afin de vérifier sa qualité « scientifique ».

2. Calculs avec parenthèses

Règle 1 – Dans un calcul avec parenthèses, ceux qui se trouvent dans une parenthèse sont à effectuer en premier.

Exemple :

$20 \times (3 + 2) + (3 \times 4) = 20 \times 5 + 12 = 100 + 12 = 112$

Ici, il faut d'abord effectuer la somme de 3 et 2 car cette addition se trouve entre parenthèses. Ce n'est que le résultat de cette somme qui sera ensuite multiplié par 20.

ATTENTION
Il est possible d'avoir des parenthèses les unes dans les autres.

Règle 2 – Dans un calcul avec plusieurs niveaux de parenthèses, les calculs qui se trouvent dans les parenthèses les plus internes sont à réaliser en premier.

Exemple : $(3 + \underbrace{(2 \times 3)} + 5) = 3 + 6 + 5 = 14$

étape 1 : $2 \times 3 = 6$

Ici la parenthèse (2 × 3) se trouve dans une autre parenthèse plus large. Elle est donc prioritaire.

Dans une ligne de calculs avec différents niveaux de parenthèses, il est conseillé d'écrire les résultats intermédiaires pour chaque niveau de calcul.

À noter : Des crochets peuvent être utilisés à la place des parenthèses les plus externes.
[5 × (3 + 4) + 3] = 5 × 7 + 3 = 35 + 3 = 38

Priorités de calculs

- (( )) ou [( )] : parenthèses internes
- ( ) ou [ ] : parenthèses externes ou les crochets
- Multiplications/divisions
- Additions/soustractions

3. La distributivité et la factorisation

Les calculs avec parenthèses peuvent s'écrire différemment selon qu'ils sont donnés sous leur forme distribuée ou leur forme factorisée. Quand vous reconnaissez une des deux formes, vous pouvez soit calculer en respectant les priorités de calculs décrites précédemment, soit travailler avec la forme équivalente sans parenthèses.

Forme factorisée	Forme développée
A × (B + C)	A × B + A × C
A × (B – C)	A × B – A × C
(A × B) × (C + D)	A × C + A × D + B × C + B × D
(A – B) × (C + D)	A × C + A × D – B × C – B × D
(A + B) × (C – D)	A × C – A × D + B × C – B × D
(A – B) × (C – D)	A × C – A × D – B × C + B × D

FICHE 12 Les fractions

Il existe plusieurs façons d'écrire une valeur numérique. Les plus courantes sont les formes décimales et fractionnaires.

Définition : Une fraction est un nombre et équivaut à une division posée mais non calculée de deux nombres entiers, appelés numérateur et dénominateur, et qui correspondent respectivement au dividende et au diviseur.

$$\frac{\text{Numérateur}}{\text{Dénominateur}}$$

À noter : Le dénominateur doit être non nul, car il est impossible de diviser un nombre par 0.

Règle 1 – Quand le numérateur est plus grand que le dénominateur, alors le résultat de la fraction est supérieur à 1.

Règle 2 – Quand le numérateur est plus petit que le dénominateur, alors le résultat de la fraction est inférieur à 1.

Règle 3 – Quand le numérateur et le dénominateur sont égaux, la fraction est alors égale à 1.

Les fractions usuelles à connaître

Fractions	Dénominations	Écritures décimales	Pourcentages
1/1	Unité	1	100 %
1/2	Un demi ; la moitié	0,5	50 %
1/3	Un tiers	0,33	33,33 %
1/4	Un quart	0,25	25 %
1/5	Un cinquième	0,20	20 %
2/3	Deux tiers	0,66	66,66 %

Une fraction est une proportion.

Une fraction correspond à une proportion d'une certaine quantité. Il est facile de se représenter l'unité comme un gâteau, le dénominateur comme le nombre de parts coupées dans le gâteau et le numérateur comme le nombre de parts mangées.

Exemple :

1	2	3	4
5	6	7	8
9	10	11	12

Pour son anniversaire, Lucas a coupé son gâteau en 12 parts.
Il en a mangé deux parts.
Il a donc mangé $\frac{2}{12}$ (deux douzièmes) de son gâteau.

1. Les fractions équivalentes

Plusieurs fractions peuvent avoir la même valeur. Dans l'exemple précédent, on remarque que le gâteau peut être coupé en six parts, et que, dans ce cas, si Lucas en mange une part, cela correspond à la même quantité.

$$\frac{2}{12} = \frac{1}{6}$$

À noter : Quand une fraction ne peut pas être simplifiée, et ne peut s'écrire avec des nombres plus petits, on parle de fraction irréductible.

2. Additionner ou soustraire des fractions

Règle 1– Pour additionner ou soustraire des fractions entre elles, elles doivent avoir le même dénominateur. Quand ce n'est pas le cas, il faut, avant de les additionner, les convertir avec le même dénominateur.

Règle 2 – Quand on additionne deux fractions qui ont le même dénominateur, il suffit d'additionner leur numérateur et de garder leur dénominateur commun.

Exemple : $\frac{2}{3} + \frac{3}{4} = \frac{8}{12} + \frac{9}{12} = \frac{8+9}{12} = \frac{17}{12}$

3. Multiplier des fractions

Règle 1 – Pour multiplier des fractions entre elles, il faut multiplier les numérateurs entre eux et les dénominateurs entre eux.

Règle 2 – Le dénominateur et le numérateur peuvent être décomposés en produits. Si le dénominateur et le numérateur ont des multiples communs, il est possible de les rayer.

À noter : Il est conseillé, avant d'effectuer les multiplications, de décomposer les produits afin de simplifier les calculs et de retrouver plus facilement la fraction irréductible.

Exemple : $\frac{12}{5} \times \frac{15}{24} = \frac{3 \times 4 \times 3 \times 5}{5 \times 3 \times 4 \times 2} = \frac{3}{2}$

ATTENTION

N'importe quel nombre peut s'écrire sous la forme d'une fraction équivalente quand on lui ajoute un dénominateur égal à 1. Utile pour additionner un nombre à une fraction.

4. Diviser des fractions

Diviser par une fraction équivaut à multiplier par son inverse.

Exemple : $\frac{3}{4} \div \frac{9}{8} = \frac{3}{4} \times \frac{8}{9} = \frac{3 \times 4 \times 2}{4 \times 3 \times 3} = \frac{2}{3}$

FICHE 13

La règle de trois

Quand deux quantités évoluent dans des proportions identiques, elles sont proportionnelles entre elles. Il est possible à partir de l'une de connaître l'autre grâce à une règle de trois, ou calcul de proportionnalité.

1. Définition

La notion de proportionnalité peut être présentée sous la forme suivante : *Si j'achète trois baguettes de pain, je paierai trois fois le prix d'une baguette.*

La question se complique lorsque l'on pose la question sous la forme suivante :

Si je connais le prix de cinq baguettes de pain, comment puis-je connaître le prix de sept baguettes de pain ?

La réponse la plus simple à cette question consiste à réduire à l'unité, de façon précise :

Si je connais le prix de cinq baguettes de pain, le prix d'une baguette est cinq fois moindre et le prix de sept baguettes est sept fois plus que le prix d'une baguette.

C'est ce raisonnement élémentaire qui définit ce que l'on appelle la *règle de trois*, ou la quatrième proportionnelle.

ATTENTION

Les multiplications et divisions permettent de calculer une proportionnalité. L'addition et la soustraction ne le permettent pas. Mais on peut additionner 2 quantités et les 2 prix, pour connaître le prix des 2 quantités réunies.

2. Reconnaître une situation de proportionnalité

Il y a proportionnalité lorsque :

– sur un tableau de nombres à deux lignes et plusieurs colonnes, les termes d'une ligne s'obtiennent en multipliant ceux de l'autre par un même nombre. Ce nombre s'appelle le *coefficient de proportionnalité* ;

– sur un graphique, les points sont tous alignés avec l'origine ;

– deux fractions sont égales.

$\times 90$

Prix (centimes d'euros)	90	180	450	900	1 350
Baguette	1	2	5	10	15

$5 + 10 = 15$ baguettes

$450 + 900 = 1\ 350$ €

À noter : Une proportionnalité peut également être représentée sous la forme d'une droite sur un graphique, avec *x* et *y*, les deux quantités proportionnelles entre elles.

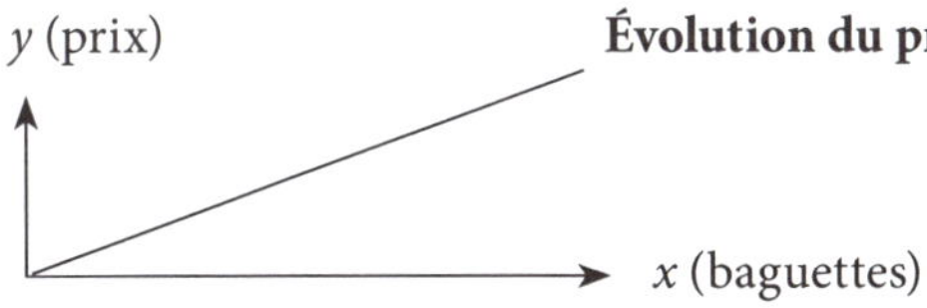

Évolution du prix selon le nombre de baguettes achetées

3. L'échelle d'une carte

L'échelle d'une carte est une situation de proportionnalité, dans le sens où la *distance figurée* sur la carte est proportionnelle à la *distance réelle*. L'échelle d'une carte est représentée sous la forme d'une fraction.

$$\frac{1}{1\ 000} = \frac{\text{distance figurée}}{\text{distance réelle}} = \frac{1 \text{ cm}}{1\ 000 \text{ cm}}$$

ATTENTION

Le numérateur et le dénominateur doivent avoir la même unité. On ne convertit en une unité plus adaptée à la mesure qu'après avoir calculé la distance recherchée.

Situations de proportionnalité	Situations de non-proportionnalité
Le prix en fonction du nombre de produit.	Le prix avec des offres commerciales (prix dégressifs).
La quantité de farine selon le nombre de personnes.	Le poids en fonction de la taille d'une personne.

4. La double proportionnalité

La double proportionnalité pose deux questions : on doit trouver deux proportionnalités. Pour ce faire, on décompose le calcul en deux temps : on passe par une étape intermédiaire, qui consiste à calculer une proportion pour une première donnée, puis on fait la même chose pour la seconde. Il est également possible de diviser la quantité produite par le nombre de personnes et la durée de départ, puis de multiplier le résultat obtenu par le nombre de personnes et la durée évoqués dans la question.

Exemples : Si 9 artisans boivent 12 bocks de vin en 8 jours, combien 24 artisans boiront-ils de bocks de vin en 30 jours ?

$$\frac{24}{9 \times 8} \times 12 \times 30 = \frac{3 \times 8 \times 3 \times 4 \times 3 \times 10}{3 \times 3 \times 8} = 120$$

Infirmières	Soins	Heures
4	8	3
12*	x	6

*Dans la seconde ligne du tableau, il y a trois fois plus d'infirmières, pour une durée deux fois plus grande, il faut donc multiplier le nombre de soins par 6 (3 × 2).

Vous pouvez visualiser dans le tableau la façon de procéder. On multiplie entre eux les trois nombres en diagonale et on divise ce produit par la multiplication des deux autres valeurs (12 × 8 × 6) / (4 × 3). Ceci revient à calculer combien 1 infirmière effectue de soins en 1 heure. (8 / (4 × 3)). Ensuite, à multiplier cette valeur par le nombre d'infirmières et d'heures accordées (12 × 8 × 6) / (4 × 3) = 48

FICHE 14 Les pourcentages

Pour comparer deux proportions de deux ensembles de tailles différentes, il est nécessaire de les convertir en pourcentages.

1. Définition

Les pourcentages sont des nombres très utilisés dans les médias et dans de nombreuses professions. Ils fournissent une information quant à la quantité de personnes qui sont concernées par tel ou tel critère, et cette quantité est rapportée sur 100. Ce rapport permet de comparer plus aisément les valeurs, et correspond à une fraction dont le dénominateur est 100.

Exemple :

Il y avait 5 végétariens au mariage d'Erwan et 2 à celui d'Olivier. Sans savoir combien de convives étaient présents aux deux événements, il est impossible de savoir auquel mariage les végétariens étaient le plus représentés.

2. Calculer un taux de pourcentage

Calculer un pourcentage, c'est trouver la fraction équivalente, dont le dénominateur est 100, à celle dont le numérateur et le dénominateur sont respectivement le nombre de personnes répondant à un critère défini sur le nombre total de personnes.

Exemple : $\frac{10 \text{ femmes}}{40 \text{ candidats}} = \frac{x \text{ femmes}}{100 \text{ candidats}} = \frac{25 \text{ femmes}}{100 \text{ candidats}} = 25\ \%$

Si je sais qu'au concours auquel je me suis inscrit, il y a 10 femmes pour 40 candidats, en rapportant le nombre de candidats à 100, je connais le pourcentage de femmes inscrites.

3. Appliquer un taux de pourcentage à un nombre

Appliquer un taux de pourcentage p à un nombre équivaut à multiplier ce nombre par $\frac{p}{100}$

Exemple : Sur 80 candidats, 40 sont des candidats locaux. Quel est le taux de candidats locaux ?

$$\frac{40}{80} = \frac{p}{100} \rightarrow p = \frac{40 \times 100}{80} = \frac{4\,000}{80} = \frac{400}{8} = 50 \rightarrow \frac{50 \text{ candidats locaux}}{100 \text{ candidats inscrits}} = 0{,}50 = 50\ \%$$

4. Réaliser une augmentation ou une diminution d'un pourcentage

Règle 1 – Augmenter de p %, c'est multiplier par $1 + \frac{p}{100}$ → augmenter de 20 %, c'est multiplier par 1,20.

Règle 2 – Diminuer de p %, c'est multiplier par $1 - \frac{p}{100}$ → diminuer de 20 %, c'est multiplier par 0,80.

5. Calculer de quel pourcentage le prix a évolué

Un pourcentage d'évolution représente une augmentation ou une baisse en pourcentage. Pour une grandeur prenant deux valeurs, il est égal à :

$$T\ (\%) = \frac{\text{valeur finale} - \text{valeur initiale}}{\text{valeur initiale}} \times 100$$

Si T est positif, il s'agit d'une augmentation, et s'il est négatif, c'est une diminution.

Exemple : Le prix de la console de jeu était de 400 €. Après remise, il est de 250 €. Quel est le pourcentage de la remise ?

$$T\ (\%) = \frac{\text{valeur finale} - \text{valeur initiale} \times 100}{\text{valeur initiale}} = \frac{250 - 400}{400} \times 100 = \frac{-150}{400} \times 100 = -37{,}5 \rightarrow 37{,}5\ \%$$ de remise.

6. Trouver la valeur initiale après l'application d'un pourcentage

Quand un produit a subi une augmentation ou une diminution d'un pourcentage p, il faut diviser la valeur finale par le pourcentage d'augmentation ou de diminution que l'objet a subi.

ATTENTION

Quand un produit subit à la suite une augmentation d'un pourcentage p et une remise de ce même pourcentage p, on ne retrouve pas le prix de départ.

Exemples : Après une augmentation de 20 %, ce téléphone coûte 150 €. Quel était son prix avant l'augmentation ?

$$\text{Prix initial} \times 1{,}20 = \text{prix final} \rightarrow \text{prix initial} = \frac{\text{prix final}}{1{,}20} = \frac{150}{1{,}20} = 125\ €$$

Après une remise de 20 %, ce téléphone coûte 120 €. Quel était son prix avant remise ?

$$\text{Prix initial} \times 0{,}80 = \text{prix final} \rightarrow \text{prix initial} = \frac{\text{prix final}}{0{,}80} = \frac{120}{0{,}80} = 150\ €$$

FICHE 15

La mesure du temps

Le temps, souvent considéré comme notre quatrième dimension s'écoule inexorablement, à l'image des montres molles de Dali. Il apparaît nécessaire de pouvoir le mesurer et de quantifier des durées.

1. Prérequis

Pour mesurer le temps, nous utilisons un système de découpage qui s'appuie sur les mouvements de la Terre et des astres (Lune et Soleil).

Noms	Équivalences	Significations
Une année	Environ 365 jours	Le temps que met la Terre pour tourner autour du soleil.
Un mois	Entre 28 et 31 jours	
Un jour	24 heures	Le temps que met la Terre pour effectuer un tour sur elle-même.
Une heure	60 minutes	
Une minute	60 secondes	

À noter : 1 heure = 60 minutes = 60 × 60 = 3 600 secondes.

2. Convertir une durée sous forme décimale

Pour convertir une durée écrite sous forme décimale en heures et en minutes, il faut effectuer un produit en croix.

1,5 heure = 1 heure + 0,5 heure → 0,5 est en base 100 et il faut le convertir en base 60.

ATTENTION

2,5 heures = 2 heures + la moitié d'une heure = 2 h 30 minutes = 120 minutes + 30 minutes = 150 minutes

$0{,}50 = \frac{50}{100} = \frac{x \text{ minutes}}{60} = \frac{30}{60}$ → 1,5 heure = 1 heure et 30 minutes.

Forme décimale	Équivalences en heures et minutes
0,5 heure	30 minutes (une demi-heure)
1 heure	60 minutes
1,5 heure	1 h 30 = 90 minutes
1,25 heure	1 h 15 = 75 minutes

3. Additionner ou soustraire des durées

Pour additionner les différentes durées nécessaires à la réalisation d'une tâche, il faut respecter les unités, et seulement dans un second temps, effectuer des simplifications.

Exemple : Pour se rendre en vacances, Lucas a roulé 1 h 30 minutes, a fait une pause de 45 minutes, puis a de nouveau roulé durant 2 h 35. Sachant qu'il est parti à 8 h 15 du matin, à quelle heure est-il arrivé ?

	1 heure	30 minutes	Le nombre de minutes excède 60. Il est donc possible de comptabiliser une heure :
+		45 minutes	
+	2 heures	35 minutes	110 minutes – 60 minutes = 50 minutes

3 heures et 110 minutes = 4 heures et 50 minutes. Il est donc arrivé à 13 h 05.

4. Convertir des durées

Pour convertir en heures, minutes et secondes une durée exprimée en secondes, il faut effectuer des divisions euclidiennes, et garder le reste de la division.

Exemple : Exprimer 8 000 secondes en heures, minutes et secondes.

8 000 + 3 600 → on divise le nombre de secondes par 3 600 secondes (soit une heure).

8 000 = 3 600 × 2 + 800 → il y a deux heures complètes et il reste 800 secondes.

800 60 → on divise le nombre de secondes par 60 secondes (soit une minute)

800 = 13 × 60 + 20 → il y a 13 minutes complètes et il reste 20 secondes.

8 000 secondes = 2 heures, 13 minutes et 20 secondes.

5. Mutualiser des durées de travail

Quand on mutualise des durées de travail, il ne faut pas effectuer la moyenne des deux durées de travail. Il faut poser en une durée établie (une heure, par exemple) la quantité de travail effectuée par chacun des protagonistes.

Exemple : Délila met 3 heures pour faire le ménage. Quand son mari Jérémy le fait, il ne lui faut que 2 heures. Combien de temps vont-ils mettre s'ils le font ensemble ?

Si l'on fait la moyenne entre 2 et 3 heures, on obtient 2 h 30. Ce résultat est absurde car cette durée dépasse le temps mis par Jérémy seul.

En 1 heure : Jérémy réalise la moitié du travail. Délila effectue le tiers de la tâche.

En 1 heure :

$\frac{1}{2}+\frac{1}{3}=\frac{3}{6}+\frac{2}{6}=\frac{5}{6}$ Conjointement, ils effectuent 5/6 de la tâche en 1 heure.

Ensuite on réalise un produit en croix :

En 60 minutes (1 heure), ils réalisent les 5/6 de la tâche.

$$60 \times \frac{6}{5} = \frac{360}{5} = 72$$

Ensemble, ils ne mettent que 72 minutes, soit 1 heure et 12 minutes pour faire le ménage.

FICHE **16**

La vitesse

Tout élément en mouvement par rapport à un référentiel fixe se déplace à une certaine vitesse, qu'il est possible d'exprimer.

1. Définition

La vitesse est le **rapport** entre une distance et le temps nécessaire pour la parcourir. Elle est couramment exprimée en kilomètre par heure (km/h) ou en mètre par seconde (m/s).

$$\text{Vitesse (en km/h)} = \frac{\text{distance (en kilomètre)}}{\text{temps (en heure)}} \text{ ou vitesse (en m/s)} = \frac{\text{distance (en m)}}{\text{temps (en seconde)}}$$

2. La vitesse et la proportionnalité

Règle 1– À distance équivalente, la durée et la vitesse sont inversement proportionnelles. Ainsi, si je roule deux fois plus vite, je mets deux fois moins de temps.

Règle 2 – À vitesse équivalente, la durée et la distance sont proportionnelles. Ainsi, si je vais deux fois plus loin que prévu, je mets deux fois plus de temps.

✔ Le cas d'une vitesse à 60 km/h

Quand je roule à 60 km/h, il me faut autant de minutes pour effectuer le trajet qu'il y a de kilomètres qui le composent.

Exemple :

À 60 km/h, je parcours 40 km en 40 minutes, 95 km en 95 minutes…

3. Convertir des vitesses

Pour convertir une vitesse exprimée en km/h en m/s ou inversement, il faut respectivement diviser ou multiplier cette vitesse par 3,6.

Exemple : Convertir 144 km/h en m/s.

$$144 \text{ km} = 144\,000 \text{ m /heure} = \frac{144\,000}{3\,600} \text{ mètres par seconde} = 40 \text{ m/s}$$

(× 1 000) (÷ 3 600)

km/h → m/s : ÷ 3,6

m/s → km/h : × 3,6

4. Calculer une vitesse

Pour calculer une vitesse, il faut trouver quelle distance est parcourue en une heure, soit 60 minutes.

Exemple : Clément a couru 9 km en 40 minutes. À quelle vitesse a-t-il couru ?

Distance (km)	Temps (minutes)
9	40
d	60

$$d = \frac{9 \times 60}{40} = \frac{54}{4} = 13{,}5$$

À la même vitesse, il aurait parcouru 13,5 km en 60 minutes (soit en 1 heure).
Il a couru à la vitesse moyenne de 13,5 km/h.

✔ Vitesse moyenne

Pour calculer la vitesse moyenne entre un trajet aller et un trajet retour, il faut utiliser la formule suivante :

$$\frac{1}{Va} + \frac{1}{Vr} = \frac{2}{Vm}$$

Va = vitesse à l'aller
Vr = vitesse au retour
Vm = vitesse moyenne

Exemple : À l'aller, Audrey a roulé à 100 km/h. Au retour, elle a roulé à 50 km/h. Quelle est sa vitesse moyenne ?

$$\frac{1}{100} + \frac{1}{50} = \frac{2}{Vm} \rightarrow \frac{1}{100} + \frac{2}{100} = \frac{2}{Vm} \rightarrow \frac{3}{100} = \frac{2}{Vm} \rightarrow Vm = \frac{200}{3} \approx 66{,}66 \text{ km/h}$$

À noter : La vitesse moyenne aller-retour ne correspond pas à la moyenne des vitesses. Cette formule s'utilise aussi dans le cas d'un changement de vitesse à mi-parcours (Audrey a roulé la première moitié du trajet à 100 km/ et la seconde moitié à 50 km/h). Il est impératif que les distances parcourues soient égales.

Dans le cas où le changement de vitesse ne se fait pas au milieu, il faut additionner les deux distances et les deux durées pour trouver la vitesse moyenne.

Exemple : Amélie a fait du vélo. Elle a roulé les 10 premiers kilomètres à la vitesse de 20 km/h, puis les 30 kilomètres restants à la vitesse de 15 km/h. Quelle est sa vitesse moyenne ?

10 km à 20 km/h → 10 km en 30 minutes
30 km à 15 km/h → 30 km en 2 heures
40 km en 150 minutes

$$40 \text{ km} \times \frac{60 \text{ minutes}}{150 \text{ minutes}} = \frac{240}{15} = 16 \text{ km/h}$$

On additionne entre elles les distances et les durées. Ainsi, on obtient la distance totale et le temps total. Il ne reste plus qu'à trouver la vitesse moyenne, en calculant quelle distance aurait été parcourue en une heure à la même vitesse (proportionnalité respectée).

À noter : vitesse de la lumière = 300 000 km/s

FICHE 17 Les conversions d'unités

Pour toute chose mesurée, il est important de préciser son unité de mesure. En effet, un même objet peut être appréhendé sous différentes unités. Les multiples et sous multiples vont permettre d'affiner la description de l'objet selon son ordre de grandeur. Certaines unités, quant à elles, peuvent être culturelles. Pour passer d'une unité à une autre, il faut savoir la convertir.

1. Définition

✔ Les multiples et sous-multiples

Quand on utilise une unité de mesure, par exemple le mètre, il est possible de la décomposer en dixièmes, centièmes… On parle de *sous-multiples.*

Il est également possible de la multiplier par dix, cent… On parle alors de *multiples.*

✔ Les multiples et sous-multiples les plus courants et leur symbole

1 000 000 000 000 = 10^{12} téra T
1 000 000 000 = 10^{9} giga G
1 000 000 = 10^{6} méga M
1 000 = 10^{3} kilo k
100 = 10^{2} hecto h
10 = 10^{1} déca da
1 = 10^{0} unité

0,1 = 10^{-1} déci d
0,01 = 10^{-2} centi c
0,001 = 10^{-3} milli m
0,000 001 = 10^{-6} micro µ
0,000 000 001 = 10^{-9} nano n
0,000 000 000 001 = 10^{-12} pico p

2. Les unités de longueur

Le mètre est notre mesure étalon pour mesurer les longueurs.

✔ Les autres unités de longueur

Pouce (unité des écrans) : 2,54 cm
Mile : 1 610 m ; 1,61 km

Pied : 30,48 cm
Le mille marin : 1 852 m

3. Les unités d'aire et de surface

Un mètre carré correspond à une surface carrée dont le côté est égal à un mètre.

km^2		hm^2		dam^2		m^2		dm^2		cm^2		mm^2	
			ha		a		ca						

Les unités agraires sont aussi utilisées pour mesurer des surfaces. L'unité est alors l'are. Les multiples et sous-multiples restent les mêmes.

1 are (a) = 100 m^2
1 hectare (ha) = 1 hm^2
} Moyen mnémotechnique : prendre comme correspondance le h de hecto et hectare.

ATTENTION
Les unités sont au carré, soit à la puissance 2. Il y a donc deux chiffres par unité.

4. Les unités de volume

Un mètre cube correspond à un cube dont le côté est égal à un mètre.

km^3			hm^3			dam^3			m^3			dm^3			cm^3			mm^3		
											kl	hl	dal	l	dl	cl	ml			

Le litre est une unité de volume utilisée au quotidien.

1 litre = 1 dm^3

À noter : Un stère de bois correspond à un mètre cube de bois au niveau encombrement.

ATTENTION
Les unités sont au cube, soit à la puissance 3. Il y a donc trois chiffres par unité.

5. Effectuer des opérations entre différentes unités

Pour additionner des longueurs (ou des surfaces, ou des volumes) entre elles, il faut au préalable les convertir en une même unité. Il est conseillé de toujours convertir en la plus petite unité, le plus petit sous-multiple utilisé, afin de ne pas avoir de décimale fastidieuse.

6. Les doubles unités, ou unités composées

Certaines mesures sont le rapport de deux autres unités (exemple : la vitesse est le rapport entre la distance parcourue et le temps nécessaire pour le faire). Pour convertir ce genre de double unité, il faut convertir en deux temps.

Exemple : Le débit de mon robinet est de 20 litres par minute. Quel est son débit exprimé en m^3/heure ?
20 litres/minute = 20 litres × 60 = 1 200 litres par heure
1 200 litres = 1,2 m^3
D'où : 20l/m = 1,2 m^3/heure.

FICHE 18 Les suites de lettres

Les suites de lettres, aussi appelées séries alphabétiques, sont constituées de différentes lettres qui s'enchaînent et le dernier élément est à trouver. Pour ce faire, il faut repérer ce qui permet de passer d'une lettre à la suivante, afin de reproduire cet opérateur à la fin de la séquence et proposer l'item qui la complète de façon logique.

1. Les suites en ligne

✔ Les suites avec un seul opérateur

Quand une ligne de lettres est présentée, il faut regarder combien de lettres dans l'alphabet les séparent. Le nombre de lettres nécessaire pour passer d'un élément n de la suite à un élément n + 1 est appelé « opérateur ».

✔ Suites à opérateur constant

Quand l'écart entre les lettres de la suite est le même, il suffit de le reporter à la fin pour trouver l'élément manquant.

Exemple : A C E G ?

Ici, on progresse de deux lettres dans l'alphabet pour passer d'un élément à un autre de la suite (suite en + 2). La réponse est donc G + 2 = I.

✔ Suites à opérateur qui progresse

Quand l'écart entre les lettres de la suite n'est pas le même, il faut vérifier comment il progresse. Sa progression est sans doute elle-même une suite.

Exemple : O J F C ?

Ici, on remarque que l'opérateur est lui-même une suite décroissante : – 5, – 4, – 3…

À noter : Quand du papier brouillon est mis à votre disposition, il est conseillé d'écrire l'alphabet. Cela vous permettra de gagner du temps et d'éviter les erreurs de calcul, notamment dans le cas des suites décroissantes.

✔ Les suites avec deux opérateurs

Quand les éléments d'une suite ne semblent pas se suivre de façon régulière, il faut penser que deux suites, ou trois dans les cas les plus complexes, peuvent être imbriquées l'une dans l'autre. Ainsi, il faut considérer les éléments de la suite en n'en prenant qu'un sur deux (ou un sur trois).

Exemple : A D B G C J D ? ?

Ici, deux suites sont intercalées : la première en + 1 (lettres vertes) et la seconde en + 3 (lettres noires). La réponse est donc M et E.

2. Les suites algorithmiques

Certaines suites sont en réalité la répétition des items. Ainsi, quand tous les éléments de la série sont écrits, on recommence la suite au début.

Exemples : G K D M E G K ?

Ici, on s'aperçoit que la suite est composée des cinq lettres G K D M E qui se répètent.

ABC BAC CAB ACB CBA ?

Ici, la suite est composée de groupes de trois lettres qui sont toujours les mêmes : A, B et C. On remarque que chaque trio est différent. Il faut donc trouver un trio constitué des mêmes lettres mais dans un ordre différent. La réponse est BCA.

✔ Les suites avec des initiales qui ont une signification

Quand les éléments d'une suite ne semblent pas cohérents entre eux, il faut envisager que les lettres renvoient à des mots dont elles sont les initiales.

Exemple : L M M J V S ?

Ici, les lettres correspondent aux initiales des jours de la semaine. Il faut donc ajouter un D pour « dimanche ».

3. Les suites présentées en matrices ou en tableaux

Certaines suites alphabétiques peuvent ne pas être en ligne, mais présentées dans un tableau, une matrice ou une autre forme géométrique. Dans ce cas, il faut trouver comment les lettres se suivent, et comment elles sont rangées.

4. Les suites alphanumériques

Les suites alphanumériques sont des suites qui vont présenter à la fois des chiffres et des lettres.

Les chiffres représentent la place de la lettre dans l'alphabet.

Exemple : A 1 C 3 G 7 T ?

Ici, le chiffre correspond à la place dans l'alphabet de la lettre qui le précède.

À noter : La place de la lettre dans l'alphabet peut être inversée (A = 26, B = 25…) ou décalée (A = 2, B = 3…).

Les chiffres représentent le nombre de rangs à décaler.

A 1 B 2 D 3 G 4 ?

Ici, le chiffre correspond au nombre de lettres qui sépare une lettre de la suivante dans la suite : A + 1 = B ; donc G + 4 = K.

FICHE 19 Les suites de chiffres

Les suites de chiffres, aussi appelées séries numériques, sont constituées de différents nombres qui s'enchaînent et le dernier élément est à trouver. Pour ce faire, sur le principe des suites alphabétiques, il faut repérer ce qui permet de passer d'un nombre au suivant, afin de reproduire cet opérateur à la fin de la séquence et proposer l'item qui la complète de façon logique.

1. Les suites en ligne

✔ Les suites avec un seul opérateur

Quand une ligne de chiffres est présentée, il faut trouver quel est l'écart les séparant.

✔ Suites à opérateur constant

Quand l'écart entre les nombres de la suite est le même, il suffit de le reporter à la fin pour trouver l'élément manquant.

Exemples : 5 7 9 11 ?

Ici la progression est + 2 pour passer d'un élément à un autre de la suite (suite en + 2). La réponse est donc 11 + 2 = 13. Il s'agit de la suite des nombres impairs.

3 15 75 375 ?

Ici, la progression est × 5 pour passer d'un élément au suivant (suite en × 5). La réponse est donc 375 × 5= 1 875.

À noter : On parle de suite arithmétique dans le cas où l'on passe d'un élément n à un élément n + 1 en ajoutant (ou soustrayant) une valeur fixe.
On parle de suite géométrique dans le cas où l'on passe d'un élément n à un élément n + 1 en multipliant (ou divisant) une valeur fixe.

Quand les items d'une suite numérique semblent très différents les uns des autres et d'ordre de grandeur distincts, on cherche en premier lieu une suite géométrique, avec un opérateur multiplicatif.

✔ Suites à opérateur qui progresse

Quand l'écart entre les lettres de la suite n'est pas le même, il faut vérifier comment il progresse. Sa progression est sans doute elle-même une suite.

Exemple : 40 35 31 28 ?

Ici, l'opérateur varie lui-même selon une suite décroissante : – 5, – 4, – 3…

✔ Les suites avec deux opérateurs

Quand les éléments d'une suite ne semblent pas se suivre de façon régulière, il faut penser que deux suites, ou trois dans les cas les plus complexes, peuvent être imbriquées l'une dans l'autre. Ainsi, il faut considérer les éléments de la suite en n'en prenant qu'un sur deux (ou un sur trois).

Exemple :

5 2 6 5 7 8 8 ? ?

Ici, deux suites sont intercalées : la première en + 1 et la seconde en + 3. La réponse est donc 11 et 9.

2. Les suites algorithmiques

Certaines suites sont en réalité la répétition des items. Ainsi, quand tous les éléments de la série sont écrits, on recommence la suite au début.

Exemple : 3 12 45 4 3 12 45 ?

Ici, on s'aperçoit que la suite est composée des cinq nombres : 3, 12, 45, 4 et 3, qui se répètent.

567 756 657 765 675 ?

Ici, la suite est composée de nombres dont les trois chiffres qui les constituent sont toujours les mêmes : 5, 6 et 7. On remarque que chaque trio est différent. Il faut donc trouver un trio constitué des mêmes chiffres mais dans un ordre différent. La réponse est 576.

✔ Les suites avec des nombres particuliers

Quand les éléments d'une suite ne semblent pas cohérents entre eux, il faut envisager que les nombres qui la forme soient des nombres particuliers.

Exemple : 4 9 16 25 36 49 ?

Ici, les nombres sont les carrés des chiffres de 2 à 7. Le suivant est donc le carré de 8 : 64.

3. Les suites présentées en matrices ou en tableaux

Certaines suites numériques peuvent ne pas être en ligne, mais présentées dans un tableau, une matrice ou une autre forme géométrique. Dans ce cas, il faut trouver comment les nombres se suivent, et comment ils sont rangés.

4	49	64
9	36	81
16	25	?

Ici, la suite est également constituée de carrés. La réponse est donc 100, le carré de 10.

FICHE 20 Les cartes à jouer

Les tests de logique spatiale évaluent votre capacité à repérer un raisonnement dans l'espace, à trouver de l'ordre. Il vous faut, par exemple, trouver l'ordre selon lequel les éléments sont rangés dans l'épreuve des cartes.

1. Présentation

L'épreuve des cartes à jouer est une épreuve classique, qui est devenue incontournable dans de nombreux concours, mais aussi dans divers tests de recrutement.

Le seul prérequis est la connaissance quant à la constitution d'un banal jeu de 52 cartes. Il y a quatre « couleurs ». La couleur dans un jeu de carte n'est pas la distinction rouge *versus* noire. Il s'agit en réalité des quatre symboles présents :

Cœur ♥, Carreau ♦, Trèfle ♣, Pique ♠.

Notons que les symboles vont par paire. Ainsi, Cœur ♥ et Carreau ♦ sont associés en rouge, tandis que Trèfle ♣ et Pique ♠ sont couplés en noir.

Chaque carte a une valeur, cette dernière allant de 1 à 10.

> **ATTENTION**
> Le 1, aussi appelé « as », est utilisé comme une carte ayant une valeur de 1 et non de 11 comme dans certains jeux.

Plusieurs cartes à jouer sont présentées au candidat. La valeur et la couleur de chacune sont connues, sauf pour une carte, qui a un point d'interrogation. Le candidat doit trouver de quelle carte il s'agit, et donc donner sa valeur et sa couleur.

À noter : La valeur et la couleur sont souvent indépendantes l'une de l'autre : il faut deux raisonnements distincts pour trouver les deux éléments. Il est conseillé de chercher d'abord la valeur, puis dans un second temps, la couleur.

Comme le test des dominos, l'épreuve des cartes à jouer est une épreuve de logique spatiale. Ceci signifie que la disposition des cartes est un indice pour trouver la solution. S'il est possible de multiplier les configurations (valeurs, couleurs, disposition), certaines configurations sont plus fréquentes et peuvent être considérées comme classiques.

2. Les cartes sous forme de séries

Les cartes sont disposées le plus souvent en ligne, mais peuvent également être disposées en étoile, en spirale, ou encore en matrice. Ce qui permet de passer d'une carte à une autre est un opérateur, comme pour les séries de lettres ou de chiffres.

Exemple avec un algorithme de couleur :

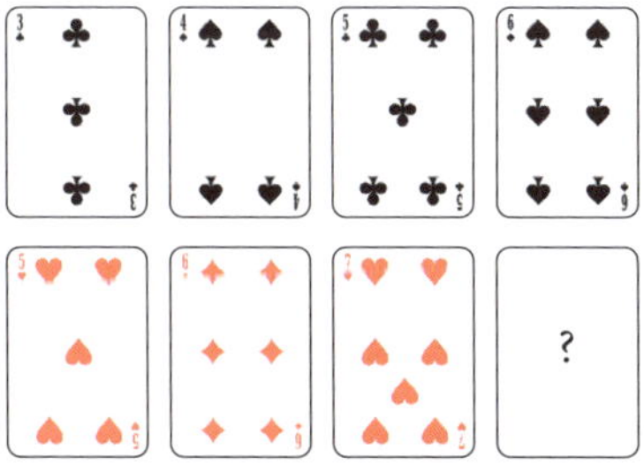

Ici, on constate qu'en ligne, les quatre cartes se suivent quant à leur valeur. La carte manquante est donc un 8. On remarque ensuite une alternance des symboles par ligne. La carte manquante est donc un Carreau ♦.
La réponse est donc : 

3. Les cartes sous forme d'une disposition spatiale

Plus encore que dans le cas d'un exercice avec des cartes qui suivent une série, cette catégorie de questions nécessite de se laisser guider par la forme et la disposition générales des cartes. Par exemple, une croix peut indiquer une symétrie, et un cercle que les cartes sont rangées de façon circulaire.

Les cartes sous forme d'opérations

Les cartes peuvent être disposées de façon à rendre compte d'opérations mathématiques. Dans ce cas de figure, une carte peut être la somme de celles qui la précèdent, ou le double de celle d'en face…

Exemples :

÷ 2 et couleur opposée

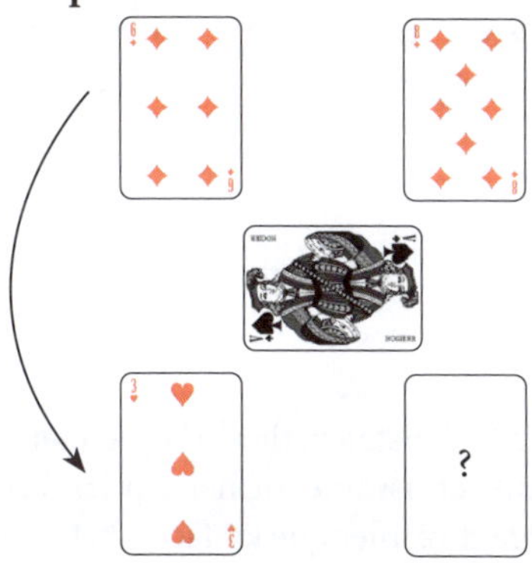

Dans cet exemple, la forme globale est une croix. La carte centrale semble couper la figure en deux : haut/bas ou deux diagonales. La carte en haut à gauche est le double de la carte en bas à gauche. On suppose qu'il en sera de même à droite.
Les deux cartes du haut sont des Carreaux.
La carte manquante est donc : 

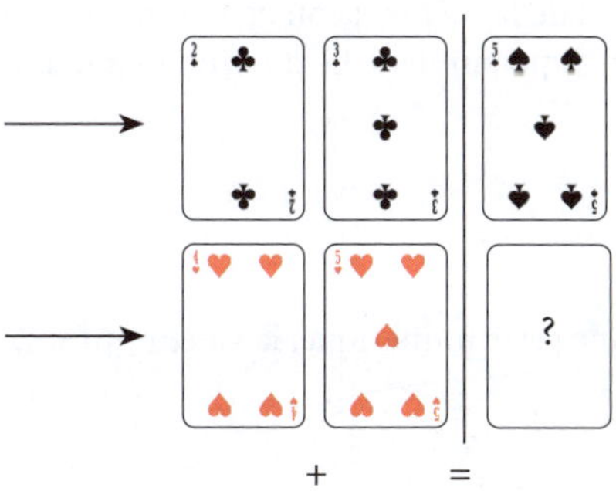

Les cartes semblent disposées en ligne. On cherche donc d'abord un raisonnement en ligne. La carte de droite est égale à la somme des deux qui la précèdent. La carte manquante est donc égale à 9.
Le signe de la carte de droite est l'opposé des deux cartes de gauche.
La carte manquante est donc : 

FICHE 21 Les dominos

Le test des dominos est une version plus numérique que l'épreuve des cartes, mais qui s'appuie sur les mêmes principes et donc les objectifs sont identiques, à savoir évaluer votre raisonnement logique dans l'espace.

1. Présentation

Le test des dominos est un grand classique que l'on retrouve dans de nombreuses épreuves de tests psychotechniques, et que l'on peut également rencontrer lors d'un recrutement.

Cette épreuve reprend les classiques dominos, du jeu connu de tous. Ainsi, les valeurs que peuvent prendre les dominos sont de 0 à 6, et ce pour chaque face. Répondre correctement à ce test ne nécessite donc pas de grandes capacités de calcul, mais requiert une logique affûtée. En effet, cette épreuve est à réaliser pendant un laps de temps très court.

Plusieurs dominos sont présentés au candidat, qui doit trouver les deux valeurs d'un des dominos de la séquence. Si la réponse est de nature numérique, ce qui va vous permettre de la trouver rapidement est plutôt l'aspect géométrique. En effet, le test des dominos est un test de logique spatiale, et la disposition des dominos doit orienter votre recherche et votre calcul. Comme pour le test des cartes à jouer, certaines dispositions sont classiques. Il vous faut donc vous familiariser avec celles-ci, de façon à gagner du temps.

2. Les dominos disposés en ligne

✔ Les dominos sous forme de séries

Exemples :

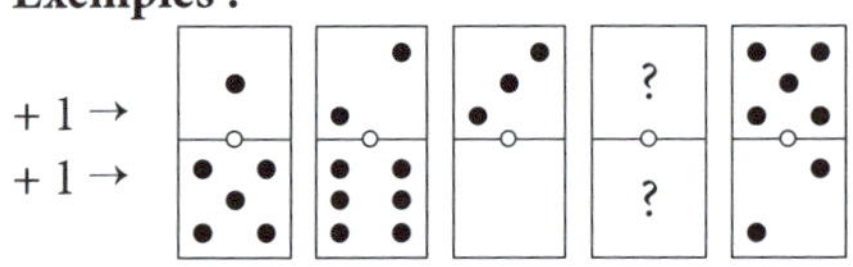

Vous constatez, dans un premier temps, une suite croissante formée par les faces du haut. Il faut vérifier que les faces du bas ont bien un lien entre elles pour valider la logique et trouver la valeur de la face du bas. Cela fonctionne de la même façon en bas, même s'il est plus difficile de voir la suite avec le passage du 0 qui suit le 6. Le domino manquant est donc :

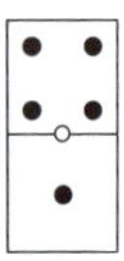

À noter : Dans le cas de dominos classés selon une série numérique, la valeur qui suit le 6 est le 0.

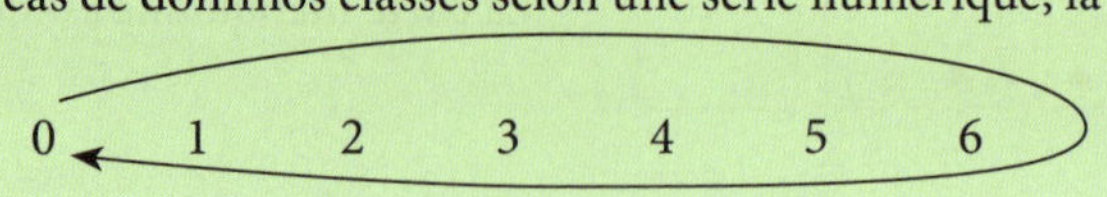

+ 1
– 2

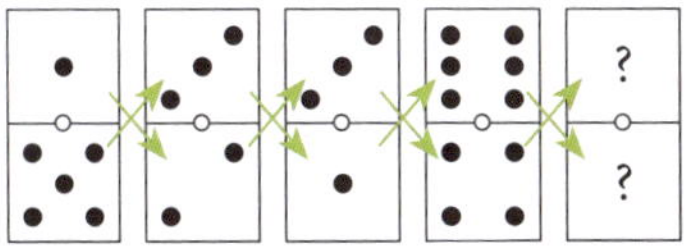

Les dominos sont rangés en suivant deux suites en diagonale : la première suite est en + 1 et commence en haut à gauche ; la seconde est en – 2 et commence en bas à gauche.

Le domino manquant est donc :

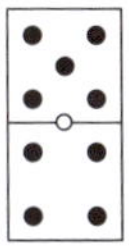

+ 2

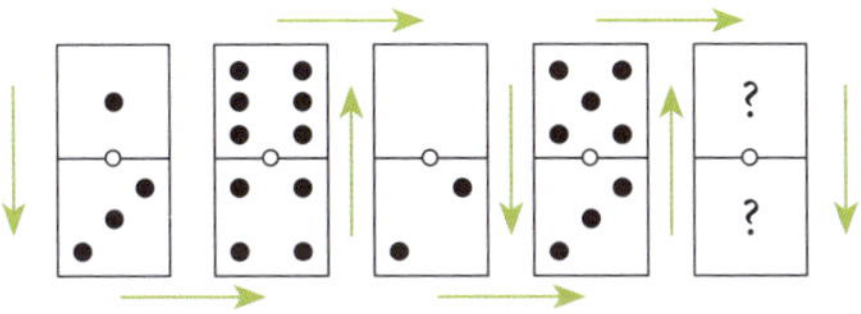

Avec un déplacement en créneaux, on remarque que les dominos sont rangés selon deux suites intercalées : + 1 à l'horizontale et + 2 à la verticale.

3. Les dominos sous forme de disposition spatiale

Les dominos peuvent être présentés selon une règle géométrique ou spatiale. Dans ce cas, la forme globale permet de repérer une disposition spécifique et une relation spatiale entre les dominos : une symétrie ou une rotation, par exemple.

Exemple :

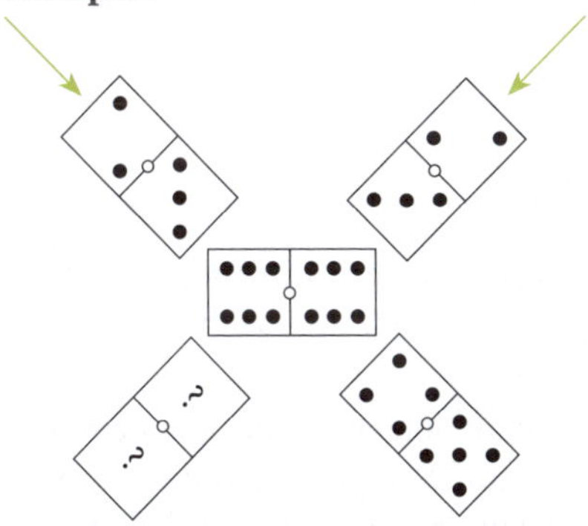

Les dominos sont placés en croix et le double 6 trône au centre et semble être un point de symétrie dans la figure.

Les deux dominos du haut sont identiques et en miroir. Il en sera de même pour les deux dominos du bas.

Le domino manquant est donc :

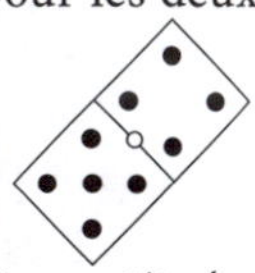

On remarque également que les deux diagonales de la croix sont constituées des chiffres consécutifs de 2 à 5.

4. Les dominos sous forme d'opérations

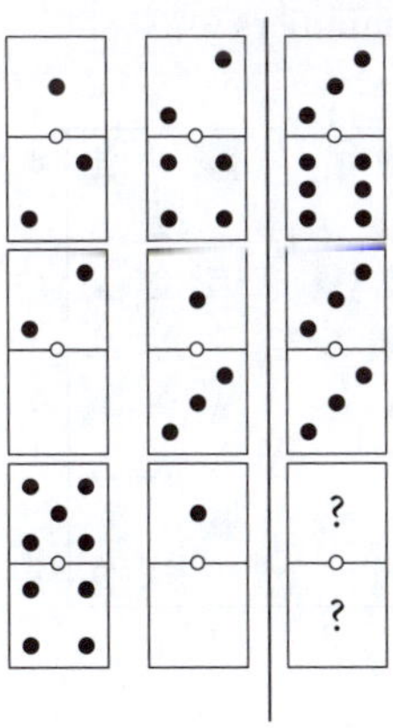

\+ =

Les dominos ayant une valeur numérique, il est possible d'effectuer des opérations pour trouver le domino manquant. Par exemple, dans un pavé de dominos, le dernier d'une ligne peut être la somme de ceux qui le précèdent, le double de celui juste au-dessus…

Exemples (ci-contre) Les faces des dominos de droite sont égales à la somme des deux faces qui les précèdent.

Le domino manquant est donc :

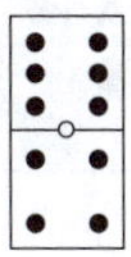

FICHE 22

Les schémas, les figures et les tableaux

En plus des tests de raisonnement logique, sont souvent présents dans les concours des tests de perception et de rapidité : les tests d'attention et de concentration.

1. Définition

Les tests d'attention et d'observation sont des tests faciles qui ne demandent ni prérequis ni compétences particulières. Néanmoins, en temps limité, ils s'avèrent souvent déstabilisants et peuvent faire la différence entre les candidats.

Ce type de test requiert des capacités d'abstraction et d'inhibition pour savoir se focaliser sur un petit détail.

Ces tests peuvent prendre plusieurs formes : détection de différences entre deux schémas ou figures censées être identiques, comptage d'items définis, codage d'informations, ou encore discrimination d'informations.

2. Les comparaisons de schémas

Cette catégorie d'exercice demande des capacités de discrimination. Il faut être capable de détecter rapidement les petits détails qui diffèrent entre deux images, deux figures ou deux tableaux.

Il est conseillé d'observer d'abord la figure dans son ensemble, afin de repérer les éléments principaux et les différences les plus significatives. On parle de vision globale de la figure. Dans un deuxième temps, il convient de se focaliser sur les éléments constituant la figure, et d'adopter une vision plus locale.

Exemple : Combien comptez-vous de différences entre les deux échiquiers ?

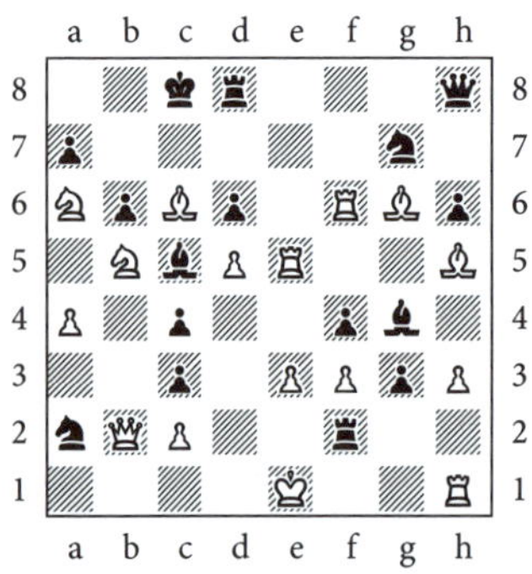

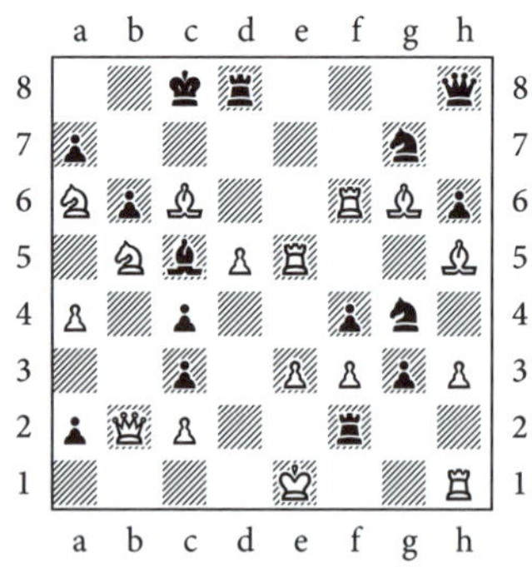

Il y a trois différences entre les deux échiquiers : a2, d6 et g4.

3. Les épreuves de comptage

Dans les épreuves de comptage, vous devez compter rapidement le nombre d'items cibles qui sont présents dans la figure globale.

Exemple : Choisissez parmi les quatre réponses celle qui convient :

☹	☹	☺	😐	☺	☹	😐	☺
😐	☹	😐	😐	😐	☺	☺	☹
😐	☹	☹	☺	😐	☺	😐	☹
😐	😐	☹	😐	😐	😐	😐	😐
☺	😐	😐	☺	☹	☹	☹	☹
☺	☹	😐	😐	☺	😐	☺	😐
☹	☺	😐	☺	☹	☹	☹	😐
☺	☹	😐	☺	😐	☺	☹	☹

a. ☺ < 😐 < ☹
b. ☺ < ☹ < 😐
c. 😐 > ☺ > ☹
d. 😐 < ☺ < ☹

La réponse correcte est la réponse b :
☺ : 17
☹ : 21
😐 : 26

4. Les épreuves de codage

Les épreuves de codage prennent souvent la forme d'un décryptage d'une phrase écrite. Vous disposez de la correspondance entre les lettres utilisées et leurs symboles afin de vous permettre de décoder les mots proposés.

Exemples : À partir du tableau ci-dessous, trouvez le sens de la phrase suivante :

✬✥✳ ✴✥✳✴✳ ✤✥ ✣✯✤✡✧✥ ✤✥✭✡✮✤✥✮✴ ✵✮✥ ✧✲✡✮✤✥ ✡✴✴✥✮✴☆✯✮
✥✴ ✵✮✥ ✲✡✰☆✤☆✴✥ ✤'✥✳✰✲☆✴

A	B	C	D	E	F	G	H	I	J	K	L	M	N	O	P	Q	R	S	T	U	V	W	X	Y	Z
✡	✢	✣	✤	✥	✦	✧	★	☆	✪	✫	✬	✭	✮	✯	✰	✱	✲	✳	✴	✵	✶	✷	✸	✹	✺

Après transcription, la phrase donne ceci :

Les tests de codage demandent une grande attention et une rapidité d'esprit.

À noter : Dans ce type d'exercice, vous pouvez procéder de deux manières.
La première consiste à effectuer une transcription des items dans l'ordre où ils apparaissent dans la phrase codée. C'est un décryptage dans l'ordre de la lecture.
Ici : ✬ = L ; ✥ = E ; ✳ = S ;
La seconde manière revient à remplacer lettre par lettre. Par exemple, on commence par remplacer tous les ✥ par des E. Cela permet d'avoir rapidement une trame de la phrase et il est souvent possible de trouver les lettres non décodées grâce au sens de la phrase. Il est conseillé de décoder les lettres les plus fréquentes : les voyelles principales (A, E, I, O et U) et les consonnes les plus répandues (S, T, N, R, L).

FICHE 23 Présentation

Lors de l'épreuve d'aptitude, en plus des aptitudes plutôt cognitives relatives au raisonnement et à la logique, on évalue vos aptitudes plus émotionnelles et affectives au moyen des tests de personnalité.

1. Définition

Les tests de personnalité ont pour ambition de dresser un tableau fidèle de votre personnalité en détectant les grandes dimensions de celle-ci.

Deux grandes familles de tests peuvent être définies. D'une part, les tests de personnalité de type « questionnaire » s'appuient le plus souvent sur des méthodes empruntées à la psychométrie, et, de ce fait, se basent sur les sommes de vos réponses et donnent souvent un score. D'autre part, d'autres tests sont davantage ancrés dans une approche clinique, et n'évaluent pas de façon quantitative mais plutôt de façon qualitative. C'est le cas notamment des tests projectifs.

2. Pourquoi des tests de personnalité dans un concours ?

En plus de vos compétences physiques ou intellectuelles, il est important de recruter un(e) candidat(e) qui ne présente pas de trouble de la personnalité majeur. De plus, certains profils de personnalité, tout en étant loin de présenter une quelconque pathologie ni le moindre trouble, peuvent s'avérer peu compatibles avec une profession particulière. Il s'agit alors de s'assurer de la bonne adéquation entre la personnalité et la profession à exercer.

3. Les tests de personnalité de type « questionnaire »

Les questionnaires sont souvent constitués de nombreux items. Ces questions portent sur différents thèmes et évaluent différents aspects de votre personnalité.

✔ Les thématiques les plus courantes

– Les différentes sphères de vie : famille, amis, relations professionnelles, loisirs

– L'adéquation avec le métier : les motivations à exercer la profession (à passer le concours), les intérêts professionnels, les connaissances du métier, la culture personnelle, vos croyances, opinions et attitudes

4. Les grandes dimensions de la personnalité qui sont évaluées

Cinq grandes dimensions de la personnalité sont souvent évaluées au moyen de différents tests. Il s'agit du modèle des « *big five* » :

1. **L'extraversion** : cette dimension se réfère à votre façon d'interagir avec votre environnement social. Elle est souvent évaluée sur un continuum allant d'introverti à extraverti.
2. **Le névrosisme** : cette dimension correspond à la stabilité émotionnelle. Un faible niveau de névrosisme correspond à une personne stable émotionnellement et peu sujette aux anxiétés et autres émotions négatives. Ces personnes présentent une sensibilité plus élevée que la moyenne, un seuil plus bas pour ressentir les émotions négatives, une plus grande propension à prendre des décisions non rationnelles dans l'élan de leurs émotions, et mettent davantage de temps pour réguler leurs émotions dysfonctionnelles. *A contrario*, un faible taux de névrosisme est caractéristique d'une grande stabilité et d'un contrôle émotionnels.
3. **L'agréabilité** : cette dimension renvoie à vos valeurs. Les personnes agréables sont appréciées de leur entourage, et considèrent les gens comme bons par définition. Elles n'osent pas prendre de décision qui pourrait aller à l'encontre des intérêts d'autrui. Les personnes désagréables, à l'opposé, sont plutôt considérées comme cartésiennes, voire froides, et pouvant faire preuve de suspicion, la nature humaine n'étant pas pour elles désintéressée.
4. **La conscience** : la conscience renvoie au caractère consciencieux qui va être opposé à l'impulsivité. Une personne consciencieuse sera méticuleuse et organisée, tandis qu'un individu plus impulsif pourra passer pour spontané, adaptable et réactif.
5. **L'ouverture à l'expérience** : une personne ouverte à l'expérience apprécie l'art, est curieuse intellectuellement et créative. À l'opposé, une personne peu ouverte à l'expérience est plus terre à terre, dans l'instant présent et ancrée dans la réalité.

Le test Néo-PI-R évalue ces cinq dimensions.

Quelques tests de personnalité classiques : le Label, Le PAPI, le 16 PF de Cattell.

À noter : Ces cinq grandes catégories peuvent se combiner afin d'élaborer un profil plus précis.

5. Les tests de personnalité dits projectifs

Les tests projectifs s'appuient sur une méthodologie non pas quantitative mais plutôt **qualitative**. L'idée des tests projectifs est qu'en décrivant une image, par exemple, vous allez vous projeter et parler de vous. Les tests les plus connus sont le test de Rorschach, plus communément appelé le « test des taches d'encre », le TAT (vous devez commenter des photographies et vous servir de ces dernières pour inventer le contexte de l'image et l'histoire que, selon vous, elle raconte), et le test de Rosenzweig (une planche de bande dessinée vous est présentée et vous devez dire comment vous réagiriez à la situation proposée).

FICHE 24

Comment répondre aux tests de personnalité

Répondre à des tests de personnalité n'est pas chose aisée et peut être perçu comme anxiogène pour de nombreux candidats. L'idée d'être évalué par un psychologue ne fait souvent qu'accroître la crainte. Voici dix conseils pour vous guider dans cette étape très importante pour votre concours, car, même si elle n'est pas notée, cette épreuve peut s'avérer décisive dans votre recrutement.

Les dix conseils pour répondre aux tests de personnalité

1. Soyez exhaustif : répondez à toutes les questions qui vous sont proposées. Il ne faut pas que vous sembliez dans l'évitement d'une interrogation un peu désagréable pour vous, sinon vous serez forcément interrogé davantage sur la difficulté que vous vouliez contourner. De même, lors de l'entretien avec le jury, ne tentez pas de paraphraser, ni de contourner la question qui vient de vous être posée. Cela serait perçu par les membres du jury et les inviterait à étayer sur la même thématique. Pour éviter de s'appesantir sur un thème, il est préférable d'y répondre rapidement.
2. Soyez spontané : quand une question vous est posée, prenez quelques instants pour réfléchir et éviter ainsi une réponse impulsive, ce qui pourrait vous desservir. Toutefois, il ne faut pas tomber dans l'excès et prendre un temps de réflexion trop long. Ceci pourrait faire croire à une volonté de contrôler ses propos et de fournir une réponse quelque peu stratégique. De plus, cela peut vous faire paraître comme une personne davantage dans la réflexion et très éloignée de l'action. Un savant mélange entre réflexion et spontanéité permettra de vous considérer comme quelqu'un de posé, réfléchi, honnête et réactif.
3. Soyez honnête : quand vous répondez à un test de personnalité, ne tentez pas de donner une réponse qui ne vous ressemble pas. Dans ces tests, il n'y a souvent pas de bonnes ni de mauvaises réponses. Il y a vos réponses, qui doivent refléter votre personnalité et correspondre à ce que vous êtes comme individu, au quotidien. Certains questionnaires ou inventaires de personnalité permettent au psychologue qui va les coter d'obtenir un indice de « désirabilité sociale » ou d'« honnêteté ». Un score élevé à cet indice ne montre pas une bonne image de vous. Il se peut que vous soyez tenté d'embellir certains aspects de votre situation ou de votre personnalité, mais cela ne doit pas être votre ligne de conduite, et ne doit être envisagé que lorsque cela pourrait être rédhibitoire pour la profession. Sachez donc reconnaître vos points faibles, rassurez le jury sur le fait que vous travaillez dessus, et surtout qu'ils ne constituent pas un problème dans l'exercice de votre profession.
4. Soyez affirmé : certains inventaires de personnalité laissent la possibilité au candidat de répondre de façon neutre à la question posée, en offrant, par exemple, une modalité de réponse « je ne sais pas », ou « sans opinion ». Ce genre de réponse est à éviter autant que

possible. Il est important de vous affirmer et de répondre de manière tranchée par l'une des propositions fournies. Il est également important de défendre ses opinions et expliquer ses choix, sans changer d'avis à chacune des questions du jury. Il n'est pas rare de voir des candidats prendre le contre-pied de leur argumentaire à la première demande de reformulation du psychologue. Quand le jury pose une question, cela ne veut pas dire que votre réponse était mauvaise. Cela peut simplement être une façon de vous demander de vous exprimer davantage sur la question, ou d'expliciter votre réponse.

5. **Soyez ouvert** : être affirmé ne veut pas dire manquer d'ouverture à autrui, ni aux situations nouvelles. Il est impératif de ne pas paraître rigide dans votre présentation. Un candidat affirmé est un candidat qui écoute les positions des autres, qui y est ouvert, et qui peut proposer un échange de nature argumentée. Montrez à vos interlocuteurs que vous admettez et comprenez leur position, certes différente de la vôtre, mais respectable.
6. **Soyez synthétique** : ne vous noyez pas dans des détails quand vous répondez aux questions qui vous sont posées. Soyez synthétique et répondez de manière concise. Il est primordial de faire la part des choses entre deux types de question : d'une part, les questions de réflexion, et d'autre part, les questions précises. S'il est normal de prendre quelques secondes de réflexion pour proposer une réponse structurée dans le premier cas de figure et de donner des détails qui permettent de mieux appréhender votre positionnement, il est anormal de passer plusieurs minutes pour réfléchir ou répondre à une brève question qui ne nécessite qu'une réponse précise. À question précise, réponse précise.
7. **Soyez concret** : quand vous êtes interrogé sur votre façon de réagir dans telle ou telle situation, ou que vous devez décrire un de vos traits de personnalité, soyez concret. Il vous est déjà arrivé de vous agacer, précisez dans quelle situation. Il est important de connaître les circonstances. En effet, si vous avez été agacé alors que la majorité des gens auraient souri, ou si vous vous êtes emporté dans une situation dans laquelle même un maître yogi aurait réagi comme vous, cela ne va pas donner la même image de vous. Illustrez vos propos.
8. **Soyez adéquat** : gardez en tête la profession que vous souhaitez exercer. S'il est vrai qu'il n'y a pas forcément de bonne réponse, ni de trait de personnalité préférable à un autre dans une situation générique, les membres du jury sont là pour évaluer l'adéquation entre votre personnalité, vos aptitudes et la profession à exercer. Positionnez-vous en tant que professionnel face au jury, et, dans toute mise en situation, projetez-vous de façon ciblée.
9. **Soyez maître de vous-même** : il est possible que certaines questions vous soient posées plusieurs fois, ou que certains propos vous paraissent offensants. Ceci est sans doute un choix de la part du jury qui vous teste. Restez calme, serein et maîtrisez votre respiration. Être maître de soi est une qualité indispensable pour la profession que vous souhaitez exercer.
10. **Soyez présent** : la présence est quelque chose d'essentiel lors d'un entretien. Comme pour tout entretien, vous devez être bien habillé, soigné, et utiliser un langage adapté à la situation. De plus, vous devez soutenir le regard des membres du jury, parler de façon audible, et être dans l'échange. Attention à votre posture. Lors d'un entretien, tant la communication verbale que la non verbale sont évaluées.

En conclusion, l'ultime conseil est de se préparer en suivant ceux décrits précédemment. Faites des simulations avec vos proches. Habituez-vous à répondre à des questions délicates et à parler de vous. Enfin, soyez flexible et ayez confiance en vous.

QCM

20 min

2 points par bonne réponse pour les questions 1 à 5 et 1 point par bonne réponse pour les questions 6 à 10 ; – 0,5 point par erreur.

1. Quel mot complète l'analogie verbale ?

Horodateur est à *stationnement* ce que *radar* est à ?

❒ **a.** voiture
❒ **b.** régulateur
❒ **c.** vitesse
❒ **d.** sécurité

2. Quel est le domino manquant ?

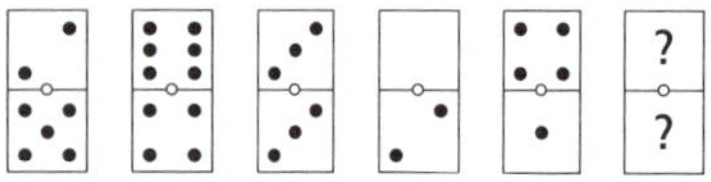

❒ **a.** 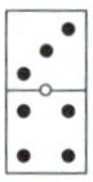

❒ **b.** 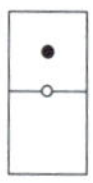

❒ **c.** 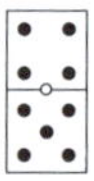

❒ **d.** 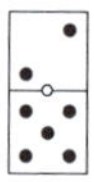

3. Quelle figure complète l'analogie logique ?

a. 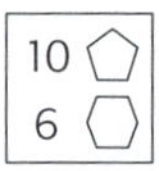

b. 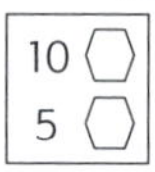

c. 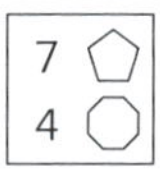

d. 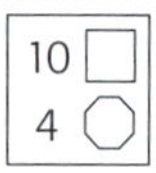

4. Quelle proposition complète la série de façon logique ?

GENDARME = TVMWZINV
POLICIER = ?

❒ **a.** KLORXPUI
❒ **b.** KLORXRUI
❒ **c.** KLOPXRVI
❒ **d.** KLORXRVI

5. Quelle proposition complète la série de façon logique ?

chat chien souris léopard ?

❒ **a.** girafe
❒ **b.** crocodile
❒ **c.** éléphant
❒ **d.** reptile

6. Quelle figure complète la matrice ?

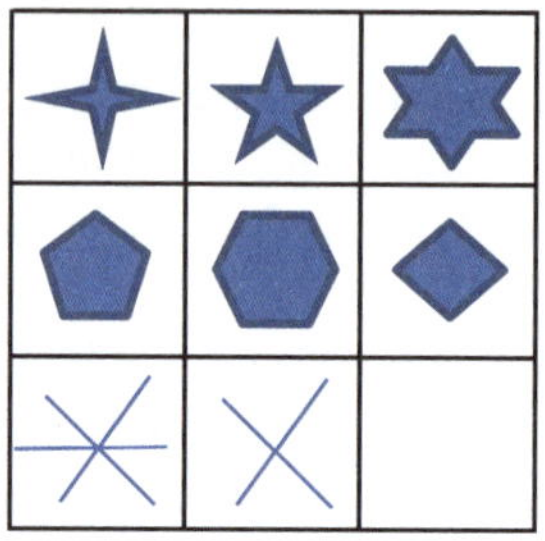

a. 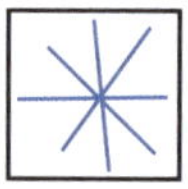
b. 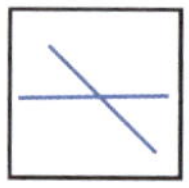
c. 
d. 

7. Trouvez quel élément complète la figure.

3	4
2	24

4	5
7	140

6	?
3	?

a.

3
45

b.

2
32

c.

3
64

d.

2
36

8. Trois sportifs comparent leurs performances : Pierre court à 250 mètres par minute, Paul court à 3,33 mètres par seconde et Jacques court à 14 kilomètres par heure. Quel est le palmarès du moins rapide au plus rapide ?

❒ **a.** Pierre, Paul et Jacques
❒ **b.** Paul, Jacques et Pierre
❒ **c.** Jacques, Pierre et Paul
❒ **d.** Paul, Pierre et Jacques

9. J'ai payé 252 € un produit alors qu'il bénéficiait d'une remise de 30 %. Quel était son prix initial ?

❒ **a.** 360 €
❒ **b.** 327,60 €
❒ **c.** 345 €
❒ **d.** 410 €

10. Un cycliste parcourt 20 km. Sur les cinq premiers kilomètres, il roule à 10 km/h. À quelle vitesse doit-il parcourir les 15 kilomètres restants pour avoir une vitesse moyenne de 15 km/h sur les 20 kilomètres ?

❒ **a.** 15 km/h
❒ **b.** 18 km/h
❒ **c.** 20 km/h
❒ **d.** 25 km/h

→ *Retrouvez les corrigés en p. 112*

EXERCICES

EXERCICE 1 ★★★ 5 min

Parmi les vingt opérations suivantes, combien sont fausses ?

874 + 106 = 980
469 + 452 = 821
521 + 319 = 840
934 + 377 = 1 311
1 098 + 251 = 1 359
119 – 88 = 31
647 – 433 = 214
892 – 699 = 283
2 003 – 118 = 1 885
1 854 – 785 = 1 169
27 × 7 = 189
42 × 24 = 1 008
72 × 33 = 2 376
150 × 76 = 11 400
319 × 11 = 2 509
345 ÷ 5 = 68
952 ÷ 4 = 238
1 608 ÷ 12 = 134
2 628 ÷ 12 = 227
4 896 ÷ 48 = 102

EXERCICE 2 ★☆☆ 1 min

Lucas vient d'acheter un coffret de sa série TV préférée. Chacun des six disques blu-ray contient trois épisodes. Le temps total de la série est de 756 minutes. Quelle est la durée de chaque épisode ?

EXERCICE 3 ★★☆ 2 min

Sébastien reçoit 12 000 € en héritage. Il donne un cinquième de la somme à chacun de ses deux enfants. Il achète une voiture d'occasion à 4 800 € et place le reste. Quel pourcentage de l'héritage a-t-il placé ?

EXERCICE 4 ★★☆ 1 min

Simplifiez $\dfrac{\frac{2}{5}+\frac{3}{4}}{\frac{6}{2}-\frac{5}{3}}$

EXERCICE 5 ★★★ 5 min

Anthony souhaite faire de la musculation. Son programme matinal est composé de cinq séries de 12 mouvements pour muscler ses abdominaux du haut, quatre séries de 16 mouvements pour les abdominaux du bas et quatre séries de 20 mouvements pour les abdominaux du milieu. Il exécute ce programme un matin sur deux. Le premier février 2018, il commence son programme. Combien de mouvements va-t-il exécuter durant le mois ?

EXERCICE 6 ★★★ 1 min

Quel est le domino manquant ?

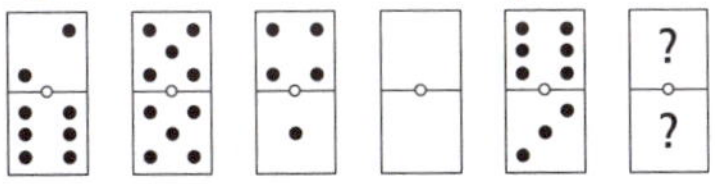

EXERCICE 7 ★★★ 2 min

Quel nombre complète la figure de façon logique ?

3	7	4	6
2	12	15	5
10	19	23	5
7	2	15	?

EXERCICE 8 ★☆☆ 1 min

En observant son chevalet de scrabble, Audrey se demande combien de combinaisons de trois lettres il serait possible de faire à partir des sept lettres présentes. Sans se soucier du sens des mots, quel est le nombre de combinaisons de trois lettres qu'elle pourrait placer sur le plateau ?

EXERCICE 9 ★★☆ 2 min

À partir des indices suivants, rangez les cinq personnes selon leur taille, du plus petit au plus grand.

Clément est plus grand que Jade, qui est plus grande qu'Ethan, qui est plus petit que Nina, elle-même plus petite que Lucas, qui n'est pas le plus grand. Jade est plus petite que Lucas mais plus grande que Nina.

EXERCICE 10 ★★★ 1 min

Quel nombre complète la figure ?

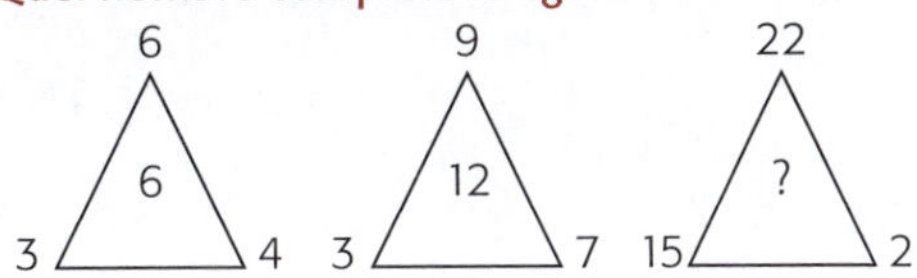

→ *Retrouvez les corrigés en p. 112*

CORRIGÉS

QCM

CORRIGÉ

1 c.	2 b.	3 d.	4 d.	5 c.
6 c.	7 d.	8 b.	9 a.	10 b.

EXERCICES

EXERCICE 1

7 opérations sont fausses :
469 + 452 = 921
1 098 + 251 = 1 349
892 – 699 = 193
1 854 – 785 = 1 069
319 × 11 = 3 509
345 ÷ 5 = 69
2 628 ÷ 12 = 219

EXERCICE 2

756 ÷ (3 × 6) = 42.
Un épisode dure 42 minutes.

EXERCICE 3

Il va placer 20 %. Il donne un cinquième, soit 2 400 € à chacun de ses deux enfants. Il lui reste 7 200 €. Après l'achat de la voiture, il lui reste 2 400 €. Cela correspond au cinquième donné à chacun des enfants, et donc à 20 % du montant de l'héritage.

EXERCICE 4

$$\frac{\frac{2}{5}+\frac{3}{4}}{\frac{6}{2}-\frac{5}{3}} = \frac{\frac{8}{20}+\frac{15}{20}}{\frac{18}{6}-\frac{10}{6}} = \frac{\frac{23}{20}}{\frac{8}{6}} = \frac{\frac{23}{20}}{\frac{4}{3}} = \frac{23}{20} \times \frac{3}{4} = \frac{69}{80}$$

EXERCICE 5

Il va exécuter 2 856 mouvements en suivant son programme.
Il va réaliser 60 + 64 + 80 mouvements par jour de pratique, soit 204 mouvements. Le mois étant constitué de 28 jours, il va pratiquer son activité physique 14 jours. 204 × 14 = 2 856.

EXERCICE 6

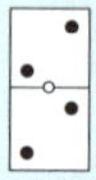

Explication 1
Deux suites en ligne avec alternance + 3 et – 1.
Explication 2
Si l'on regarde un domino sur deux, il y a deux suites croisées en faisant + 2.

EXERCICE 7

3	7	4	6
2	12	15	5
10	19	23	5
7	2	15	3

Chaque nombre présent dans le petit carré du centre est égal à la somme des trois nombres autour. Ainsi, 23 = 15 + 5 + 3.

EXERCICE 8

Il y a 210 trigrammes différents à partir des sept lettres du chevalet. Il y a sept possibilités pour la première lettre, puis six pour la deuxième et cinq pour la troisième. Il faut donc multiplier 7 par 6 puis par 5.

EXERCICE 9

Du plus petit au plus grand : Ethan, Nina, Jade, Lucas et Clément.

EXERCICE 10

Le produit des deux valeurs des deux sommets de la base du triangle est égal à la somme du nombre du centre et du sommet.
15 × 2 = 22 + ?
30 = 22 + ?
? = 8

Chapitre 4
Inventaires de personnalité (concours externe et interne)

Fiche de méthode

Entraînements

FICHE

Méthodologie

Les candidats admissibles au concours de sous-officier de gendarmerie doivent répondre à deux inventaires de personnalité. Ces inventaires ne sont pas notés. Ils seront utilisés par le psychologue dans le cadre de l'entretien qui suivra avec le candidat.

1. La vocation des inventaires de personnalité

La vocation essentielle des inventaires de personnalité est d'**évaluer les traits dominants de la personnalité du candidat et ses capacités d'adaptation**. Les inventaires de personnalité sont conçus et interprétés par des psychologues afin de déterminer les grands traits de votre personnalité.

Les missions de sous-officier de gendarmerie, les risques potentiellement encourus, le travail en équipe, les responsabilités exercées et les pouvoirs dévolus aux agents de l'autorité sont autant d'éléments qui impliquent de retenir des **candidats au profil psychologique équilibré, stable et résilient** dans les moments délicats.

Ainsi, lors des inventaires de personnalité, des questions porteront sur des éléments psychologiques importants pour un sous-officier de gendarmerie, comme le **dynamisme**, la **gestion du stress**, la **capacité d'adaptation**, la **sociabilité**, l'**aptitude à l'exercice de l'autorité**, l'**esprit d'équipe** et la **force de caractère**.

De même, il est essentiel de détecter un trouble majeur de la personnalité. Sans même que ce trouble présente de dangerosité ou de caractère pathologique, il peut s'avérer peu ou pas compatible avec la profession de gendarme. Il se peut également que la structure générale de la personnalité d'un individu ne soit pas suffisamment en adéquation avec les attentes propres au métier de sous-officier de gendarmerie.

2. Savoir répondre aux questions des inventaires de personnalité

Dans la mesure où il s'agit de questions de personnalité, cette épreuve ne se prépare pas véritablement.

En revanche, il vous faut absolument être conscient qu'il vous faudra **répondre avec sincérité et spontanéité** aux questions posées, même si elles sont parfois **très personnelles**. Les questions peuvent en effet vous renvoyer à votre vie affective, votre image de vous-même ou à des épreuves passées.

S'agissant des questions de **mise en situation professionnelle** qui pourraient vous êtes posées, nul besoin d'être déjà gendarme ou spécialement préparé pour y répondre. Des questions peuvent également porter sur votre comportement dans certaines circonstances de la vie : différend avec un ami, annonce d'un décès, injustice vécue personnellement ou par un proche…

De façon générale, répondez toujours selon votre ressenti et après un court moment de réflexion. Bien souvent, la réponse est entre deux propositions, vous devrez donc choisir celle qui vous semble la plus appropriée. Ne soyez pas embarrassé si, entre deux réponses à des questions différentes, vous pensez vous contredire.

La **sincérité** sera toujours de mise : les questions des deux inventaires de personnalité sont toutes établies par des professionnels. Elles se recoupent parfois : la même question est posée différemment à deux endroits distincts des inventaires. Qui plus est, le psychologue reviendra sur ces questions et sur vos réponses au cours de l'entretien qui suivra. Par conséquent, un candidat qui se montrerait dissimulateur ou, à plus forte raison, menteur sera forcément détecté.

Enfin, la liste des questions posées peut être **très longue**. Il n'est pas certain que vous puissiez répondre à toutes les questions des deux inventaires de personnalité dans le temps imparti. Ne soyez pas stressé si tel est le cas, notamment lors de l'entretien qui suit avec le psychologue.

3. La typologie des questions des inventaires de personnalité

La liste des questions posées peut être très longue. De manière générale, les questions portent sur les éléments suivants :
- les relations interpersonnelles (la famille, les amis et les collègues) ;
- les loisirs et les goûts personnels ;
- les motivations à exercer la profession ;
- les croyances et opinions ;
- le parcours de vie et les émotions vécues ;
- les attitudes face à un événement particulier ;
- l'image de soi et la confiance en soi ;
- l'aptitude à composer avec les autres ;
- le comportement face aux difficultés et au danger ;
- la stabilité des émotions ;
- la faculté de jugement (au sens de la capacité à prendre rapidement des décisions rationnelles et moralement justes) ;
- la capacité d'interagir avec l'environnement social (être introverti ou extraverti, avec toutes les attitudes intermédiaires).

Il est normal que certaines questions, posées quelque peu différemment, soient identiques ou se recoupent.

Les inventaires de personnalité sont construits sur la base de questionnaires à choix multiples (vrai/faux, oui/non/je ne sais pas…) ou à préférence (choix parmi des réactions, des affirmations, des adjectifs…).

Les inventaires de personnalité sont désormais réalisés informatiquement. Leurs résultats seront communiqués au psychologue, qui les interprétera (sous la forme d'un graphique ou d'un tableau de scores dans différents items) en vue de l'entretien avec le candidat.

QUESTIONS COMMENTÉES

1. Avez-vous peur des armes à feu ?

2. Vous est-il difficile de pardonner une méchanceté qui vous était destinée ?

3. Pouvez-vous vous sentir oppressé dans la foule ?

4. Vous mettez-vous facilement en colère ?

5. Avez-vous déjà envié d'autres personnes ?

6. Êtes-vous toujours à l'écoute des autres ?

7. Avez-vous déjà pensé au suicide ?

8. Pensez-vous que vous êtes un leader naturel ?

9. Avez-vous déjà pris des risques de manière inconsidérée ?

10. Pensez-vous d'abord au bon côté des choses ?

→ *Retrouvez les corrigés en p. 117*

CORRIGÉS

Questions commentées

1. En école de gendarmerie, vous apprendrez à vous servir de votre arme à feu, ce qui limitera ce qui pourrait être perçu comme une crainte légitime. De même, une arme est évidemment dangereuse.

2. La vie en collectivité – d'une manière générale en famille et en société – implique de savoir pardonner.

3. Un gendarme doit savoir évoluer dans la foule, même hostile. On peut ici penser plus particulièrement aux missions qui sont celles des gendarmes mobiles lors des maintiens de l'ordre.

4. La Gendarmerie nationale est à la recherche de profils stables et capables de garder leur calme dans des situations délicates, comme un contrôle d'identité de jeunes désœuvrés dans une cité sensible.

5. Il est normal d'avoir déjà envié autrui. Il faut être franc sur ce point, le cas échéant. On peut d'ailleurs être satisfait de sa vie personnelle tout en ayant déjà occasionnellement envié d'autres personnes.

6. Il est difficile d'être toujours à l'écoute des autres (l'adjectif « toujours » est important dans cette question).

7. Il convient d'être franc dans la réponse à cette question éminemment délicate.

8. La Gendarmerie nationale est nécessairement composée de profils variés. Tout le monde ne peut pas être un leader naturel, tout en étant capable d'être un excellent gendarme.

9. Pour un gendarme, il est des situations dans lesquelles la prise de risque est nécessaire et justifiée (exemple : intervention lors d'un vol à main armée dans un établissement bancaire). Dans ce cas, la prise de risque est collective, indispensable et exercée selon un protocole d'intervention. En revanche, toute prise de risque inconsidérée dans la vie privée (exemples : faire de la moto sans casque, sports extrêmes sans strict respect des règles de sécurité…) est à proscrire. La Gendarmerie nationale est à la recherche de profils stables et sachant faire preuve de discernement.

10. Pour cette question, peu importe que l'on soit d'un naturel plutôt optimiste ou plutôt pessimiste. Ici aussi, l'essentiel reste de se montrer sincère. Le tout est également de ne pas tomber dans l'excès : optimisme béat empêchant de percevoir les aspects négatifs de l'être humain ou de la société, ou bien pessimisme foncier freinant toute velléité d'action et conduisant à la dépression.

QUESTIONS NON COMMENTÉES

1. La nouveauté vous stimule-t-elle ou vous inquiète-t-elle ?

2. Pensez-vous valoir mieux que beaucoup d'autres ?

3. Pensez-vous que certaines personnes vous détestent ?

4. La hiérarchie est-elle toujours indispensable ?

5. Un de vos collègues boit pendant le service, est-ce que vous en informez votre supérieur hiérarchique ?

6. Vous arrive-t-il de prendre une décision importante sur un coup de tête ?

7. Pour vivre libre, a-t-on besoin de règles et de contraintes ?

8. Avez-vous besoin d'une certaine pression pour travailler ?

9. Peut-on vous qualifier d'énergique ?

10. L'humour doit-il avoir des limites ?

11. Aimez-vous affirmer votre point de vue sur les choses ?

12. Avez-vous déjà pensé du mal de quelqu'un ?

13. Vous sentez-vous l'âme d'un chef ?

14. Êtes-vous quelqu'un de spontané ?

15. Est-ce que vous pouvez passer une journée entière sans sortir de chez vous ?

16. Êtes-vous superstitieux ?

17. Pensez-vous que toutes les vérités sont bonnes à dire ?

18. Êtes-vous toujours content de vous ?

19. Faites-vous souvent le premier pas après une dispute ?

20. Pleurez-vous souvent ? Ou jamais ?

21. Croyez-vous en l'astrologie ?

22. Vous confie-t-on souvent des secrets ?

23. Vous arrive-t-il de vous mettre en colère ?

24. Vous arrive-t-il de faire en sorte de réconcilier des personnes qui se sont disputées ?

25. Préférez-vous la ville ou la campagne ?

26. Vous arrive-t-il de boire de l'alcool ?

27. Votre cousin franchit un feu rouge devant vous, alors que vous êtes en service. Est-ce que vous le verbalisez ?

28. Avez-vous le goût du risque ?

29. Avez-vous quelqu'un à qui vous confier ?

30. Réfléchissez-vous beaucoup avant d'agir ?

31. Votre chambre est-elle toujours rangée ?

32. Vous arrive-t-il de vous sentir vidé d'énergie à votre réveil ?

33. Essayez-vous toujours de comprendre les autres ?

34. Pensez-vous être facile à vivre ?

35. Pensez-vous avoir de nombreux amis ?

36. Est-ce que vous voyez régulièrement des médecins ?

37. Aimez-vous vous débrouiller tout seul pour le plus de choses possibles ?

38. Pensez-vous que la liberté d'expression doit être sans limite ?

39. Vous arrive-t-il de tricher ?

40. Avez-vous le sentiment d'avoir réussi votre vie jusqu'ici ?

41. Est-ce que vous ne vous vexez pas facilement ?

42. Préférez-vous travailler seul ou en équipe ?

PARTIE 1

Préparation aux épreuves

Chapitre 5
Entretien avec un psychologue (concours externe et interne)

Fiche de méthode

Entraînements

FICHE

Méthodologie

L'entretien avec le psychologue a pour vocation de comprendre le parcours du candidat, sa motivation pour devenir sous-officier de gendarmerie, sa personnalité et sa capacité à assurer les missions de la Gendarmerie nationale.
Par la suite, cet entretien pourra servir à orienter l'entretien avec le jury.

1. La nature et l'objectif de l'entretien avec le psychologue

L'entretien avec le psychologue est l'une des étapes de la phase d'admission du concours de sous-officier de gendarmerie. Cet entretien individuel dure environ **30 minutes** et se déroule en **face-à-face avec un psychologue**.

Cet entretien n'est pas noté. Ce n'est pas le psychologue qui va déterminer si vous feriez ou non un bon sous-officier de gendarmerie : il est donc essentiel de l'aborder de manière détendue, sans aucune pression sur les épaules.

La discussion avec le candidat est librement orientée par le psychologue. Il utilisera notamment comme **base de départ les deux inventaires de personnalité** réalisés précédemment par le candidat.

Il est normal que la perspective d'un entretien avec un psychologue puisse angoisser un certain nombre de candidats. Il convient de rappeler que cet entretien se déroulera de manière cordiale et bienveillante.

L'objectif de cet entretien est essentiellement de **mieux vous connaître**, et non pas de vérifier votre adéquation à une hypothétique grille pré-formatée de profil psychologique. Une telle grille n'existe pas. L'objectif de l'institution est de disposer de profils variés, capables de travailler collectivement en endurant les difficultés du métier.

Les questions concerneront essentiellement votre **parcours personnel**, vos **motivations** pour servir en gendarmerie et votre **manière de réagir** à telle ou telle situation.

De plus, compte tenu des prérogatives juridiques et judiciaires des gendarmes à l'égard de leurs concitoyens, des situations potentiellement dangereuses, du travail en équipe et du port quotidien de l'arme, il est indispensable que les candidats fassent l'objet d'un entretien avec un psychologue et d'une évaluation spécifique au travers des deux inventaires de personnalité.

2. Se préparer à l'entretien avec le psychologue

L'entretien avec le psychologue se prépare de la même manière que l'oral avec le jury, en réfléchissant au préalable à vos motivations personnelles et aux éléments positifs que vous pouvez apporter à la Gendarmerie nationale.

De même, il est absolument essentiel de **répondre de manière réfléchie et avec une totale franchise** aux questions qui vous seront posées. N'oubliez pas que le psychologue est un professionnel averti, qui détectera très facilement les candidats qui ne se montreraient pas sincères. Répondez donc de manière détendue, en cherchant véritablement à engager un dialogue avec le psychologue.

Le jour de l'entretien, portez une **tenue correcte** dans laquelle vous vous sentirez à l'aise. De même, apprenez à vous tenir de manière appropriée même si vous êtes un peu tendu : pas de bras croisés, regard en direction de l'interlocuteur et dos bien droit sur la chaise (pas de position en retrait).

3. Les questions posées lors de l'entretien avec le psychologue

Comme vous le remarquerez, beaucoup de questions posées par le psychologue seront très proches – voire identiques – à celles posées lors des deux inventaires de personnalité.

De même, lors de l'entretien avec le jury, plusieurs questions pourront être les mêmes ou se ressembler beaucoup.

Dans tous les cas, montrez-vous franc, courtois et clair dans vos réponses. Elles traduiront une personnalité équilibrée et constante.

QUESTIONS COMMENTÉES

Montrez-vous naturel, sincère et spontané.

1. Vous vous sentez supérieur aux autres.

2. Vous préférez être organisé plutôt que flexible.

3. Au quotidien, vous être très motivé et plein d'énergie.

4. Cela ne vous dérange pas d'être le centre de l'attention.

5. Les gens peuvent rarement vous faire changer d'avis.

6. Votre humeur peut changer très rapidement.

7. Vous vous inquiétez rarement des conséquences de vos actions sur les autres.

8. Vous êtes une personne relativement calme et réservée.

9. Lors d'un travail d'équipe, il est plus important d'avoir raison que d'être coopératif.

10. Vous avez des difficultés à vous présenter à de nouvelles personnes.

11. Vous vous efforcez de répondre le plus rapidement possible à vos e-mails et n'aimez pas que votre boîte de messagerie soit mal ordonnée.

→ *Retrouvez les corrigés en p. 123*

CORRIGÉS

Questions commentées

1. Répondre « oui » à cette question peut vous sembler donner une image négative de vous. Mais une réponse positive peut aussi traduire de la confiance en soi. Aussi, encore une fois, il est important de répondre conformément à sa propre perception personnelle.

2. Bien entendu, il est aussi important d'être organisé que d'être flexible. La gendarmerie nationale a autant besoin de personnels organisés que de personnels capables de souplesse.

3. Ne voyez pas cette question comme une question à laquelle il vous faut répondre absolument « oui ». N'oubliez pas qu'un psychologue est un professionnel averti. Il ne faut donc pas mentir et risquer de vous contredire par rapport à des réponses à d'autres questions de personnalité ou quant à l'image que vous donnerez de vous lors de l'oral avec le jury.

4. Cette question est en lien avec la confiance en soi, mais peut aussi renvoyer à une certaine forme de narcissisme.

5. Si on doit pouvoir défendre un point de vue personnel, il vous faut aussi savoir écouter les opinions des autres. Un gendarme doit à la fois être un agent de l'autorité et être ouvert.

6. La stabilité émotionnelle est un élément psychologique très important pour un gendarme.

7. Les gendarmes travaillent quotidiennement en équipe. Il faut absolument savoir composer avec les autres et les prendre en compte. Pour autant, un gendarme peut être amené à sanctionner autrui et doit savoir le faire de manière impartiale.

8. Cette attitude, comme son contraire (le caractère extraverti), est tout à fait légitime. Ne dramatisez donc pas les questions : répondez selon vos intuitions personnelles et l'image que vous avez de vous-même.

9. Le propre du travail en équipe est de coopérer afin de réaliser un objectif commun, quelles que soient les opinions de chacun.

10. La timidité ou un certain manque de confiance de soi peut être compréhensible. Répondez donc ici avec sincérité car ces traits de personnalité peuvent être évalués par d'autres questions et il ne faut pas vous contredire.

11. La rigueur est toujours appréciable. Même si la capacité à composer avec un certain désordre traduit une faculté d'adaptation qui reste indispensable à tout gendarme.

QUESTIONS NON COMMENTÉES

1. Qui êtes-vous ?

2. Que pensez-vous de la souffrance animale ?

3. Pensez-vous avoir une bonne image de vous-même ?

4. Savez-vous facilement dire non à des proches ?

5. Pour quelles raisons aimeriez-vous travailler dans la gendarmerie ?

6. Que savez-vous au sujet de la gendarmerie ?

7. Quel type de chef préférez-vous avoir ?

8. Avez-vous déjà eu des idées noires ?

9. Quel autre métier auriez-vous pu exercer ?

10. Pensez-vous être ambitieux ?

11. Pensez-vous avoir eu de la chance dans votre vie ?

12. Parlez-moi de vous.

13. Quel est votre principal atout ?

14. Quelle est votre principale faiblesse ?

15. La solde d'un gendarme est-elle suffisante selon vous ?

16. Comment vos proches vous décrivent-ils ?

17. Si vous deviez recommencer vos études, choisiriez-vous les mêmes ?

18. Avez-vous l'intention de reprendre vos études ?

19. Avez-vous rencontré des difficultés au cours de votre scolarité ? Si oui, lesquelles et pourquoi ?

20. Quel genre d'élève étiez-vous au lycée ?

21. Quelles sont vos motivations pour entrer dans la gendarmerie ?

22. Quelle mission de la gendarmerie vous attire le plus ?

23. Quel projet de carrière auriez-vous ?

24. Comment réagiriez-vous face à un mort ?

25. Selon vous, qu'est-ce qui est le plus dur dans le métier de gendarme ?

26. Quels sont vos principaux objectifs dans la vie ?

27. Que pensez-vous apporter à la Gendarmerie nationale ?

28. Que changeriez-vous dans votre parcours scolaire si vous le pouviez ?

29. Que changeriez-vous dans votre parcours personnel si vous le pouviez ?

30. Avez-vous une passion ?

31. Êtes-vous du genre à vous faire des amis facilement ?

32. Quelle est selon vous la principale difficulté du métier de gendarme ?

33. Est-ce qu'un gendarme peut se montrer violent ?

34. Pourriez-vous facilement travailler sous les ordres d'une femme ?

35. Pensez-vous avoir une bonne image de vous ?

36. Comment pensez-vous rassurer une femme victime de violences conjugales qui est très réticente à déposer plainte ?

37. Quel comportement adopter lors de l'interpellation d'un individu soupçonné de maltraitances sur des jeunes enfants ?

PARTIE 1

Préparation aux épreuves

Chapitre 6
Évaluation numérique
(concours externe et interne)

Fiche de méthode

Fiches de cours

Entraînements

FICHE 1

Se préparer à l'épreuve

1. Présentation de l'épreuve

L'arrêté du 25 février 2020 a introduit une nouvelle épreuve d'admission : l'épreuve d'évaluation numérique. L'épreuve d'aptitude numérique prend la forme d'un questionnaire à choix multiples (QCM). Le questionnaire à choix multiples s'effectue de manière dématérialisée.

Le QCM comporte 20 questions.

Cette épreuve dure 30 minutes et est affectée d'un coefficient 1. Il n'existe pas de note éliminatoire pour cette épreuve.

Cette épreuve vise à évaluer les connaissances et à mesurer les compétences numériques du candidat.

Selon l'arrêté du concours de sous-officier de gendarmerie, « il est attendu des candidats qu'ils détiennent les fondamentaux de la culture web, de l'environnement numérique, de la protection et de la sécurité informatique ».

2. Les connaissances à acquérir

Il n'existe pas de programme officiel de l'épreuve d'aptitude numérique. Si l'on reprend les termes de l'arrêté du concours, il est possible d'établir ainsi les connaissances essentielles à maîtriser :

- les fondamentaux de la culture web : savoir utiliser un ordinateur, connaître les principaux termes techniques et les opérations informatiques les plus courantes ;

- la culture numérique : savoir utiliser un ordinateur, connaître les principaux termes techniques, les périphériques et les logiciels les plus courants ;

- la protection et la sécurité informatique : être conscient des dangers de l'informatique et de l'usage d'Internet, savoir protéger son ordinateur et son propre usage d'Internet, être capable de protéger sa confidentialité et ses données, savoir utiliser de manière responsable les réseaux sociaux.

3. Approfondir ses connaissances

Pour approfondir ses connaissances informatiques, rien ne remplacera un usage quotidien de l'outil informatique et d'Internet. En pratiquant, vous apprendrez à la fois les techniques, les termes, les noms des produits (logiciels, navigateurs, etc.).

Il vous faudra connaître :

- les fonctionnalités de base d'un ordinateur : allumer et éteindre, créer, copier et transférer des fichiers, etc. ;

- les principaux périphériques et leurs usages : souris, imprimante, clé USB, casque audio, scanner, disque dur externe, etc. ;

- les logiciels d'exploitation : connaître leur nom (Android, Windows, Mac OS, Linux, etc.) ;

- les logiciels de bureautique : ils sont très nombreux et peuvent concerner le traitement de texte, les tableurs, la retouche photo, le dessin, la création de diaporama, la mise en place d'agenda, etc. ;

- les logiciels de navigation sur Internet : connaître leur nom (Chrome, Internet Explorer, Mozilla, etc.) et savoir naviguer sur Internet.

Les candidats doivent ainsi connaître les principaux éléments physiques de l'environnement numérique. Ces éléments sont très nombreux et variés : un écran, un clavier, une unité centrale, la souris, un PC, une tablette, une souris, un haut-parleur, une clé USB, un disque dur externe…

Certains de ces éléments sont des périphériques d'entrée servant à saisir ou communiquer des données vers l'ordinateur : un clavier, un scanner, une tablette graphique, un microphone, une caméra, une souris…

D'autres éléments servent à transmettre des données venant de l'ordinateur : des enceintes, un écran, un casque audio, une imprimante…

Enfin, il existe des périphériques utilisés pour le stockage des données : un disque dur externe, une clé USB, une carte SD, un CD-ROM…

Il n'est pas nécessaire aux candidats d'avoir une connaissance approfondie de tous les éléments de l'environnement numérique. Ils doivent uniquement connaître leur nom et leur rôle.

De même, il est important de savoir le sens général des termes techniques les plus usités : formater, lien URL, copier-coller, forward, adresse IP…

Enfin, il est important de connaître les principales règles de sécurité en matière d'informatique et de navigation sur Internet.

Deux sites sont utiles pour se former davantage :

- le site public https://pix.fr/ offre la possibilité de mieux développer ses compétences numériques au travers de questionnaires et de formations ;

- en matière de cybersécurité, le site de l'Agence nationale de sécurité des systèmes d'information (ANSSI) : https://www.ssi.gouv.fr/. Ce site dispose d'un grand nombre de formations en ligne pour tout type de public.

FICHE 2 La sécurité informatique

La sécurité informatique concerne à la fois les ordinateurs, les tablettes et les smartphones. Elle vise notamment à protéger les utilisateurs contre le piratage à des fins de vol ou de destruction de données (notamment par des hackers), de chantage, d'escroquerie et d'usurpation d'identité numérique (notamment au moyen de la technique du phishing).

Le respect de plusieurs règles permet de renforcer considérablement la sécurité informatique.

1. Les mots de passe

Le mot de passe est l'une des premières mesures de sécurité pour protéger les données personnelles (mot de passe pour verrouiller l'accès à l'ordinateur, et puis pour certains dossiers et fichiers). Plus être sécurisé, un mot de passe doit être complexe. Celui-ci doit :

- comporter 12 caractères minimum ;
- mélanger chiffres, lettres et caractères spéciaux ;
- être anonyme (pas de date de naissance, de prénom des enfants…).

Chaque mot de passe doit être spécifique à un usage particulier et il importe de les changer régulièrement.

De même, en cas d'absence de l'utilisateur devant l'écran, il est nécessaire de verrouiller à nouveau l'accès à l'ordinateur.

2. Le cryptage des données

En cas de perte ou de vol d'un ordinateur ou d'un appareil, seul le cryptage (ou chiffrement) des données contenues dans votre appareil empêchera une personne mal intentionnée ayant contourné les codes d'accès d'accéder aux données.

Le cryptage est également utile pour les périphériques de stockage de données (clé USB, disque dur externe…).

3. Les mises à jour, pare-feu et antivirus

En matière de sécurité informatique, il est absolument nécessaire d'effectuer des mises à jour régulières du système d'exploitation de son ordinateur. En principe, celles-ci sont faites automatiquement, mais il est toujours utile d'en lancer périodiquement. Les mises à jour concerneront également les navigateurs internet et les logiciels.

De même, il est indispensable de mettre en place un pare-feu. Un pare-feu (firewall ou garde-barrière) est un outil permettant de protéger un ordinateur connecté à un réseau ou à Internet. Il protège d'attaques externes (filtrage entrant) et souvent de connexions illégitimes à destination de l'extérieur (filtrage sortant) initialisées par des programmes ou des personnes.

Il est en outre indispensable de recourir à un antivirus pour chaque ordinateur. Un antivirus est un logiciel conçu pour identifier, neutraliser et éliminer des logiciels malveillants (dont les virus informatiques ne sont qu'une catégorie).

Un bon antivirus doit avoir la capacité de protéger un ordinateur de l'ensemble des différents types de fichiers malveillants, à savoir :

- les virus, qui peuvent être dissimulés derrière des logiciels d'apparence ordinaire ;
- les vers, qui sont souvent introduits au moyen des pièces jointes des courriers électroniques ;
- les chevaux de Troie (ou trojan), qui permettent d'accéder aux données d'un ordinateur, voire d'en prendre totalement le contrôle ;
- les spywares (ou logiciels espions), qui communiquent aux pirates les données personnelles.

4. La conservation de données

Pour être pleinement sécurisées, les données doivent être sauvegardées sur des supports externes (clé USB, disque externe, CD-ROM...). Ces supports externes doivent être gardés dans des endroits sécurisés, notamment par rapport aux risques de vol et d'incendie.

Il est également possible de stocker en ligne ses données (dans un cloud), mais cette méthode n'offre pas les mêmes niveaux de sécurité que la sauvegarde sur des supports externes déconnectés.

FICHE 3 Internet et les réseaux sociaux

1. Internet

La première mesure de sécurité est de ne pas se rendre sur des sites douteux ou illégaux. Les sites pornographiques et les sites pirates de téléchargement, de streaming et de vidéos à la demande sont des pourvoyeurs fréquents de virus informatiques.

L'accès aux sites sécurisés (exemple : banques, réseaux sociaux, messagerie électronique, sites marchands…) se fait par login (nom identifiant l'utilisateur) et par mot de passe. Un mot de passe est un facteur mémoriel d'authentification pour utiliser une ressource ou un service dont l'accès est limité et protégé. Couplé avec le login, il fait de la connexion de l'utilisateur un espace sécurisé et personnalisé.

2. La messagerie électronique

Les courriers électroniques sont très utilisés par les pirates, qu'il s'agisse de l'introduction de virus, de la captation de données ou de la mise en place d'escroqueries. Il convient donc d'être extrêmement attentif à tout ce qui est reçu ou envoyé par messagerie électronique.

Dans la mesure où un courriel est reçu de la part d'un correspondant inconnu, il ne faut pas ouvrir les pièces jointes, ni cliquer sur les liens proposés.

Il en est également ainsi dans le cas de messages provenant d'utilisateurs connus, mais dont la structure du message est inhabituelle ou vide. Ces utilisateurs connus ont pu en effet être victimes du piratage de leur messagerie électronique (boîte mail).

3. L'utilisation des réseaux sociaux

De nombreux internautes communiquent régulièrement à propos d'éléments issus de leur vie personnelle sur Internet. De telles communications ne sont pas sans danger. En effet, des personnes mal intentionnées peuvent utiliser ces publications pour :

- connaître les habitudes quotidiennes : espionnage de la vie privée, savoir quand une personne est en vacances pour cambrioler son domicile… ;

- détournement de photos, notamment afin de faciliter une usurpation d'identité d'un individu.

Plus généralement, il convient de savoir que rien ne disparaît véritablement sur les réseaux (ne serait-ce que que des captures d'écran ont pu être possibles avant la suppression d'une publication). De même, les données (photos, vidéos, messages…) publiées sur les réseaux sociaux n'appartiennent plus véritablement à leur auteur.

4. Les réseaux sociaux et la déontologie de gendarme

La vie professionnelle confère au gendarme des devoirs qui ne cessent pas lorsqu'il quitte l'uniforme. L'anonymat d'Internet et des réseaux sociaux n'autorise pas le laisser-aller. Plusieurs obligations déontologiques restent en vigueur :

- le secret professionnel : en aucun cas, un gendarme ne peut diffuser à des tiers des informations qu'il détient à titre professionnel. Il en est notamment ainsi du secret de l'enquête. Cette obligation est rappelée par l'article R. 434-8 du Code de déontologie : « Soumis aux obligations du secret professionnel et au devoir de discrétion, le policier ou le gendarme s'abstient de divulguer à quiconque n'a ni le droit, ni le besoin d'en connaître, sous quelque forme que ce soit, les informations dont il a connaissance dans l'exercice ou au titre de ses fonctions. »

Le cas échéant, un gendarme qui se rendrait coupable de diffusion par informatique d'information ou de document lié au secret professionnel pourrait être pénalement poursuivi sur le fondement de l'article 226-13 du Code pénal : « La révélation d'une information à caractère secret par une personne qui en est dépositaire soit par état ou par profession, soit en raison d'une fonction ou d'une mission temporaire, est punie d'un an d'emprisonnement et de 15 000 euros d'amende. » ;

- le devoir de réserve : si la liberté d'opinion est pleinement reconnue aux gendarmes, leur liberté d'expression n'est pas sans limite. Dans le cadre de leur vie privée, ils doivent s'abstenir de commenter sur les réseaux sociaux les événements à caractère politique, social ou religieux. Bien évidemment, toute critique de l'institution pourra faire l'objet de poursuites à caractère disciplinaire ;

- la discrétion : il est recommandé pour un gendarme de ne pas avoir comme photo de profil une photographie en uniforme. De même, il n'est pas non plus souhaitable de faire état de sa qualité professionnelle dans le cadre de son activité sur les réseaux sociaux. Il ne faut pas non plus oublier que les forces de l'ordre peuvent être des cibles pour les terroristes et que ces derniers peuvent les approcher via les réseaux sociaux.

Compte tenu de ces obligations, un gendarme doit s'attacher à respecter les règles suivantes :

- N'oubliez jamais que vous êtes garant de l'image de la Gendarmerie nationale ;
- Séparez votre vie personnelle de votre vie professionnelle ;
- Sécurisez vos comptes et profils (mots de passe variés, complexes et régulièrement changés) ;
- Sensibilisez votre entourage familial à la nécessité de protéger la vie privée ;
- Maîtrisez l'utilisation des réseaux sociaux et le contenu de vos publications ;
- Faites attention aux visages et arrière-plans de vos photos et vidéos ;
- Ne faites pas usage des applications de flux direct.

QCM

45 min

1. Un trojan est :

❒ **a.** un ordinateur très puissant
❒ **b.** un nouveau type de souris
❒ **c.** un logiciel malveillant
❒ **d.** un jeu informatique

2. Le devoir de réserve d'un gendarme s'applique également en matière de publication sur les réseaux sociaux :

❒ **a.** vrai
❒ **b.** faux

3. Les règles de sécurité informatique s'appliquent également aux tablettes et aux smartphones :

❒ **a.** vrai
❒ **b.** faux

4. Le logiciel Excel est un logiciel de :

❒ **a.** courrier électronique
❒ **b.** dessin
❒ **c.** traitement de texte
❒ **d.** tableur

5. Un MOOC est :

❒ **a.** un ordinateur très puissant
❒ **b.** un périphérique de stockage
❒ **c.** une formation à distance
❒ **d.** un virus

6. Chiffrement est synonyme de :

❒ **a.** calcul informatique
❒ **b.** cryptage
❒ **c.** traitement de photo
❒ **d.** logiciel de mathématiques

7. Il est recommandé pour un gendarme d'avoir une photo de profil sur les réseaux sociaux en tenue d'uniforme :

❒ **a.** vrai
❒ **b.** faux

8. Twitter est un réseau social basé essentiellement sur la publication de :

❒ **a.** photographies
❒ **b.** textes brefs
❒ **c.** dessins
❒ **d.** vidéos

9. Le formatage d'un disque dur conduira à :

❒ **a.** supprimer les données contenues initialement
❒ **b.** copier les données contenues initialement
❒ **c.** communiquer les données contenues initialement
❒ **d.** dupliquer les données contenues initialement

10. Internet sans fil est appelé :

❒ **a.** VGA
❒ **b.** WiFi
❒ **c.** Ethernet
❒ **d.** Free Internet

11. Lors de son inscription sur un réseau social, il est recommandé de se montrer vigilant quant :

❒ **a.** aux paramètres de confidentialité
❒ **b.** aux paramètres de longévité
❒ **c.** aux paramètres de subsidiarité
❒ **d.** aux paramètres de modularité

12. Le stockage en ligne de données est :

❒ **a.** le mass link
❒ **b.** le cloud
❒ **c.** le storm
❒ **d.** le ping

13. Un fichier « .doc » est un fichier :

❒ **a.** vidéo
❒ **b.** de musique
❒ **c.** de traitement de texte
❒ **d.** de dessin

14. Internet Explorer et Google Chrome sont :

❒ **a.** des réseaux sociaux
❒ **b.** des moteurs de recherche
❒ **c.** des navigateurs Internet
❒ **d.** des logiciels de jeux

15. Un lien hypertexte renvoie vers une page internet :

❒ **a.** vrai
❒ **b.** faux

16. La numérisation d'un document papier s'effectue grâce à :

❒ **a.** une souris
❒ **b.** un scanner

→ *Retrouvez les corrigés en p. 133*

❒ **c.** une clé USB
❒ **d.** un disque dur externe

17. Une newsletter est :

❒ **a.** un logiciel informatique
❒ **b.** une adresse électronique
❒ **c.** une lettre d'information reçue par messagerie électronique
❒ **d.** un système de cryptage

18. Le signe arobase est utilisé systématiquement :

❒ **a.** pour le dessin
❒ **b.** pour un calcul informatique
❒ **c.** pour une adresse mail
❒ **d.** pour un traitement de texte

19. Julian Assange est lié à :

❒ **a.** Wikipedia
❒ **b.** WikiLeaks
❒ **c.** Microsoft
❒ **d.** Apple

20. Bill Gates est lié à :

❒ **a.** Amazon
❒ **b.** Apple
❒ **c.** Microsoft
❒ **d.** Linux

21. Comment se traduit en français le terme de « spam » :

❒ **a.** courriel
❒ **b.** courrier indésirable
❒ **c.** courrier électronique
❒ **d.** courrier envoyé

22. Comment se traduit en français le terme de « mail » :

❒ **a.** courriel
❒ **b.** courrier indésirable
❒ **c.** courrier électronique
❒ **d.** courrier envoyé

23. Lors de l'utilisation d'un moteur de recherche, quel signe permet de faire une recherche sur les pages qui contiennent exactement l'expression de la requête ?

❒ **a.** des parenthèses
❒ **b.** des guillemets
❒ **c.** des hashtags
❒ **d.** des apostrophes

24. Parmi ces différents modes de stockage, quel est celui qui offre la plus grande capacité ?

❒ **a.** une disquette
❒ **b.** un DVD
❒ **c.** une clé USB
❒ **d.** un disque dur

25. Un fichier « zip » est un fichier :

❒ **a.** corrompu
❒ **b.** compressé
❒ **c.** complexe
❒ **d.** combiné

26. Un logiciel « libre » est :

❒ **a.** payant
❒ **b.** gratuit
❒ **c.** incommunicable
❒ **d.** complexe

27. Que désigne le champ « Cci : » dans un courrier électronique ?

❒ **a.** il désigne le destinataire principal du courriel
❒ **b.** il désigne les personnes mises copie de l'envoi du courriel au destinataire principal
❒ **c.** il désigne des destinataires invisibles de la part de l'ensemble des autres destinataires

28. L'ouverture des données est :

❒ **a.** le big data
❒ **b.** le mega data
❒ **c.** le lock data
❒ **d.** l'open data

29. Le visionnage en ligne de vidéos est :

❒ **a.** le download
❒ **b.** l'upload
❒ **c.** le streaming
❒ **d.** le mainstream

30. Finaliser un achat sur un site marchand implique un protocole :

❒ **a.** http
❒ **b.** https
❒ **c.** URL
❒ **d.** PPS

CORRIGÉS

1 c.	2 a.	3 a.	4 d.	5 c.	6 b.
7 b.	8 b.	9 a.	10 b.	11 a.	12 b.
13 c.	14 c.	15 a.	16 b.	17 c.	18 c.
19 b.	20 c.	21 b.	22 c.	23 b.	24 d.
25 b.	26 b.	27 c.	28 d.	29 c.	30 b.

PARTIE 1

Préparation aux épreuves

CHAPITRE 7

Entretien avec le jury (concours externe et interne)

Fiches de méthode

Fiches de cours

Entraînements

FICHE 1

Présentation de l'épreuve

1. Planning de révisions

À titre indicatif, nous vous indiquons un planning de révisions à l'entretien avec le jury :

Période	Durée	Contenu des révisions
Période 1	Une ou deux semaines	Présentation de l'épreuve d'entretien avec le jury.
Période 2	Une ou deux semaines	Connaissance de la Gendarmerie nationale et du métier de gendarme.
Période 3	Une ou deux semaines	Se présenter devant le jury et répondre aux questions posées.
Période 4	Une ou deux semaines	Simulation d'entretien à l'aide des questions posées.

2. Modalités de l'épreuve pour le concours externe

Cette épreuve consiste en un entretien avec le jury sur un sujet d'ordre général, portant principalement sur les grandes questions d'actualité, ainsi que sur les motivations du candidat.

Concrètement, le candidat est appelé devant le jury et tire immédiatement au sort un sujet d'ordre général. Puis, il se retire pendant dix minutes pour préparer son exposé devant le jury. Au terme de ces dix minutes de préparation, le candidat revient devant le jury et effectue son exposé sur le sujet, pendant une durée d'environ deux minutes. Après l'exposé, le candidat devra se présenter et il s'ensuivra un échange avec le jury sur la base de questions que celui-ci posera au candidat. Au total, l'épreuve dure 20 minutes (cette durée comporte à la fois l'exposé du candidat, sa présentation devant le jury et les échanges avec ce dernier, mais elle ne comprend pas les dix minutes de préparation à l'exposé devant le jury).

D'une manière générale, l'épreuve d'entretien avec le jury vise à mettre en valeur l'aptitude du candidat à la charge/au métier de sous-officier de gendarmerie au regard de sa personnalité, de sa motivation, de sa culture générale, de ses facultés d'expression et de raisonnement, de sa vivacité d'esprit et de son équilibre émotionnel.

Les inventaires de personnalités et l'entretien avec le psychologue constituent une aide à la décision des groupes d'examinateurs.

Le candidat devra se présenter à cette épreuve avec un curriculum vitae.

Cette épreuve est affectée du **coefficient 7** et **toute note inférieure à 6 sur 20 est éliminatoire**.

3. Modalités de l'épreuve pour les concours interne et 3^e^

Lors du concours interne, cette épreuve consiste en un entretien avec le jury s'appuyant sur un dossier professionnel. Le candidat se présente à cette épreuve avec son dossier professionnel qu'il aura lui-même consitué. L'absence éventuelle de dossier professionnel aura une incidence négative sur la note finale du candidat.

Le jury a toute latitude pour élargir la discussion.

L'épreuve vise à mettre en valeur l'aptitude du candidat à l'état de sous-officier de gendarmerie au regard de l'expérience professionnelle qu'il a acquise durant son activité de volontaire dans les armées en servant dans la Gendarmerie nationale, de titulaire du diplôme de gendarme adjoint, d'adjoint de sécurité de la Police nationale, de militaire des forces armées autres que la Gendarmerie nationale servant en vertu d'un contrat, ou encore de réserviste de la Gendarmerie nationale. L'évaluation de l'aptitude professionnelle, les inventaires de personnalité et l'entretien avec le ou les psychologues constituent une aide à la décision des groupes d'examinateurs.

Elle vise notamment à évaluer et mettre en valeur l'aptitude du candidat à l'état de sous-officier de gendarmerie au regard de sa personnalité, de sa motivation, de sa culture générale, de ses facultés d'expression et de raisonnement, de sa vivacité d'esprit et de son équilibre émotionnel.

Pour le troisième concours, l'épreuve d'entretien consiste en un entretien de 20 minutes avec le président du jury et un ou plusieurs militaires de la Gendarmerie nationale ou experts civils. Il vise à apprécier les aptitudes, la personnalité et la motivation du candidat, ainsi qu'à évaluer les acquis de son expérience professionnelle.

4. Évaluation de l'entretien

Les questions seront donc variées. Votre personnalité et votre parcours personnel seront notamment analysés. Les différents domaines évalués lors de l'épreuve d'entretien avec le jury peuvent être résumés dans le tableau suivant :

Savoir-être	Savoir-faire
Présentation Expression orale Culture générale Motivation Cohérence	Vie collective Forme physique Sens du service public Expérience vécue

Il faut préciser ici que cet entretien sera cordial et détendu. En aucun cas on ne cherchera à vous piéger ou à vous déstabiliser. L'important est de bien vous connaître.

D'autre part, même s'il n'existe pas de grille fixée pour l'évaluation des candidats, il est possible de distinguer plusieurs critères objectifs d'évaluation :

– **la présentation du candidat** : un candidat se doit d'avoir une tenue vestimentaire correcte et une coiffure ordonnée ;

– **l'attitude générale** : la posture physique, le regard porté sur tous les membres du jury (et pas sur la table ou les pieds du candidat…), l'aisance du candidat, le sourire et la politesse seront évalués ;

– **la manière de présenter le sujet tiré au sort et de répondre aux questions** : il faut veiller à répondre par des phrases bien construites, à employer un vocabulaire riche et adapté. La capacité du candidat à argumenter sera également évaluée par le jury. De même, le candidat doit adopter une attitude coopérative envers le jury en répondant de manière ouverte et développée aux questions posées ;

– **la connaissance de la gendarmerie et la motivation** : ces deux points sont indissociables. Vous devez démontrer que vous n'êtes pas là par hasard et que vous vous êtes renseigné sur le métier auquel vous vous destinez. Servir en gendarmerie implique également un réel sens du service public ;

– **la culture générale et l'ouverture d'esprit** : la gendarmerie recherche des personnes ouvertes, curieuses et au profil diversifié. L'intérêt pour l'actualité est également apprécié ;

– **les qualités morales et le caractère** : il n'existe pas de profil type en la matière. Néanmoins, un candidat se doit d'avoir un sens naturel de l'honnêteté, un goût de l'effort, une aptitude au travail en équipe et à la prise d'initiatives. De même, le candidat doit rester maître de lui face à des questions ou des situations pouvant éventuellement le déstabiliser.

FICHE 2

Les étapes de l'entretien

1. La présentation devant le jury

Après avoir tiré au sort un sujet et vous être préparé pendant dix minutes, vous reviendrez auprès du jury. Celui-ci vous demandera alors, le plus souvent, de vous présenter avant d'écouter votre exposé et de vous poser des questions. Votre présentation devra être de courte durée (deux minutes au maximum). Les premiers instants seront déterminants, dans la mesure où il est difficile de revenir en peu de temps sur une mauvaise « première impression ».

Par conséquent, le meilleur conseil que l'on puisse vous donner est de rester simple et naturel. Un candidat qui cherchera à dissimuler sa personnalité et ses motivations sera immédiatement détecté par le jury (n'oubliez pas qu'il s'agit de professionnels ayant l'habitude de participer à des recrutements). Restez sincère, ne cherchez pas à impressionner vos interlocuteurs, n'employez pas de formules toutes faites (« gendarme, c'est le plus beau métier du monde »…).

Après avoir salué les membres du jury (entraînez-vous à reconnaître les insignes de grades) en les regardant dans les yeux et vous être assis, après y avoir été invité, commencez votre présentation en déclinant :
- votre identité (prénom puis nom) ;
- votre âge ;
- le lieu où vous vivez ;
- votre situation de famille ;
- vos études passées et éventuellement actuelles ;
- vos diplômes et qualifications divers (brevets de secourisme, par exemple) ;
- vos expériences professionnelles passées et éventuellement actuelles.

Ensuite, si on vous le demande, expliquez en quelques minutes (deux ou trois) pourquoi vous voulez devenir gendarme :
- ici encore, évitez les formules toutes prêtes (« je veux faire gendarme depuis tout petit », ...) qui n'apporteront rien à votre candidature ;
- choisissez plutôt d'expliquer pourquoi ce métier vous attire, comment est né votre désir de l'exercer, quels sont pour vous les attraits de la profession de gendarme (le travail d'équipe, la cohésion, le goût de l'action, le cadre hiérarchique et l'uniforme, les missions, le sens du service public…) ;
- de même, montrez au jury que vous connaissez la gendarmerie, que vous avez rencontré des gendarmes et parlé avec eux, que vous vous êtes rendu dans une gendarmerie… ;
- éventuellement, vous pouvez préciser quel déroulement de carrière vous envisagez au sein de la gendarmerie (franchissement de grade, qualification d'officier de police judiciaire, spécialité…).

Par la suite, vous pouvez très bien évoquer votre passion pour telle ou telle chose, votre éventuel engagement associatif, vos activités sportives… Ici, vous pourrez vous démarquer des autres candidats (n'oubliez pas que vous passez un concours) et donner l'envie au jury d'aborder par la suite ces sujets avec vous.

Enfin, terminez par une conclusion ou une phrase qui permette au jury de comprendre que vous avez fini votre présentation.

D'une manière générale, les candidats doivent garder en tête le fait que l'entretien avec le jury a pour vocation de mieux connaître les candidats et d'évaluer leur aptitude à intégrer la Gendarmerie nationale. Le jury souhaite donc trouver en face de lui des candidats ouverts, francs et désireux de nouer avec lui un véritable dialogue.

Pour cette raison, il est absolument essentiel de bien préparer sa présentation devant le jury et de développer ses réponses aux questions du jury. Chaque élément de vos propos doit être positif et constituer une plus-value pour votre candidature.

Quand vous exprimez vos motivations, ne vous contentez pas d'indiquer que vous êtes très motivé et que vous avez envie depuis longtemps de devenir policier. Allez au-delà en indiquant les raisons de votre choix (servir le pays, protection des populations face aux menaces, travail en équipe sur le terrain, missions variées, absence de routine, etc.). Explicitez également les démarches de renseignement que vous avez initiées afin de mieux connaître la réalité concrète du métier.

2. L'exposé devant le jury (concours externe)

Le sujet tiré au sort par le candidat concernera, le plus souvent, une question d'actualité ou une problématique professionnelle (exemples : La sécurité est-elle seulement le devoir de l'État ? Que signifie pour vous le fait de servir en gendarmerie ?). Le sujet tiré au sort par le candidat permettra d'orienter l'entretien avec le jury.

Après le tirage au sort d'un sujet, le candidat bénéficie d'une préparation de dix minutes avant une restitution de vingt minutes. Le jury a toute latitude pour élargir la discussion.

Après vous être préparé pendant dix minutes, vous devrez présenter au jury un exposé sur le sujet préalablement tiré au sort. Un exposé durant entre cinq et dix minutes sera jugé satisfaisant quant à sa longueur. Il est important de présenter un exposé structuré : introduction, développement (en deux parties, le cas échéant) et conclusion.

La clarté de l'expression, la rigueur du raisonnement et la justesse du propos seront particulièrement appréciées par le jury.

3. Les questions posées par le jury

Après votre présentation et votre exposé, pendant une dizaine de minutes, le jury vous posera un certain nombre de questions. N'abordez pas cette partie dans un état de stress : ce n'est pas un interrogatoire. Au contraire, considérez plutôt ces questions comme une façon d'entamer un dialogue avec le jury qui sera en face de vous.

Les questions posées par le jury peuvent concerner :
- votre vie personnelle (enfance, études, travail éventuel, situation de famille...) ;
- vos passions et loisirs ;
- votre culture générale ;
- votre caractère et votre personnalité ;

- votre motivation pour entrer dans la gendarmerie;
- votre connaissance de la gendarmerie;
- vos expériences professionnelles (notamment pour les candidats du concours interne et du troisième concours);
- vos projets professionnels éventuels au sein de la gendarmerie.

À l'occasion de ces questions, le jury cherchera à mieux vous connaître, à cerner vos motivations, la cohérence de vos choix et votre aptitude à exercer le métier de gendarme.

Dans vos réponses :
- soyez, à nouveau, franc (inutile de dire que vous faites quatre heures de sport par jour si vous êtes un sportif du dimanche) et naturel (ne soyez ni trop sérieux, ni trop intimidé);
- ne vous laissez pas déstabiliser par des questions qui vous sembleraient trop abruptes : répondez de manière posée et nuancée;
- montrez que vous connaissez bien le métier de gendarme et le cadre d'emploi (vie en caserne, discipline, hiérarchie, organisation, statut, contraintes, obligations professionnelles, missions…);
- ne répondez pas uniquement par oui ou par non. N'oubliez pas que chaque réponse doit être l'occasion de valoriser votre candidature;
- prenez le temps de réfléchir à ce que vous allez dire, surtout lorsque l'on vous demande votre opinion personnelle.

Votre aptitude et votre discernement seront notamment évalués grâce aux questions de mise en situation professionnelle. Lors de celles-ci, prenez bien le temps de réfléchir à votre réponse et n'hésitez pas à demander des précisions si le scénario ne vous paraît pas clair. Dans vos réponses, suivez les mêmes principes cardinaux suivants : attention portée aux victimes, respect de la loi et de la déontologie, bon sens et sang-froid, loyauté envers les collègues et la hiérarchie.

4. Réussir l'épreuve d'entretien avec le jury

De manière synthétique, il est possible de considérer qu'un candidat a réussi son entretien s'il :
- a fait une bonne impression sur sa présentation générale (tenue, posture physique, absence de trac…);
- a pu démontrer des qualités personnelles en adéquation avec celles attendues chez un gendarme;
- a prouvé que son choix d'une carrière en gendarmerie est bien réfléchi;
- a retenu l'attention du jury (n'oubliez pas que le jury fait passer des entretiens toute la journée et souvent plusieurs jours d'affilée, il importe donc de capter son attention et de se démarquer positivement des autres candidats).

La rédaction du CV

Pour le concours externe de sous-officier de gendarmerie, le jury disposera du CV détaillé du candidat. Il permettra d'orienter la discussion lors de l'épreuve orale. Ainsi, le jury pourra interroger le candidat sur son parcours scolaire, le bénéfice personnel tiré de telle ou telle expérience professionnelle, ou bien encore sur ses loisirs. Pour toutes ces raisons, le CV devra être préparé avec le plus grand soin par le candidat. Il peut en effet constituer un atout s'il est correctement préparé.

1. La rédaction du CV

Il est fondamental que le CV soit rédigé dans un **français parfait**, exempt de toute faute de syntaxe, d'orthographe ou de grammaire. Faites-le donc relire par plusieurs proches.

Sans tomber dans la fantaisie, le CV doit vous démarquer positivement des autres candidats. Un important travail préparatoire devra être engagé par les candidats pour définir les différents éléments du CV. Ainsi, avant de vous attaquer à la rédaction proprement dite de votre CV détaillé, nous vous invitons à réfléchir au préalable à vos **motivations** pour devenir sous-officier de gendarmerie et à ce que vous estimez pouvoir apporter. Cette réflexion vous sera également utile dans le cadre de votre préparation à l'épreuve orale avec le jury.

Vous pouvez structurer le fruit de cette réflexion en plusieurs parties distinctes : parcours scolaire, parcours professionnel, loisirs, qualités personnelles et compétences acquises. Ainsi, vous rendrez plus cohérent votre CV détaillé et celui-ci pourra valoriser votre candidature. De manière non exhaustive, on peut évoquer quelques éléments qui peuvent structurer votre CV détaillé :

✔ Compétences acquises lors du parcours scolaire et extrascolaire

Vos études, vos rencontres, vos lectures, vos loisirs, vos centres d'intérêt ou vos expériences personnelles vous ont certainement fait acquérir des compétences et aptitudes qui peuvent être utiles à un gendarme. En faisant votre bilan de vos compétences et aptitudes, voyez large : pensez aux langues étrangères, au droit, à l'informatique, aux sports de combat, au sens de l'observation, à l'endurance physique, aux premiers secours, à la capacité rédactionnelle, à l'esprit de synthèse, à la volonté d'apprendre toujours davantage de choses dans l'exercice d'un métier, à l'aptitude à exercer des responsabilités ou à encadrer des jeunes ;

✔ Qualités personnelles

Tout en se montrant modeste et pondéré, il est toujours utile de faire part des qualités reconnues par votre entourage. Ces qualités proviennent de votre parcours personnel et de vos traits de personnalité. Les qualités essentielles pour devenir gendarme sont notamment le sérieux (être digne de confiance), l'honnêteté, la capacité à travailler en équipe, la discipline, l'aptitude à l'engagement physique, la rigueur professionnelle, la capacité à mener une mission jusqu'au bout, le sens du devoir, la capacité à servir de manière désintéressée la collectivité…

Dans le cadre de cette préparation, nous vous recommandons très vivement de **ne pas inclure d'éléments fantaisistes** (expériences ou diplômes imaginaires…) **ou excessifs** (motivation affichée sans aucun sens de la mesure, qualités hors du commun…). En effet, cela produirait un effet désastreux sur le jury. De plus, lors de l'entretien, vous risqueriez fort de faire les frais d'un CV mensonger ou trop immodeste.

De même, puisque votre CV détaillé sera utilisé pour guider une partie de votre entretien, attendez-vous à être interrogé sur tel ou tel élément (études, expériences professionnelles et personnelles, motivation exprimée…). Ce CV vous offre ainsi une chance de tourner à votre avantage une partie de l'entretien avec le jury en présentant de manière positive votre candidature.

Une fois que vous aurez établi les éléments de fond de votre CV (compétences acquises, qualités personnelles et motivations, loisirs), il faudra mettre en forme votre CV détaillé.

2. La présentation formelle du CV

Bien évidemment, le CV devra être **rédigé informatiquement et imprimé**. Prévoyez d'ailleurs d'en prendre **plusieurs** pour le jour de l'épreuve et de les mettre dans deux chemises cartonnées distinctes pour parer à toute difficulté éventuelle (perte, dégradation accidentelle…).

La **présentation** devra être **claire, lisible et aérée**.

Le jury doit pouvoir retrouver immédiatement les informations qu'il souhaite avoir.

Comme dans l'exemple ci-dessous, il devra être **structuré en plusieurs parties et sous forme de paragraphes distincts**.

Les polices de caractères « Times New Roman », « Arial », « Cambria » et « Garamond » sont les plus lisibles et les plus couramment utilisées. N'utilisez surtout pas de caractères fantaisistes (gothique…) et n'employez qu'une seule et même police tout au long de votre CV. La taille 12 pour le texte et la taille 14 pour les titres (qui devraient être mis en gras) sont recommandées. Si vous souhaitez mettre en gras des éléments pour les faire ressortir, vous pouvez le faire. Toutefois, n'abusez pas de cette possibilité car votre CV sera moins facilement lisible par le jury.

Sur le plan de la longueur, **une seule page suffit**. Vous devez apprendre à vous montrer synthétique, quelle que soit l'importance des éléments que vous souhaitez faire figurer sur votre CV. En toute hypothèse, les échanges avec le jury doivent permettre de revenir sur ces éléments.

3. Exemple de CV rédigé

Une fois que vous aurez rédigé votre CV détaillé en respectant cette architecture, soumettez-le à la lecture critique de vos proches et essayez de l'améliorer. Lisez-le vous-même en n'y touchant pas pendant plusieurs jours. Puis tâchez d'y apporter sur le fond et la forme quelques corrections afin de chercher à vous démarquer positivement des autres candidats.

Nous vous recommandons le formalisme ci-dessous :

François Durand
4, rue Saint-Exupéry
69008 Lyon
Né le 08/07/2000 à Lyon (69)
Célibataire

Parcours scolaire

Diplômes éventuels : mentionnez vos diplômes dans l'ordre chronologique de leur obtention.
Actuellement étudiant en L1 de droit à l'université de Lyon. Formation généraliste en droit, notamment en droit pénal et en procédure pénale
2018 : obtention du baccalauréat ES, mention « assez bien »
Inutile de mentionner le brevet des collèges si vous êtes titulaire du baccalauréat.

Langues étrangères : pratique courante de l'anglais et notions scolaires en espagnol
Ne mentez pas sur ce point : le jury pourrait échanger avec vous en langue étrangère.

Informatique : pratique courante des logiciels de bureautique (traitement de texte, tableur...)

Parcours professionnel

Indiquez ici vos différents emplois, y compris les petits boulots d'été.
- Emploi à hauteur de 10 heures par semaine comme équipier polyvalent dans la restauration rapide depuis juillet 2018 dans le centre de Lyon. Travail en horaire décalé, en équipe et selon des postes variés (cuisine, nettoyage, caisse...).
- Aide ponctuelle au commerce familial de fruits et légumes pendant les vacances scolaires : manutention, gestion des stocks, accueil de la clientèle, comptabilité...

Décrivez sommairement les tâches exercées afin de valoriser votre implication – même très ponctuelle – dans le monde du travail. Ce point valorisera votre maturité personnelle et votre sens des responsabilités.

Loisirs

Loisirs : portez à l'attention du jury vos loisirs principaux et vos éventuels engagements associatifs...
- Pratique en compétition du rugby depuis l'âge de 10 ans. Poste occupé : deuxième ligne
- Engagement comme chef de troupe scout : encadrement d'une trentaine de jeunes de 10 à 14 ans, notamment lors d'un camp d'été de trois semaines, formation de secouriste, gestion comptable et logistique de l'unité scoute
- Lecture d'ouvrages historiques, cinéma policier, voyages (Irlande, Grèce, Côte Est des États-Unis...)

Soyez précis dans vos loisirs : vous donnerez ainsi plus facilement l'occasion au jury de vous interroger à leur sujet.

Qualités personnelles et compétences acquises

Montrez-vous modeste et synthétique, tout en étant ferme et précis dans ce que vous avancez.
Mon engagement dans le scoutisme et mes différentes expériences professionnelles m'ont donné une certaine maturité et mes proches me reconnaissent un réel sens des responsabilités.
Ma pratique du rugby en compétition m'a donné le goût de l'engagement physique et l'esprit d'équipe.
Évoquez ainsi les deux ou trois qualités évoquées par des exemples ou des arguments. Pensez aux qualités morales, physiques et intellectuelles qui sont en adéquation avec votre personnalité et qui peuvent correspondre à un emploi dans la gendarmerie. Ne cherchez pas à coller à un hypothétique profil-type ou idéal d'un gendarme : il n'y en a pas. Soyez vous-même, mais restez toujours dans une démarche positive et dynamique de présentation de votre candidature.
Plutôt que de reprendre des formules types qui émailleront les CV de la plupart des candidats, rédigez vous-même vos qualités et compétences. Sélectionnez celles qui vous semblent le plus correspondre aux attentes de la Gendarmerie nationale : sens du service envers autrui, goût de l'action, volonté de travailler en équipe, envie de travailler sur le terrain, variété des missions, sentiment patriotique, rigueur professionnelle, capacité d'adaptation...
Remettez en forme ces différents éléments en quelques phrases distinctes et succinctes, en les articulant entre elles.

FICHE 4

La préparation du dossier professionnel (concours interne)

Une partie importante de l'entretien avec le jury sera consacrée au bilan de l'expérience professionnelle du candidat (surtout dans le cas des gendarmes adjoints volontaires) et à l'aptitude à intégrer la Gendarmerie nationale pour y faire pleinement carrière.

À ce titre, le dossier professionnel et la présentation du candidat devant le jury doivent être soigneusement préparés par les candidats. Ils offrent l'opportunité de valoriser le profil et le parcours du candidat.

Dans leur présentation et leurs réponses aux questions, les candidats doivent veiller à faire comprendre au jury qu'ils ont bien conscience des fonctions supérieures qui les attendent en tant que sous-officier de gendarmerie (différence APJA/APJ, encadrement, missions supplémentaires, etc.), qu'ils ont bien compris les grands fondements de l'Institution (déontologie, organisation interne, etc.) et que leur projet professionnel est mûri et réaliste.

Les mises en situation auront plus directement vocation à évaluer l'aptitude du candidat à exercer les missions dévolues à un sous-officier de gendarmerie. À ce titre, pensez toujours à faire valoir dans vos réponses certaines compétences comportementales attendues, à savoir le discernement, le rapport à l'autorité, l'intelligence sociale, le respect de la légalité et de la déontologie, l'engagement sur le terrain et le sens des valeurs. Bien évidemment, le jury attendra une professionnalisation accrue et une certaine technicité dans les réponses apportées à ce type de questions.

1. Remplir le dossier professionnel

D'une manière générale, travaillez d'abord au brouillon pour renseigner les différentes rubriques du dossier professionnel afin d'être certain de l'exactitude des informations factuelles, de la rigueur orthographique et de la qualité rédactionnelle.

✔ La partie « Formation scolaire »

Mentionnez toujours dans l'ordre chronologique (plus récent au plus ancien) les études et diplômes. Précisez bien les années d'obtention et les spécialités. Évitez absolument les sigles : mentionnez l'intitulé complet de la formation et indiquez entre parenthèses le sigle.

✔ La partie « Expérience professionnelle »

La plus grande rigueur doit être de mise dans le remplissage de cette partie. Dans la mesure où le dossier professionnel doit être validé et signé par l'autorité hiérarchique, il est souhaitable que figurent ici uniquement des informations purement factuelles (dates, quotité de travail, emplois occupés, affectation, missions exercées, etc.), à l'exclusion de tout autre élément, notamment lié à la manière de servir du candidat.

Le service gestionnaire de votre unité sera en capacité de vous indiquer précisément les dates.

Explicitez tous les sigles.

✔ La partie « Compétences particulières »

Il est expressément indiqué que les compétences particulières mentionnées ici sont directement hors du champ professionnel.

Le document mentionne en effet : « conceptions, projets créatifs, compétences dans le domaine sportif, artistique, associatif, informatique, etc. »

Il s'agit ici certes de distinguer des compétences spécifiques pouvant être utiles au sein de la gendarmerie (pratique sportive, premiers secours, informatique, langues étrangères, etc.), mais aussi d'apprécier de mieux découvrir la personnalité du candidat et son ouverture d'esprit.

Bien évidemment, au cours de l'entretien, le jury pourra être amené à interroger le candidat sur les compétences particulières qu'il a mentionnées dans le dossier.

✔ La partie « Projet professionnel en gendarmerie »

Dans cette partie, vous devez à la fois mentionner certaines qualités issues de votre expérience professionnelle et indiquer vos motivations pour devenir sous-officier de gendarmerie.

Montrez-vous modeste et synthétique, tout en étant ferme et précis dans ce que vous avancez.

Illustrez ainsi les deux ou trois qualités évoquées par des exemples ou des arguments issus de votre expérience professionnelle. Pensez aux qualités morales, physiques et intellectuelles qui sont en adéquation avec votre personnalité et qui peuvent correspondre aux exigences attendues d'un gendarme. Ne cherchez pas à coller à un hypothétique profil-type ou idéal de sous-officier de gendarmerie : il n'y en a pas. Soyez vous-même, mais restez toujours dans une démarche positive et dynamique de présentation de votre candidature.

Quant à vos motivations, explicitez combien votre expérience professionnelle a été satisfaisante et vous a donné envie de poursuivre dans la Gendarmerie nationale pour une carrière longue. À ce stade, vous pouvez légitimement indiquer certains souhaits de carrière (progression ultérieure en grade, passage de la qualification d'officier de police judiciaire, orientation vers l'investigation, spécialisation, etc.).

FICHE 5 La Ve République

Depuis 1958, la Ve République fait de la France une démocratie moderne, dotée d'institutions capables de s'adapter.

1. La fondation (1958-1969)

✔ Une naissance dans des circonstances dramatiques

Commencée en 1954, la guerre d'Algérie souligne l'incapacité de la IVe République (1946-1958) à permettre une action gouvernementale suivie. **Le 13 mai 1958**, la révolte des colons d'Alger aboutit au retour au pouvoir de de Gaulle. Dès le 4 octobre entre en vigueur la Constitution de la Ve République après une large approbation par référendum.

✔ La volonté de restaurer l'État

La Constitution s'inspire largement du **discours prononcé à Bayeux le 16 juin 1946** par de Gaulle, dans lequel il appelait les Français à se doter d'un pouvoir exécutif fort, au-dessus des intérêts partisans. Ce caractère est renforcé par la **réforme constitutionnelle de 1962** où le général n'a pas hésité à bousculer le texte de la Constitution, et, qui prévoit l'élection du président au suffrage universel direct (1re élection en décembre 1965).

✔ La pratique gaullienne des institutions

Pour de Gaulle, le président de la République est la « **clé de voûte** » des institutions. Par des **conférences de presse** ou des **voyages en province**, il s'adresse directement aux Français et fait appel à leur soutien aux moments critiques. Il transforme les **référendums** (question à laquelle l'électeur répond « oui » ou « non ») en **plébiscites** (approbation électorale par « oui » ou « non » d'un pouvoir exécutif), mettant en jeu à chaque fois son maintien au pouvoir. En 1969, l'échec du référendum sur la régionalisation le pousse à démissionner le jour même.

2. L'enracinement (1969-2002)

✔ Succéder à de Gaulle

Pour l'essentiel, les successeurs immédiats de de Gaulle poursuivent la ligne constitutionnelle initiale. Tandis que le gaullisme perd en poids, l'opposition de gauche se renforce avec la mainmise de **François Mitterrand** sur le **Parti socialiste au congrès d'Épinay** (1971), puis l'adoption du **Programme commun de gouvernement** (1972) par les communistes, les socialistes et les radicaux de gauche. En 1974, la présidentielle porte au pouvoir **le centriste Valéry Giscard d'Estaing**, qui ouvre la saisine du Conseil constitutionnel aux parlementaires de l'opposition.

✔ L'alternance

Le 10 mai 1981, le socialiste François Mitterrand est élu, bientôt appuyé par une écrasante majorité de gauche à l'Assemblée : la Ve République permet aussi l'**alternance politique**.

✔ Les cohabitations

Suite aux législatives de 1986, le président François Mitterrand doit composer avec une Assemblée dont la majorité est détenue par la droite parlementaire c'est la « cohabitation ». Il choisit de rester et nomme **Jacques Chirac Premier ministre (1986-1988)**. Les relations sont tendues entre les deux têtes de l'exécutif. De 1993 à 1995, une deuxième cohabitation a lieu avec **Édouard Balladur, Premier ministre**. Dans ce cas, la Ve République se rapproche d'un **régime parlementaire**, où le gouvernement est responsable devant le Parlement.

En 1997, le président **Jacques Chirac dissout l'Assemblée** mais perd les élections car porte une majorité de gauche, **Lionel Jospin étant Premier ministre**. Non seulement elle suit une dissolution voulue, mais cette cohabitation dure **cinq ans** : elle brouille la responsabilité de l'exécutif devant les électeurs, car qui peut revendiquer le bilan du septennat ?

3. Crise et renouveau (depuis 2002)

✔ Le scrutin du 21 avril 2002

Aux yeux d'une partie de l'opinion, la multiplication des cohabitations et la longueur de celle de 1997-2002 témoignent d'une crise des institutions, et certains **appellent à fonder une « VIe République »**. Plusieurs **réformes constitutionnelles** (remplacement du septennat présidentiel par un quinquennat, raccourcissement du mandat sénatorial et loi sur la parité en politique) montrent la possibilité d'adapter les institutions.

Le 1er tour de la présidentielle, le 21 avril 2002, a été perçu comme un sommet de la crise. Le grand nombre de candidats témoigne du discrédit des grands partis, l'abstention est très forte (28,4 %), tandis que le vote protestataire aboutit à la **présence de Jean-Marie Le Pen (Front national) au 2e tour**.

✔ Retour à un vrai débat politique ?

L'élection présidentielle de **2007** marque un retour des Français vers la vie politique. La **participation est exceptionnelle** (près de 85 %) et **Nicolas Sarkozy** est élu avec une **majorité confortable de 53,86 %**. En **juillet 2008, la Constitution est de nouveau modifiée** pour renforcer le rôle du Parlement et modifie à la marge les relations entre celui-ci et l'exécutif (cf. détails fiches suivantes). Après le quinquennat de François Hollande, de 2012 à 2017, qui s'est voulu « **président normal** » par opposition à l'activisme de son prédécesseur, l'élection d'**Emmanuel Macron** se fait avec un second tour inédit car les deux candidats en lice (Emmanuel Macron et Marine Le Pen) sont extérieurs aux grands partis de gouvernement. La méfiance envers la démocratie représentative se manifeste ensuite par le mouvement des « gilets jaunes » en 2018-2019, puis par la forte abstention (plus de 28 %) au second tour de la présidentielle de 2022, qui voit la réélection d'Emmanuel Macron face à Marine Le Pen, et aux législatives qui suivent (52 % au 1er tour).

FICHE 6 Le président de la République

Depuis 1958 se sont succédé huit présidents de la République : Charles de Gaulle (1959-1969), Georges Pompidou (1969-1974†), Valéry-Giscard d'Estaing (1974-1981), François Mitterrand (1981-1995), Jacques Chirac (1995-2007), Nicolas Sarkozy (2007-2012), François Hollande (2012-2017) et Emmanuel Macron (2017-...).

1. Le statut du président de la République

✔ Un élu au suffrage universel direct

En **1958, la Constitution** prévoit l'élection du **président au suffrage universel indirect**, par un collège de 80 000 élus locaux ou nationaux. La révision de **1962** l'organise désormais au **suffrage universel direct majoritaire à deux tours. Les candidats doivent être électeurs**, avoir 23 ans révolus et recevoir 500 **parrainages** répartis dans au moins 30 départements ou territoires. La 1re élection de ce type a eu lieu en 1965. Le président exerce donc la **souveraineté nationale**.

De sept ans jusqu'en 2000 (**septennat**), le mandat présidentiel est désormais de cinq ans (quinquennat). La réforme de 2008 introduit la **limite de deux mandats successifs**, qui ne s'applique qu'à partir de 2012.

En cas de vacance de la fonction, l'**intérim** de maximum 35 jours est assuré par le **président du Sénat** (cas d'Alain Poher en 1969 après démission de de Gaulle et en 1974 après le décès de Pompidou).

✔ L'ambivalence du président de la République

Par sa fonction, le président **est le président de tous les Français**. Comme chef de l'État, il incarne la nation et la représente à l'étranger. Toutefois comme élu, il **a été porté par une majorité politique** pour mettre en œuvre un programme.

✔ Une procédure de type « *impeachment* »

Le président est juridiquement irresponsable mais, à la fin de son mandat, il peut être jugé pour des faits antérieurs, tel Jacques Chirac condamné en 2011. En cas de « **manquement à ses devoirs** manifestement incompatible avec l'exercice de son mandat », le Parlement réuni en **Haute Cour peut le destituer**.

2. L'exercice gaullien de la fonction présidentielle

✔ La « clé de voûte des institutions »

La Constitution fait du président l'arbitre actif du « fonctionnement régulier des pouvoirs publics » : on a dit qu'il était la « **clé de voûte des institutions** ». Il est le garant de la Constitution et de l'indépendance de la justice. Il choisit et nomme le **Premier ministre**, et **promulgue les lois**.

Plus largement, le président est un **recours contre un blocage** : il **peut dissoudre l'Assemblée** nationale (au moins treize mois entre deux dissolutions), **organiser un référendum**, voire se **saisir de tous les pouvoirs** (**article 16**, mis en œuvre en **1961**). Mettant en jeu son maintien au pouvoir, de Gaulle **a transformé ses référendums en plébiscites**, ce qui l'a poussé à démissionner lors de l'échec de celui de 1969.

✔ Le « domaine réservé »

Inventée en 1959, l'expression de « domaine réservé » s'appuie sur la pratique gaullienne de la fonction présidentielle : prééminence du chef de l'État pour la politique étrangère et rôle prépondérant en matière de défense nationale. Un décret (de 1964, modifié en 1996) en fait l'unique autorité pour utiliser l'arme nucléaire.

Jusqu'à l'indépendance de 1962, l'Algérie était un troisième « domaine réservé ».

3. L'évolution de la pratique présidentielle

✔ Le test de la cohabitation (1986-1988, 1993-1995 et 1997-2002)

Inaugurée en 1986 par François Mitterrand et Jacques Chirac, la cohabitation impose **l'effacement du président** : même **le « domaine réservé » se transforme en « domaine partagé** » avec le Premier ministre. Le président dispose toutefois de **moyens de pression** sur le Premier ministre.

La cohabitation dilue la responsabilité d'un exécutif bicéphale : avec le quinquennat, **l'alignement du mandat présidentiel sur celui des députés** vise à l'éviter.

✔ Moderniser une institution monarchisante ?

Les successeurs de de Gaulle ont exprimé le désir de **réduire le décor monarchique** de la fonction (palais de l'Élysée, 21 coups de canon tirés lors de l'investiture, titres de chanoine du Latran et de coprince d'Andorre hérités des rois). En 1974, **Valéry Giscard d'Estaing** a choisi ainsi une **tenue de ville** pour son portrait officiel, avec le **drapeau tricolore en fond**. En **2008**, le **droit de grâce présidentiel**, autre héritage royal, **a été réduit** à un usage au bénéfice d'un seul individu.

✔ « Hyperprésident », « président normal » ou « Jupiter » ?

Élu en 2007, Nicolas Sarkozy s'est saisi de nombreux dossiers, au risque de court-circuiter Premier ministre et ministres : on a parlé d'« **hyperprésident** ». De plus, la réforme constitutionnelle de 2008 a introduit la possibilité pour le **président de s'adresser personnellement aux députés et sénateurs** réunis en Congrès à Versailles.

Élu en 2012, François Hollande a voulu **apparaître comme un « président normal** » : les remous de sa vie privée (rupture avec Valérie Trierweiler), les scandales impliquant des membres du gouvernement et son impopularité record le conduisent à **renoncer à briguer** un second mandat.

Le 7 mai 2017, Emmanuel Macron est élu face à Marine Le Pen, avec qui il partage l'image d'un candidat indépendant des grands partis. Il est réélu en 2022.

FICHE 7

Le Premier ministre et le Gouvernement

Ont été Premiers ministres (*cohabitation) Michel Debré (1959-1962), Georges Pompidou (1962-1968), Maurice Couve-de-Murville (1968-1969), Jacques Chaban-Delmas (1969-1972), Pierre Messmer (1972-1974), Jacques Chirac (1974-1976), Raymond Barre (1976-1981), Pierre Mauroy (1981-1984), Laurent Fabius (1984-1986), Jacques Chirac* (1986-1988), Michel Rocard (1988-1991), Édith Cresson (1991-1992), Pierre Bérégovoy (1992-1993), Édouard Balladur* (1993-1995), Alain Juppé (1995-1997), Lionel Jospin* (1997-2002), Jean-Pierre Raffarin (2002-2005), Dominique de Villepin (2005-2007), François Fillon (2007-2012), Jean-Marc Ayrault (2012-2014), Manuel Valls (2014-2016), Bernard Cazeneuve (2016-2017), Édouard Philippe (2017-2020) et Jean Castex (2020-2022), Élisabeth Borne (2022-...)

1. Le Premier ministre

✔ Une nomination particulière sous la Ve République

Le président de la République choisit seul son Premier ministre : aucun vote parlementaire n'est nécessaire. En cas de cohabitation, il doit toutefois retenir le candidat de la majorité parlementaire.

La **démission du Premier ministre** est obligatoire si l'Assemblée nationale vote contre un programme, contre une déclaration de politique générale ou adopte une **motion de censure** (un seul cas, en 1962). La tradition républicaine la rend systématique après des élections présidentielles ou législatives. La démission volontaire est provoquée par le chef de l'État ou spontanée (seul cas de Jacques Chirac en 1976).

✔ Les pouvoirs du Premier ministre

Le Premier ministre **contresigne** la plupart des actes pris par le président de la République et « **dirige l'action du gouvernement** », dont il est bien le « premier » :

- il **choisit les membres** du gouvernement, en accord avec le président dans les faits ;
- il adresse des **instructions** aux ministres et **tranche les différends** entre eux.

Le Premier ministre assure **l'exécution des lois** et exerce le **pouvoir réglementaire** : il dispose donc de l'administration et des forces armées et **nomme aux emplois** civils et militaires.

Il joue un rôle central dans la procédure législative avec un **droit d'initiative** et la **maîtrise d'une partie de l'ordre** du jour du Parlement. Celui-ci peut l'habiliter à **légiférer par ordonnances**.

✔ Le Premier ministre et le président

Les relations entre les deux têtes de l'exécutif dépendent des personnalités et des rapports de force politique :
– en 1968, alors qu'il est l'artisan principal de la victoire gaulliste aux législatives anticipées, Pompidou n'est pas reconduit et inaugure le **rôle de « fusible »** du locataire de Matignon ;
– en 1976, Jacques Chirac démissionne, jugeant n'avoir aucune liberté d'action ;
– face à l'« hyper-président » Sarkozy en 2007, François Fillon a eu du mal à exister et s'est vu accusé de n'être qu'un « **secrétaire général de l'Élysée-bis** ».

La cohabitation déplace l'essentiel du pouvoir vers le Premier ministre, appuyé sur l'Assemblée nationale.

2. Le gouvernement

✔ Nomination

Le gouvernement comprend le Premier ministre, des ministres d'État (titre honorifique de préséance), des ministres en plein exercice, des ministres délégués, des secrétaires d'État, parfois des hauts commissaires, tous **nommés par le président de la République sur proposition du Premier ministre**. Tous forment un **organe collégial**, **solidaire** et **hiérarchisé**.

✔ L'action du gouvernement

Le gouvernement assiste le Premier ministre dans la **mise en œuvre de la politique** déterminée par le président de la République. Chaque ministre dispose **d'un cabinet** de conseillers et d'une administration. Le lieu de décision (à l'unanimité) est le **Conseil des ministres**, présidé par le président de la République (sinon c'est un Conseil de gouvernement), généralement **le mercredi**.

Le gouvernement joue également un **rôle éminent dans le travail législatif** (→ fiche sur le Parlement).

L'État dispose de pouvoirs face aux situations exceptionnelles en pouvant décréter :

L'état de siège	**L'état d'urgence**	**Application des mesures de l'article 16 de la Constitution**
(article 36 de la Constitution) Restriction libertés publiques, pouvoirs de police par les militaires, juridictions militaires	Péril imminent ou calamité, renforce les pouvoirs des autorités civiles, restriction libertés publiques	Menaces majeures sur la République, la Nation, le territoire national

✔ Responsabilité politique et responsabilité pénale

Le gouvernement est **politiquement responsable devant le président de la République** et **devant le Parlement**. Un changement partiel s'appelle un **remaniement**, qui vise à redonner du dynamisme à une équipe affaiblie.
Tout membre du gouvernement est **politiquement responsable de son administration**, dont la sanction est la révocation ou la démission. Il est **pénalement responsable** des actes accomplis dans l'exercice de ses fonctions s'ils sont qualifiés de **crimes ou de délits** devant la **Cour de justice de la République**. Par ailleurs, il doit remettre une situation de patrimoine au début et à la fin de ses fonctions.

FICHE 8

Le Parlement

Après avoir vu ses pouvoirs limités en 1958 par rapport à la IVe République, le Parlement en a progressivement retrouvé une partie.

1. Bicaméralisme et rôle du Parlement

✔ Deux chambres parlementaires (*camera*, d'où « bicaméralisme » ou « bicamérisme »)

Si **l'Assemblée nationale représente les citoyens**, d'où une élection au suffrage universel direct, le **Sénat représente les collectivités territoriales** et est donc élu au suffrage universel indirect.

Le bicaméralisme français est **inégalitaire** car **l'Assemblée a plus de pouvoirs** :

- elle seule peut renverser le gouvernement, et donc elle seule peut être dissoute ;
- elle a le dernier mot en cas de désaccord avec le Sénat ;
- elle examine en priorité le projet de loi de finances et le projet de loi de financement de la Sécurité sociale.

Députés et sénateurs sont protégés par un **régime d'immunité parlementaire**.

✔ Le Parlement a vu son rôle renforcé récemment

Il siège en **une session ordinaire sur 9 mois**, à laquelle peuvent s'ajouter des **sessions extraordinaires** et des **sessions de plein droit**.

- Son rôle a été renforcé pour l'adoption des lois de finances.
- La **fixation de l'ordre du jour** est davantage maîtrisée par les assemblées.
- Le **travail des commissions parlementaires** est revalorisé.
- Le Parlement doit être informé de **l'engagement à l'étranger des forces armées** et autoriser ou non sa prolongation au-delà de quatre mois.

✔ Une initiative législative partagée

PROJET DE LOI →	Texte émanant du gouvernement, examiné pour consultation par le Conseil d'État, adopté en Conseil des ministres, présenté au Parlement.
PROPOSITION DE LOI →	Elle émane du Parlement, qui l'examine. La réforme de 2008 a renforcé leur part : elles représentent désormais 35 % des textes adoptés, contre 20 % auparavant.

Les deux types de textes peuvent faire l'objet d'**amendements**.

2. L'Assemblée nationale

Pour faciliter la formation d'une majorité politique, les législatives sont organisées au **scrutin majoritaire uninominal à deux tours** depuis 1958 (sauf en 1986). Il y a **577 députés** élus pour 5 ans, **siégeant au Palais-Bourbon**.

L'Assemblée **propose des lois** et **vote la loi après débat.** Elle **contrôle les politiques publiques** par des commissions d'enquête, le vote du budget annuel ou les **séances de questions orales** au gouvernement, retransmises à la télévision, ou par les **questions écrites** des députés aux ministres. Elle vote aussi **des résolutions**, avis sur une question déterminée.

Le président de la République **peut dissoudre** l'Assemblée. Le gouvernement peut **engager sa responsabilité** devant l'Assemblée. La procédure de **l'article 49-3** lui permet de faire adopter sans vote un texte par session, parmi lesquelles la loi de finance et la loi de financement de la Sécurité sociale. Au moins 10 % des députés peuvent déposer une **motion de censure** qui contraint le gouvernement à démissionner si elle recueille la majorité absolue des députés (une seule réussit, en 1962).

Il y a **cohabitation** quand la majorité de l'Assemblée nationale n'est pas celle du président de la République : **l'essentiel du pouvoir se déplace vers l'Assemblée.**

En 2022, le président de la République ne dispose que d'une majorité relative à l'Assemblée, une première sous la Ve République.

3. Le Sénat

Le Sénat ne peut pas être dissous : cette permanence explique que **son président assure l'intérim de la présidence de la République** si besoin. Il **siège au palais du Luxembourg**.

Éligibles à 24 ans, les **348 sénateurs** sont élus **pour 6 ans, renouvelés par moitié**, par environ **150 000 grands électeurs** (députés, conseillers généraux, conseillers régionaux et surtout conseillers municipaux ou leurs délégués), au **scrutin majoritaire à deux tours** (circonscriptions avec 3 sénateurs maximum), ailleurs au **scrutin proportionnel par liste** (avec parité stricte). Le Sénat a connu la **première alternance de son histoire en 2011**.

4. La réunion du Parlement en congrès

Le congrès est réuni au château de Versailles dans **trois cas** :

– pour **réviser la Constitution**. Le projet de révision doit être adopté à l'identique par chaque assemblée. Il est ensuite soumis à référendum ou au congrès, qui l'adopte à la majorité des 3/5 ;

– pour **autoriser l'adhésion d'un État à l'Union européenne** à la majorité des 3/5 ;

– pour **entendre une déclaration du président de la République**, qui peut être suivi d'un débat sans vote. Cette disposition a été appliquée le 22 juin 2009 par Nicolas Sarkozy, le 16 novembre 2015 par François Hollande, à la suite des attentats commis trois jours plus tôt à Paris et le 3 juillet 2017 par Emmanuel Macron pour exposer sa politique.

FICHE 9

Les collectivités territoriales

Après des siècles de centralisation, la France s'est dotée d'un ensemble de collectivités territoriales.

1. Les étapes de la décentralisation

✔ « L'acte I » (1982-1986) organisé par le ministre Gaston Defferre

- Le **président du Conseil général** remplace le préfet à la tête de l'exécutif départemental.
- Le **contrôle juridictionnel *a posteriori*** remplace la tutelle administrative *a priori*.
- Les **chambres régionales des comptes** sont créées pour assister le préfet dans le contrôle budgétaire.
- Les **régions** deviennent des collectivités territoriales à part entière.

Cette première étape est poursuivie par plusieurs textes sur **l'intercommunalité**.

✔ « L'acte II » (2003-2004)

En 2003, **l'article 1 de la Constitution** dit désormais de la République que « **son organisation est décentralisée** » et les **collectivités sont** dites « **territoriales** ». Le **principe de subsidiarité** est introduit, le **pouvoir réglementaire** des collectivités reconnu ainsi que leur **droit à l'expérimentation** et leur **autonomie financière**.
En 2004, des **compétences** et des personnels sont transférés.

✔ La réforme territoriale

En 2010, la loi de réforme des collectivités territoriales marque l'arrêt des transferts et une volonté de **simplifier le « millefeuille » territorial**.
Annulée par François Hollande en 2012, la réforme territoriale est relancée sous une autre forme en 2014. Elle fusionne les régions de métropole en **13 super-régions**. La **loi sur la nouvelle organisation territoriale de la République (NOTRe)** redistribue entre les collectivités une partie des compétences et supprime la clause générale de compétences des départements et des Régions.

2. La Région

Jusqu'en 2016, il y avait en métropole **21 Régions** et la **collectivité territoriale de Corse** et, outre-mer, **4 Régions monodépartementales**. Chacune est gérée par un **conseil régional, élu pour six ans** (exceptionnellement pour 4 ans en 2010) au scrutin de liste **proportionnel à deux tours**, qui élit un président et des vice-présidents, formant l'exécutif.
Les principales compétences de la Région sont la création et l'entretien des **lycées**, **l'enseignement supérieur**, la **formation professionnelle**, les **transports publics interrégionaux** (dont les TER) et éventuellement les **aéroports régionaux**. Elle est chef de file pour le développement économique et un acteur essentiel de la politique européenne de cohésion.
La Région est un **acteur majeur de l'aménagement du territoire**. Elle élabore un schéma régional d'aménagement et de développement durable du territoire (**SRADDT**) pour en coordonner les acteurs. Elle négocie avec l'État les **contrats de plan État-Région** (CPER) qui planifient les actions et l'utilisation des fonds européens de la politique de cohésion.

Elle est également un partenaire privilégié de l'UE. Elle mène une action de lobbying par le biais de l'**Association des régions d'Europe** (ARE) et par des **bureaux de représentation** à Bruxelles, soit seule soit en s'associant à plusieurs.
Le **17 décembre 2014**, l'Assemblée nationale adopte définitivement la nouvelle carte des Régions. En juillet 2015, le gouvernement **choisit les capitales régionales**, tandis que le nom des nouvelles entités est choisi en juillet 2016 (Hauts-de-France, Normandie, Grand-Est, Nouvelle Aquitaine et Occitanie sont les nouveaux noms de Région). À compter du 1er janvier 2018, la « collectivité de **Corse** » devient une **collectivité à statut particulier**.

3. Le département

Les 96 départements de métropole et les 3 DOM (la Guyane et la Martinique sont devenues des collectivités uniques) sont gérés par les **conseils départementaux** (anciennement appelés conseils généraux), élus pour 6 ans (autrefois renouvelés par moitié). Ils élisent un président et des vice-présidents, qui forment un exécutif. Leurs compétences évoluent actuellement mais devraient comporter l'entretien des collèges, les services départementaux d'incendie et de secours (**SDIS**), le **ramassage scolaire**, l'aide sociale et la santé, et la gestion des routes et des voies navigables.

ATTENTION

Ne pas confondre :
– décentralisation : transfert de compétences de l'État vers les collectivités territoriales ; et
– déconcentration : transfert de compétences de l'État central vers les niveaux locaux de l'État.

4. La commune

La formation des « communes nouvelles » regroupant de petites communes fait baisser le **nombre de commune en France à 34 955** au 1er janvier 2023. Elles sont administrées par un maire et ses adjoints, issus d'un **conseil municipal élu pour six ans** à un scrutin qui varie selon la taille de la commune. La commune administre un **domaine municipal**, gère des services comme les crèches et les bibliothèques, crée et entretient les **écoles maternelles et primaires**, mène une **action sociale** et peut se doter d'une **police municipale**. De nombreuses compétences sont désormais exercées au sein de **l'intercommunalité**.

L'intercommunalité est renforcée par plusieurs textes dont la loi de modernisation de l'action publique territoriale et d'affirmation des métropoles (**loi Maptam**) de 2014. Aujourd'hui, il y a **22 métropoles** : Aix-Marseille-Provence, Bordeaux, Brest, Clermont-Ferrand, Dijon, Grenoble-Alpes, Lille, Lyon, Metz, Montpellier-Méditerranée, Nancy, Nantes, Nice-Côte-d'Azur, Orléans, Paris, Rennes, Rouen-Normandie, Saint-Étienne, Strasbourg, Toulon, Toulouse, Tours.

5. L'État dans les collectivités territoriales

L'État est représenté en régions et départements par des **directions régionales** et des **directions départementales des ministères**, qui ont reçu plus de responsabilités par la **déconcentration**. Le **préfet représente l'État** (préfet de région, préfet de département, sous-préfet d'arrondissement). Élu local, le **maire** est aussi représentant de l'État avec des pouvoirs de police et d'état-civil. Le préfet a la responsabilité du **contrôle de légalité** des actes des collectivités locales. Le **Secrétaire général à l'action régionale** (SGAR) coordonne en région l'action de l'État et des collectivités.

FICHE 10 Les institutions européennes

1. Schéma général des institutions

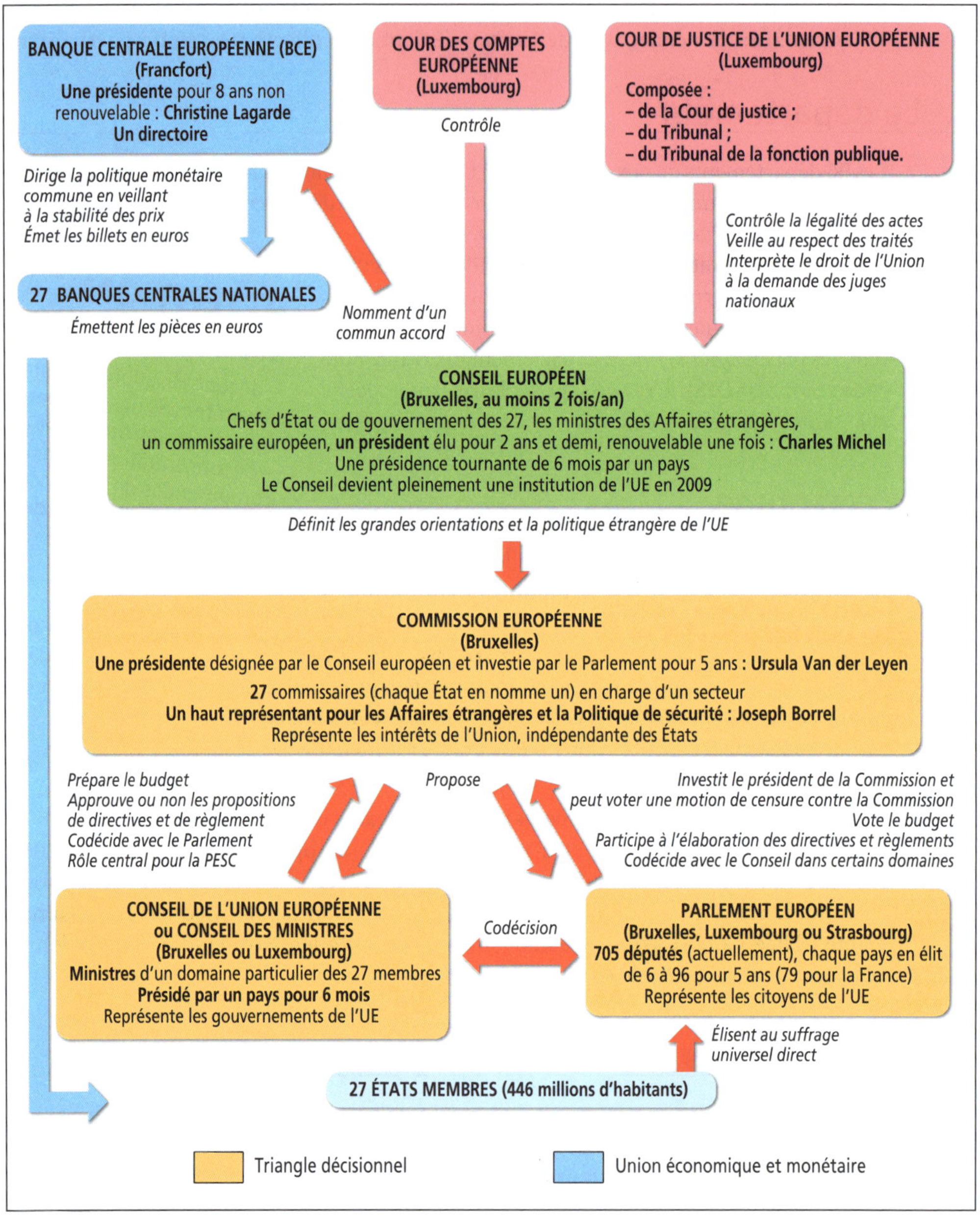

2. Des institutions pour plusieurs Europes ?

La construction européenne a suivi plusieurs voies parallèles : plusieurs institutions à ne pas confondre cohabitent et ont noué des partenariats.

✔ Des conseils

– **Conseil européen** : institution de l'UE, est composé des chefs d'État ou de gouvernement.

– **Conseil de l'Union européenne** ou Conseil des ministres, organe du triptyque décisionnel de l'Union.

– **Conseil de l'Europe**, créé en 1949, forum qui regroupe 47 États en vue de favoriser un espace démocratique et juridique commun. Ce n'est pas une institution de l'UE.

Des cours de justice

– **Cour de justice de l'Union européenne** (CJUE ou « Cour de Luxembourg ») qui veille au respect des traités de l'Union européenne.

– **Cour européenne des droits de l'homme** (CEDH ou « Cour de Strasbourg ») qui veille au respect des droits de l'homme et de la Convention européenne des droits de l'homme de 1950, créée par le Conseil de l'Europe. Depuis le traité de Lisbonne, l'UE adhère à la CEDH et le droit de l'Union peut être interprété par la CEDH.

– **Cour internationale de Justice** (à La Haye), organe spécialisé de l'Onu, n'est donc pas institution de l'UE.

✔ Ne pas confondre

Voir lexique en fin d'ouvrage.

Les prochaines élections européennes auront lieu en **mai 2024**.
Le **29 mars 2017**, le Royaume-Uni a enclenché officiellement le « **Brexit** », procédure de deux ans pour sortir de l'UE. Après plusieurs reports, il est effectif au 31 janvier 2020 mais avec des dispositions transitoires sur l'Irlande du Nord et sur la pêche.

FICHE 11

Organisation judiciaire et juridictions administratives

Depuis la Révolution française, la justice est organisée en deux ordres :
- un ordre judiciaire pour les conflits entre particuliers et les infractions à la loi pénale ;
- un ordre administratif pour les litiges entre les particuliers et l'administration ou entre administrations.

Les conflits de compétence entre les deux ordres sont tranchés par le tribunal des conflits.

1. L'ordre judiciaire

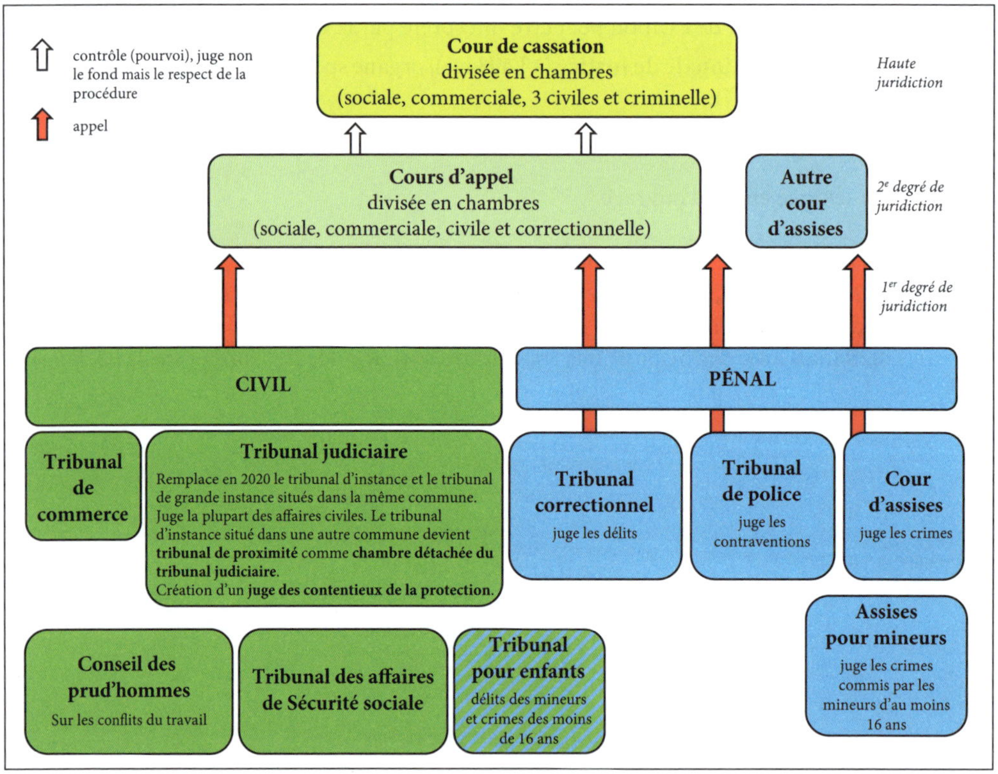

Existant depuis le 1er janvier 2012, le tribunal correctionnel pour mineurs a été supprimé au 1er janvier 2017. Les affaires concernées dépendent désormais du tribunal pour enfants.

2. L'ordre administratif

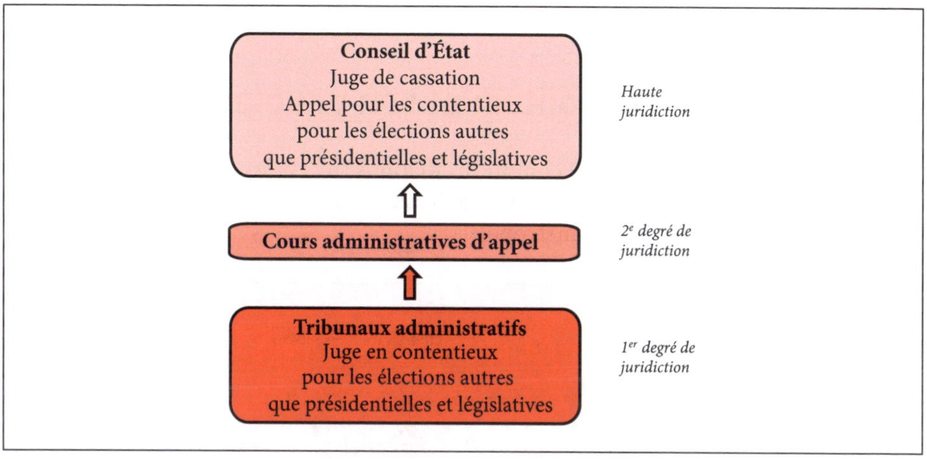

3. Autres institutions

D'autres institutions participent au bon fonctionnement de la justice :

– Formé de neuf juges et des anciens présidents de la République qui le souhaitent, le **Conseil constitutionnel** est juge pour les élections présidentielles, les législatives, les sénatoriales et pour les référendums. Il est aussi juge constitutionnel et à ce titre s'impose à tous, y compris à la Cour de cassation et au Conseil d'État, même si ceux-ci ont des possibilités pour intervenir.

– La révision constitutionnelle de 2007 a créé une **Haute Cour**, qui **remplace la Haute Cour de Justice**. Elle est constituée du Parlement réuni à cet effet, ce qui souligne le caractère politique de la procédure judiciaire exceptionnelle. Elle est saisie à la suite d'une résolution votée par les deux assemblées à une majorité des deux tiers. Elle peut prononcer à vote à bulletin secret la **destitution du Président de la République** en cas de manquement à ses devoirs manifestement incompatible avec l'exercice de son mandat.

En 1993, une révision constitutionnelle a créé la **Cour de Justice de la République** pour juger les crimes et les délits commis par les membres du Gouvernement dans l'exercice de leur fonction : elle se substitue ainsi à la Haute Cour de Justice. Elle comprend quinze juges, soit douze parlementaires élus en nombre égal par chaque assemblée et trois magistrats du siège à la Cour de cassation. Il peut y avoir pourvoi en cassation : si l'arrêt est cassé, l'affaire est jugée par une Cour recomposée auparavant.

La loi de programmation et de réforme pour la justice 2018-2022 a été publiée le 23 mars 2019. Elle vise à plus d'efficacité, dans la mesure où les procédures sont longues et mises en œuvre avec de longs délais. Parmi ses dispositions, le candidat retiendra :

– la réforme des peines avec notamment la création de la détention à domicile sous surveillance électronique, de 15 jours à 6 mois ;

– la refonte de l'ordonnance de 1945 sur la justice des mineurs et la création d'un code de la justice pénale des mineurs ;

– la création du Tribunal judiciaire (voir organigramme) ;

– la création d'un Parquet national antiterroriste (PNAT) ;

– l'expérimentation de la procédure pénale numérique.

FICHE **12** Géographie française

1. Le territoire métropolitain et son peuplement

La métropole (547 030 km²) compte 13 Régions (n° sur la carte) **et 96 départements.** Selon les estimations de l'Insee au 1er janvier 2018, la France compte **68 millions d'habitants**, dont 65,2 millions en métropole.

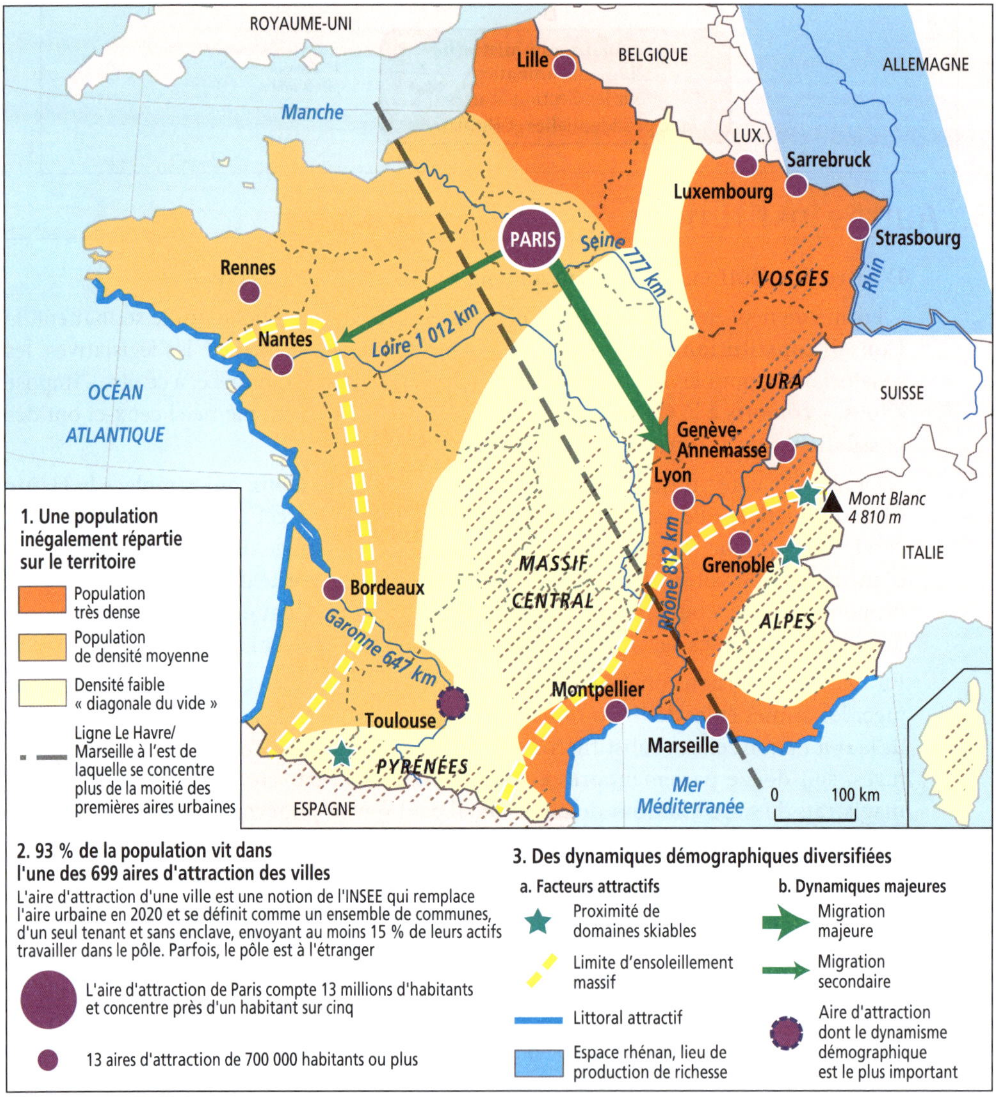

2. Les 18 régions

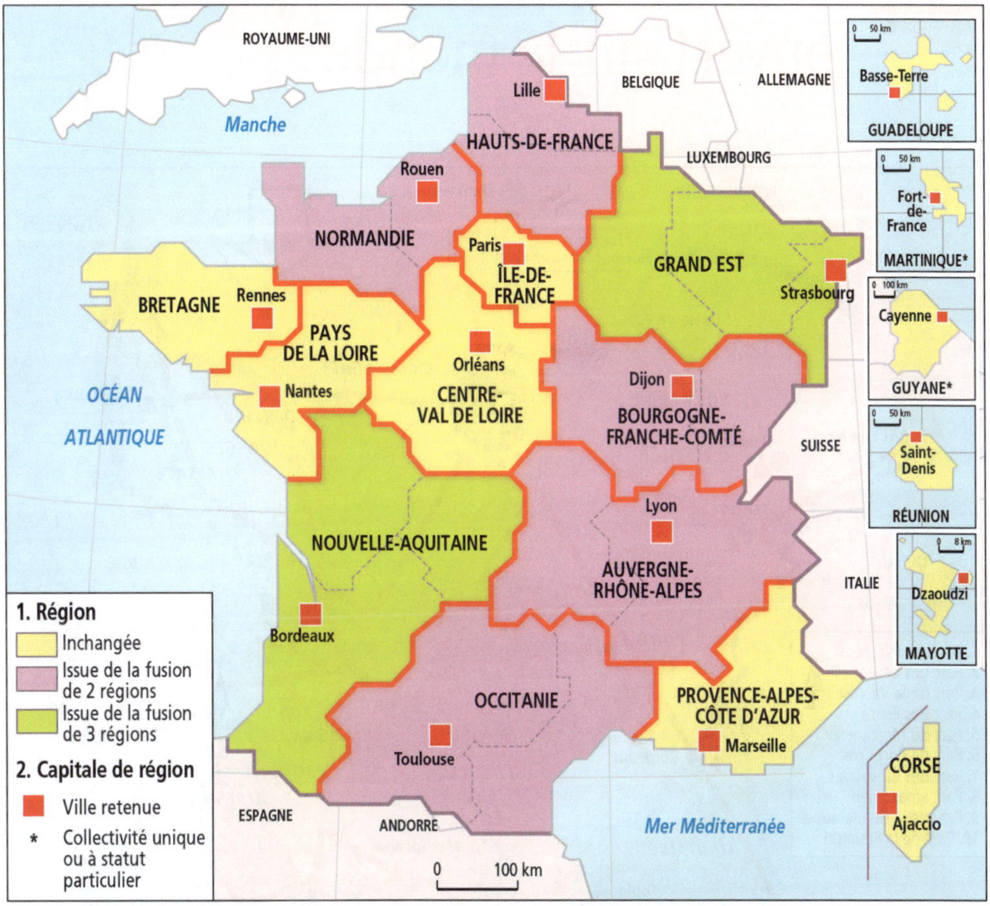

La taille des régions a été invoquée plusieurs fois pour expliquer leur faible poids économique au regard des *Länder* allemands, souvent pris comme référence, alors qu'ils ont des tailles très variables, comme en témoignent les *Länder* de Hambourg, de Brême ou de la Sarre. Dès 2008, le comité Balladur avait proposé de créer des régions plus puissantes. Le **17 décembre 2014**, l'Assemblée nationale adopte définitivement une nouvelle carte de la métropole avec 13 « super-régions » et, en juillet 2015, le gouvernement **choisit les futures capitales régionales**, tandis que le nom des nouvelles entités a été choisi en juillet 2016. Cette réforme s'accompagne de modifications dans les compétences des collectivités territoriales avec la loi sur la **Nouvelle organisation territoriale de la République (NOTRe)**. Les dernières élections régionales ont eu lieu en juin 2021.

À noter : La Guyane et la Martinique sont des collectivités territoriales uniques depuis 2015, de même que la « collectivité de Corse » depuis le 1er janvier 2018.

FICHE 13

La France, un espace productif ouvert sur le monde

3 départements et régions d'outre-mer (DROM) : Guadeloupe, Réunion et Mayotte ; 2 collectivités uniques bénéficiant du statut de régions ultrapériphériques (RUP) de l'Union européenne : Guyane et Martinique.

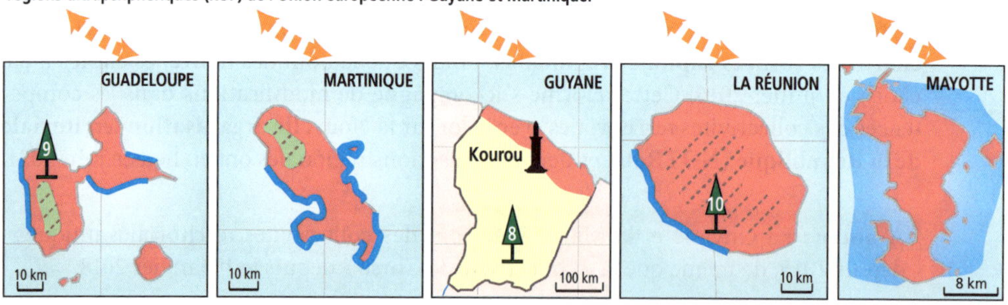

1. Les espaces productifs de la 7e économie mondiale (PIB = 2 762 milliards de dollars)

a. La France est la 1re puissance agricole de l'UE

- Agriculture de grande production et d'exportation
- Cultures tropicales des DROM, exportées en partie vers la métropole

b. En perte de vitesse, l'indusrie française reste la 7e mondiale et la 4e européenne

- À l'est de la ligne Le Havre/Marseille se concentre encore l'essentiel de l'industrie
- Grandes métropoles et grandes régions industrielles
- Zones industrialo-portuaires (ZIP)
- Technopôles et pôles de compétitivité

c. Le tertiaire représente près de 80 % du PIB français

- La Défense, 1er quartier d'affaires européen
- Domaine skiable de réputation mondiale
- Littoral dont la fréquentation est internationale

2. Un espace transformé par les dynamiques de la mondialisation

a. Au cœur de flux mondialisés

- 2e trafic maritime mondial, qui dessert la *Northern Range*, « rangée du Nord » de ports du Havre à Hambourg
- 1er port européen d'exportation agroalimentaire
- Hub de Roissy-Charles-de-Gaulle (9e aéroport mondial, 57,5 millions de passagers)

b. Un carrefour de flux européens

- Tunnels transfrontaliers d'importance européenne
- Axes majeurs de communication et connexions avec le reste de l'UE, éléments du Réseau transeuropéen de transport (RTE-T)
- Axe rhénan, qui structure la mégalopole européenne de Londres à Milan

c. Les flux enrichissent et transforment le territoire

- Le 1er flux mondial de touristes étrangers *(en millions)* produit 64 milliards d'euros de recettes (3e après les États-Unis)
- Régions qui reçoivent le plus d'IDE (investissements directs à l'étranger)

3. Certains espaces sont moins bien intégrés mais présentent ponctuellement des atouts

a. Espaces en difficulté, nécessitant des aides nationales ou européennes

- Progression de la friche et reboisement partiel
- Massif montagneux, soumis à de fortes contraintes, notamment pour le transport, mais attractif pour le tourisme
- Espace industriel en crise ou en reconversion

b. La nature de certains territoires est fortement contraignante mais peut aussi être valorisée

- Insularité ou éloignement, source de surcoût
- Base de lancement spatial la mieux située au monde car sa proximité avec l'équateur lui donne le plus de vitesse intiale
- Parc national, outil pour un tourisme qui préserve la richesse naturelle
- Parc naturel marin

ENTRETIEN

FICHE 14 Histoire

1. D'une guerre mondiale à l'autre

La **Première Guerre mondiale (1914-1918)** voit les armées s'enterrer dans des **tranchées** pendant trois ans et **l'arrière** se mobilise pour fournir armes et nourriture. Cette nouvelle forme de guerre fait près de **10 millions de morts** et 6,5 millions d'invalides. Elle s'accompagne d'un génocide contre les **Arméniens, en 1915, perpétré** par l'Empire ottoman (800 000 morts).

En 1919, le **traité de Versailles** redessine la carte de l'Europe tandis que la fondation de la **Société des nations (SDN)** suscite l'espoir d'une paix nouvelle. Dans les années 1930, la **grande dépression économique** favorise l'arrivée au pouvoir d'Hitler (1933), qui multiplie les coups de force, conduisant à une **Seconde Guerre mondiale (1939-1945)**.

Après les **victoires allemandes de la « guerre éclair »**, **l'année 1942 marque un tournant** en faveur des Alliés comme à **Stalingrad**, **Bir Hakeim** ou **Midway**. L'Allemagne capitule le 8 mai 1945, le Japon après les bombardements atomiques d'**Hiroshima** et de **Nagasaki**. Cette **guerre d'anéantissement** a vu des populations entières massacrées, les civils bombardés ou objets de représailles. L'Allemagne nazie anéantit près de 6 millions de Juifs, notamment par des exécutions massives dans l'est de l'Europe (« **Shoah par balles** »), puis dans les **chambres à gaz** des **camps d'extermination**, dont **Auschwitz-Birkenau**. En 1945 naît **l'Organisation des Nations unies** (ONU), successeur de la SDN.

2. Le siècle des totalitarismes

Si le mot apparaît à propos du fascisme italien, « totalitarisme » désigne un nouveau régime politique, incarné principalement par le stalinisme et par le nazisme, mais aussi par la Chine de Mao (1949-1976) ou le Cambodge des Khmers rouges (1975-1978).

Caractéristiques des totalitarismes	Stalinisme (1929-1953) en URSS, communisme jusqu'en 1990	Nazisme (1933-1945) en Allemagne
Une idéologie millénariste	Communisme	Avènement du Reich de mille ans
Objectif d'un homme nouveau	L'homme soviétique, issu du prolétariat	L'aryen
Parti unique	Parti bolchévique	Parti nazi ou NDSAP
Terreur de masse	Police politique (NKVD), grands procès ; goulag	SS, Gestapo ; camps de concentration et d'extermination
Propagande	Statistiques faussées, culte de Staline « Petit Père des peuples »	Culte du Führer
Centralisation et planification de l'économie	Planification quinquennale	Planification de l'économie de guerre
Définition d'ennemis	*Koulaks* qui refusent la collectivisation, trotskystes vrais ou supposés, nationalités suspectes (ex. : Tatars, Tchétchènes), juifs, chrétiens	Juifs, tsiganes, communistes, homosexuels, handicapés mentaux

3. La guerre froide

De 1947 à 1989, les relations internationales sont structurées par la confrontation de deux **blocs idéologiques** menés par l'URSS et par les États-Unis : c'est la guerre froide. L'Europe est partagée en deux par le « **rideau de fer** », complété par le **mur de Berlin** en 1961. La **menace de l'arme nucléaire** empêche toute confrontation directe des deux superpuissances mais non des crises locales (blocus de Berlin 1948-1949, crise de Cuba en 1962, crise des euromissiles 1977-1987) et des conflits de grande ampleur (Corée 1950-1953, Vietnam 1964-1973, Afghanistan 1979-1988). À la tête de l'URSS en 1985, **Mikhaïl Gorbatchev** met progressivement fin à la guerre froide.

La **décolonisation** conduit à l'indépendance plusieurs dizaines d'États, dont certains tentent de s'affirmer comme un « **tiers-monde** » à la **conférence de Bandoeng** (1955). Aujourd'hui, le tiers-monde est devenu pluriel : les **pays les moins avancés** (PMA) rencontrent d'immenses difficultés, tandis que les « **émergents** » deviennent des nouveaux pays industrialisés (NPI).

4. La construction européenne

Instituée en **1951**, la **Communauté européenne du charbon et de l'acier** (CECA) est la première étape de la construction européenne, poursuivie en **1957** par la **Communauté économique européenne** (CEE), fondée par six pays (Allemagne, France, Italie, Belgique, Pays-Bas et Luxembourg). Après **six élargissements** (1973, 1981, 1986, 1995, 2004 et 2007), l'Europe compte **27 membres**. La CEE est devenue Union européenne avec le **traité de Maastricht** (1993), qui a ouvert la voie à l'adoption de l'**euro** comme monnaie unique par 17 membres. En 2009, le **traité de Lisbonne** renforce les institutions européennes (→ fiche 12).

5. Du « nouvel ordre mondial » à aujourd'hui

La fin de l'opposition américano-soviétique débloque l'ONU et fait espérer l'avènement d'un « nouvel ordre mondial ». Face à l'**invasion du Koweït par l'Irak** (2 août 1990), l'ONU parvient à mobiliser une coalition pour libérer l'État pétrolier en **1991** (**guerre du Golfe**). Cet optimisme est tempéré par le retour de la guerre en Europe avec **l'éclatement de la Yougoslavie** en 1991. Au **Rwanda**, un génocide tue 800 000 Hutus en 1994.

Les attentats du **11 septembre 2001** rappellent l'instabilité du monde et conduisent les États-Unis à envahir l'**Afghanistan**, puis l'**Irak** en 2003. La mort du chef d'Al-Qaïda, Ben Laden, en 2011 ne met pas fin au terrorisme islamiste, que poursuit « l'État islamique » (EI) ou « Daech » de 2014 à la mort de son fondateur Al-Baghdadi, le 26 octobre 2019. Daech reste actif dans plusieurs pays du Moyen-Orient. En 2021, 20 ans après l'invasion par les Américains qui les a chassés du pouvoir, l'Afghanistan retombe sous le contrôle des Talibans. En 2020, le Moyen-Orient reste un foyer de tensions, autour de l'Iran. Par ailleurs, les relations internationales sont profondément bouleversées par la crise sanitaire de la Covid-19 : elle accentue l'antagonisme entre Pékin et Washington, qui s'accusent mutuellement de mal gérer la pandémie, et conduit à un effondrement du trafic aérien, l'un des piliers de la mondialisation, en lien avec la fermeture partielle ou totale de nombreuses frontières.

FICHE 15

Rappels chronologiques

Le monde de l'après-11-Septembre.

1. Les conséquences du 11-Septembre

7 octobre 2001 : début de la guerre en Afghanistan.
20 mars 2003 : les États-Unis et le Royaume-Uni envahissent **l'Irak**.
11 mars 2004 : **attentats à Madrid** (200 morts) attribués à des islamistes marocains.
7 juillet 2005 : **attentats suicides** à Londres (56 morts).
11 septembre 2001 : les attentats rappellent l'instabilité du monde et conduisent les États-Unis à envahir l'Afghanistan, puis l'Irak en 2003.
2011 : la mort du chef d'Al-Qaïda, Ben Laden, ne met pas fin au terrorisme islamiste, que poursuit « l'État islamique » (EI) ou « Daech » de 2014 à la mort de son fondateur Al-Baghdadi, le 26 octobre 2019.
2020 : le Moyen-Orient reste un foyer de tensions, autour de l'Iran.
15 août 2021 : les Talibans entrent dans Kaboul. Dans les deux semaines qui suivent, un pont aérien évacue les ressortissants étrangers et des Afghans compromis avec les Occidentaux.

2. Actualité mondiale générale

23 décembre 2006 : la résolution 1737 du Conseil de sécurité des Nations unies est la première à condamner le **programme nucléaire militaire iranien**.
Mars 2007 : début de la crise américaine des ***subprimes***.
7-12 août 2008 : **guerre dite « des cinq jours »** entre la Russie et la Géorgie.
9 octobre 2009 : nouveau président américain, **Obama** reçoit le **prix Nobel de la paix**.
12 janvier 2010 : **tremblement de terre à Haïti** (environ 220 000 morts).
Juillet 2010 : **Wikileaks** commence à divulguer des documents diplomatiques confidentiels.
14 janvier 2011 : départ de **Tunisie** du président **Ben Ali** : premier acte du « printemps arabe ».
11 mars 2011 : le nord-est du Japon, notamment **la centrale nucléaire de Fukushima**, est frappé par un séisme, puis par un tsunami (25 000 morts, des dégâts considérables).
14 mars 2012 : dix ans après sa création, la **Cour pénale internationale** (CPI) a rendu son **premier verdict** en reconnaissant coupable de crimes de guerre Thomas Lubanga, chef de guerre au Congo.
30 mai 2012 : le Tribunal spécial pour la Sierra Leone (TSSL) condamne à cinquante ans de prison **Charles Taylor** ; c'est le **premier chef d'État condamné** pour des crimes dans l'exercice de ses fonctions.
13 mars 2013 : élection du **pape François** après la démission de Benoît XVI.
5 décembre 2013 : **mort de Nelson Mandela,** qui reçoit un hommage planétaire.
18 mars 2014 : annexion de la Crimée par la Russie.
1er janvier 2017 : Ban Ki-moon quitte ses fonctions de **secrétaire général des Nations unies** et lui succède **Antonio Guterres**, ancien Premier ministre portugais et ancien haut-commissaire des Nations unies aux réfugiés (2005-2015).
20 janvier 2017 : entrée en fonction comme 45e président des États-Unis de Donald Trump, candidat républicain élu le 9 novembre précédent face à Hillary Clinton.
8 mai 2018 : Donald Trump **retire les États-Unis de l'accord historique** sur le nucléaire iranien du 14 juillet 2015.

2 avril 2019 : l'inamovible président algérien Abdelaziz Bouteflika démissionne.
11 avril 2019 : destitution d'Omar el-Béchir au Soudan.
17 mars 2020 : Premier confinement en France pour le Covid-19. 120 000 morts environ lui sont attribués fin 2021.
4 août 2020 : une gigantesque explosion dévaste une partie de Beyrouth.
3 novembre 2020 : élection présidentielle américaine remportée par le démocrate Joe Biden.
26 juillet et 30 août 2023 : coup d'État au Niger et remise en cause de la présence française au Gabon.
7 octobre 2023 : attaque massive du Hamas en Israël depuis la bande de Gaza, 1 200 morts environ.

3. L'Europe

1er janvier 2002 : mise en circulation de l'euro.
29 mai 2005 : échec du référendum français pour ratifier le traité de Rome établissant une **Constitution pour l'Europe**.
17 février 2008 : le **Kosovo** proclame son indépendance.
1er décembre 2009 : entrée en vigueur du **traité de Lisbonne**.
2 mars 2012 : signature du **Traité pour la stabilité, la coordination et la gouvernance dans l'Union économique et monétaire,** à l'exception du Royaume-Uni et de la République tchèque.
1er juillet 2013 : la **Croatie** devient le 28e pays membre de l'Union européenne.
14 août 2015 : 3e accord sur un **plan d'aide financier à la Grèce**, qui évite le « Grexit ».
12 septembre 2015 : l'Allemagne rétablit le **contrôle à sa frontière** avec l'Autriche et la Hongrie ferme la sienne avec la Serbie face à l'afflux de migrants.
22 mars 2016 : trois attentats commandés par Daech à Bruxelles, 35 morts.
27 octobre 2017 : la Catalogne vote son indépendance, aussitôt suspendue par Madrid.
1er décembre 2019 : début de la Commission présidée par Ursula von der Leyen.
12 décembre 2019 : victoire des conservateurs aux législatives britanniques : le Brexit approuvé par référendum le 23 juin 2016 est effectif depuis le 31 janvier 2020, mais avec une période de transition jusqu'au 31 décembre 2020.
21 juillet 2020 : les 27 membres de l'UE s'accordent sur un vaste plan de relance dans le cadre de la crise de Covid-19.
17 novembre 2021 : la Biélorussie fait pression sur l'UE en poussant des milliers de migrants à forcer la frontière avec la Pologne.
24 février 2022 : invasion de l'Ukraine par la Russie.

4. La France

21 avril 2002 : **Jean-Marie Le Pen en 2e position au 1er tour** des élections présidentielles.
23 juillet 2008 : modification constitutionnelle du mandat présidentiel et du rôle du Parlement.
7-9 janvier 2015 : série d'actes terroristes, notamment contre l'hebdomadaire *Charlie Hebdo*.
13 novembre 2015 : attaques terroristes à Paris, revendiquées par Daech, 130 victimes.
14 juillet 2016 : attaque terroriste à Nice (86 morts) et le 26 : le père Hamel est assassiné.
17 novembre 2018 : début du mouvement de contestation des « gilets jaunes ».
15 avril 2019 : incendie de Notre-Dame de Paris.
17 mars 2020 : premier confinement en France pour le Covid-19. 120 000 morts environ lui sont attribués fin 2021.
2021 : la croissance devrait être de 6,25 % après -8,1 % en 2020.
14 avril 2022 : promulgation de la loi de réforme des retraites après plusieurs mois de contestation sociale.

QCM

20 min

À titre indicatif, voici une liste de questions susceptibles d'être posées le jour de l'oral, liste non exhaustive.

1. Les places ou rues du 19-Mars évoquent :

❒ **a.** la fondation de l'Europe en 1951
❒ **b.** l'entrée en vigueur de la Constitution de la Ve République en 1958
❒ **c.** les accords d'Évian qui mettent fin à la guerre d'Algérie en 1962
❒ **d.** la signature du traité franco-allemand de réconciliation en 1963

2. Lequel de ces fleuves ne prend pas sa source dans les Alpes ?

❒ **a.** Le Rhin
❒ **b.** Le Rhône
❒ **c.** Le Pô
❒ **d.** Le Danube

3. En 2023, lequel de ces chefs de gouvernement n'est plus au pouvoir ?

❒ **a.** Olaf Scholz
❒ **b.** Boris Johnson
❒ **c.** Georgia Meloni
❒ **d.** Kaja Kallas

4. La seule volaille à bénéficier d'une appellation d'origine contrôlée est :

❒ **a.** le poulet de Bresse
❒ **b.** le poulet breton
❒ **c.** le poulet du Gers
❒ **d.** la dinde du Périgord

5. Le « SGAR » est :

❒ **a.** un élu chargé par la Région de négocier avec l'État
❒ **b.** un sous-préfet chargé de coordonner l'action de l'État et des collectivités d'une Région
❒ **c.** un préfet chargé de la sécurité d'une Région
❒ **d.** un secrétaire général auprès du président de la République

6. Le vaste programme d'infrastructures de transport impulsé par la Chine en Asie s'appelle :

❒ **a.** le « collier de perles »
❒ **b.** la « nouvelle route de la soie »
❒ **c.** la « nouvelle route des épices »
❒ **d.** le « carrefour eurasien »

7. En 2023, le dernier film d'Harrison Ford s'intitule :

❒ **a.** *Indiana Jones et le soleil de la destinée*
❒ **b.** *Indiana Jones et le cadran solaire*
❒ **c.** *Indiana Jones et le cadran de la destinée*
❒ **d.** *Indiana Jones et la destinée solaire*

8. En 2023, la France commémore la mort de :

❒ **a.** Victor Hugo
❒ **b.** Napoléon III
❒ **c.** Louis XIV
❒ **d.** François Mitterrand

9. Le chef d'État de Corée du Nord s'appelle :

❒ **a.** Kim Jong-il.
❒ **b.** Kim Jong-un.
❒ **c.** Kim Il-Sung.
❒ **d.** Kim Un-Sung.

10. En 1637 a eu lieu ce qu'on a appelé le « premier krach boursier » de l'histoire, marqué par l'éclatement d'une bulle spéculative sur :

❒ **a.** le poivre
❒ **b.** l'or
❒ **c.** le coton
❒ **d.** la tulipe

11. Le franc-or du XIXe siècle est aussi appelé « franc germinal » en référence :

❒ **a.** au mois du calendrier révolutionnaire de sa création
❒ **b.** à la semeuse qui est représentée dessus
❒ **c.** au nom de celui qui a gravé la pièce
❒ **d.** au cours du blé exprimé en poids d'or

12. Adopté en 1944, le programme du CNR est :

❒ **a.** un plan d'action pour libérer le pays
❒ **b.** un programme politique pour reconstruire le pays
❒ **c.** un programme de recherche d'armes secrètes
❒ **d.** un programme des communistes

13. Lequel de ces romans n'est pas de Zola ?

❒ **a.** *Germinal.*
❒ **b.** *Nana.*
❒ **c.** *La Condition humaine.*
❒ **d.** *La Bête humaine.*

→ *Retrouvez les corrigés en p. 171*

14. Le « vin fou » est un vin :

❒ **a.** interdit à cause de ses effets sur le cerveau
❒ **b.** bu lors de la « fête des fous » autrefois dans le Nord
❒ **c.** de Champagne servi autrefois dans les asiles psychiatriques
❒ **d.** mousseux du Jura

15. Laquelle de ces villes n'est pas en Crimée ?

❒ **a.** Sébastopol
❒ **b.** Simferopol
❒ **c.** Yalta
❒ **d.** Donetsk

16. Sur le drapeau de l'Union européenne, il y a :

❒ **a.** six étoiles d'or
❒ **b.** dix étoiles d'or
❒ **c.** douze étoiles d'or
❒ **d.** quinze étoiles d'or

17. Quel académicien est mort en 2023 ?

❒ **a.** Jean d'Ormesson
❒ **b.** René de Obaldia
❒ **c.** Marc Fumaroli
❒ **d.** Hélène Carrère d'Encausse

18. En France, le 1er mai a été déclaré officiellement la fête du Travail :

❒ **a.** par Georges Clemenceau
❒ **b.** sous le Front populaire
❒ **c.** par le maréchal Pétain
❒ **d.** en mai 1968

19. Le seul pays de religion officielle chiite depuis plusieurs siècles est :

❒ **a.** l'Irak
❒ **b.** l'Iran
❒ **c.** le Yémen
❒ **d.** la Syrie

20. Avant d'être marqués par de la peinture blanche, les passages piétons étaient indiqués par :

❒ **a.** des pavés de couleur
❒ **b.** du sable coloré
❒ **c.** de grosses dalles blanches
❒ **d.** de gros clous

→ *Retrouvez les corrigés en p. 171*

QUESTIONS PERSONNELLES

20 min

1. Quels enseignements tirez-vous de vos expériences professionnelles ?

2. Quel fait récent d'actualité a retenu votre attention ?

3. Comment vous êtes-vous préparé au concours ?

4. Quelle personnalité admirez-vous ?

5. Vous arrive-t-il de prendre des risques ?

6. Selon vos proches, quels sont vos défauts ?

7. Quels pays étrangers connaissez-vous ?

ATTENTION

Il n'existe pas de « réponse type ». A chacun, en fonction de sa personnalité, de fournir une réponse personnelle. Montrez-vous franc et naturel.

8. Avez-vous déjà vécu en collectivité ?

9. Si vous échouez au concours de gendarme, qu'allez-vous faire ?

10. Avez-vous des activités associatives ?

QUESTIONS PROFESSIONNELLES

1. Que pensez-vous du port de l'arme ?

2. Aimez-vous commander ?

3. Pourquoi avoir choisi la gendarmerie plutôt que la Police nationale ?

4. La hiérarchie est-elle toujours nécessaire ?

5. Quels sont les avantages et les inconvénients du métier de gendarme ?

6. Selon vous, dans quel cas un gendarme peut-il se montrer violent ?

7. Quelle est la solde d'un gendarme ?

20 min

8. Pensez-vous avoir les qualités requises pour être gendarme ?

9. Êtes-vous prêt à vivre en caserne ?

10. Quel sens donnez-vous aux termes « service public » ?

11. Quels sont les principaux services de la Gendarmerie nationale ?

→ *Retrouvez les corrigés en p. 171*

CORRIGÉS

QCM

CORRIGÉ

1 c.	2 d.	3 b.	4 a.	5 b.
6 b.	7 c.	8 b.	9 b.	10 d.
11 a.	12 b.	13 c.	14 d.	15 d.
16 c.	17 d.	18 c.	19 d.	20 d.

QUESTIONS PERSONNELLES

1. Comme pour les autres questions, et pour l'entretien d'une manière générale, vous devez vous efforcer de toujours rester sur une note positive. Même dans vos expériences les plus négatives, vous devez chercher ce que cela a pu vous apporter sur le plan personnel. De même, essayez de faire le lien avec l'acquisition de compétences ou d'expériences en lien avec le métier de gendarme (exemples : informatique, secourisme, langues étrangères...).

2. Le choix est bien entendu libre. Néanmoins, une victoire sportive ou un mariage princier ne sont pas tout à fait des événements à propos desquels le jury souhaite que vous vous exprimiez. Choisissez un fait d'actualité sur lequel vous pouvez fournir un commentaire personnel. D'une manière générale, soyez bien au courant de l'actualité, notamment dans les domaines pouvant concerner la gendarmerie.

3. Cette question doit être l'occasion de démontrer votre motivation. Vous n'êtes pas là par hasard, vous avez pris le temps et les moyens de vous préparer au concours.

4. Un sportif ou un chanteur ne sont pas forcément des personnes manquant d'exemplarité, mais il est préférable de choisir une personnalité plus tournée vers le service à autrui ou à son pays. Soyez prêt à développer et à justifier votre réponse si le jury vous demande de le faire.

5. Naturellement, tout le monde a des défauts. Néanmoins, il vous faut réfléchir sérieusement à leur compatibilité avec l'exercice du métier de gendarme.

6. Outre vos voyages, le jury s'intéressera à vos loisirs, vos lectures, vos goûts en matière de cinéma, vos pratiques sportives... Montrez-vous curieux et ouvert, mais n'inventez rien. Le jury aurait alors tôt fait de vous démasquer et de vous pénaliser.

7. Même si vous n'avez jamais vécu en collectivité, vous devrez pouvoir l'accepter (le gendarme fait toujours un travail d'équipe et il est logé sur son lieu de travail). La capacité d'adaptation, le sens du collectif, l'ouverture d'esprit et la tolérance envers les autres sont alors des qualités essentielles.

8. Le retenter bien sûr ! mais en ayant toujours une alternative. Par exemple, vous pouvez exercer un travail ou reprendre des études, tout en préparant à nouveau le concours de gendarme.

QUESTIONS PROFESSIONNELLES

1. L'arme est une nécessité professionnelle. Son cadre d'utilisation est strictement encadré. Connaissez et précisez devant le jury le cadre de la légitime défense, notamment dans ses spécificités pour les gendarmes.

2. Sans tomber pour autant dans l'autoritarisme, il est difficile de répondre négativement à cette question. Un gendarme est un agent de l'autorité. Le sens de l'autorité fait partie des critères d'évaluation d'un candidat.

3. Sans dénigrer la Police nationale, il faut savoir défendre son choix, en évoquant ce qui vous attire davantage dans la gendarmerie. Il n'est pas, non plus, exclu de présenter les deux concours.

4. La Gendarmerie nationale est un corps de militaires, fortement hiérarchisé. Il faut savoir l'accepter, même si cela peut parfois être contraignant.

5. Si les avantages sont souvent évidents, toute médaille a son revers. À vous de réfléchir à cette question et de trouver quelques illustrations (travail éloigné de sa région d'origine, large disponibilité, risques professionnels...).

6. La violence peut être légitime. Rappelez-vous que Max Weber définissait l'État comme l'institution qui détient le monopole de la violence légitime. Il n'empêche que l'utilisation de la force est strictement encadrée.

7. L'introduction de ce manuel vous donnera la réponse.

8. Réfléchissez à ces qualités et mettez-les en comparaison avec vos qualités personnelles, telles que définies par vous-même et vos proches. Il est évident qu'un gendarme doit être honnête et présenter un sens réel du devoir.

9. Les gendarmes et leur famille ne vivent pas réellement en caserne. En revanche, la proximité des collègues et de la hiérarchie peut rendre difficile une certaine intimité familiale.

10. C'est à chacun d'avoir sa propre définition du service public, mais le cœur de votre réponse doit concerne le dévouement à la nation, notamment en raison du fort engagement personnel que peuvent présenter certaines missions de la gendarmerie.

11. Sans avoir une connaissance très large de la Gendarmerie nationale, vous devez en connaitre l'organisation, les principaux services et les missions majeures. La première partie de ce manuel présente clairement les services de la gendarmerie nationale. Vous devez être capable de les présenter sommairement et, le cas échéant, pouvoir indiquer dans quel service vous souhaitez servir.

PARTIE 1

Préparation aux épreuves

Chapitre 8
Épreuve physique gendarmerie (concours externe et interne)

Fiche de méthode

FICHE

Conseils

La sélection physique des candidats au concours de gendarme repose, outre sur l'attestation de natation (d'un minimum de 100 mètres, celle-ci est exigée lors de la constitution du dossier de candidature), sur une épreuve bien spécifique : l'épreuve physique gendarmerie (EPG).

1. Présentation de l'épreuve physique gendarmerie (EPG)

Sur Internet, vous pouvez visionner une vidéo de démonstration de cette épreuve en suivant ce lien : **www.lienmini.fr/EPG**.

L'épreuve physique gendarmerie se compose de trois ateliers distincts :
- un parcours chronométré d'obstacles;
- la simulation chronométrée d'un combat;
- le transport d'un poids (évalué : échec ou réussite).

Les candidats doivent présenter, le jour de l'épreuve sportive, un certificat médical mentionnant leur aptitude à subir cette épreuve. Ce certificat doit dater de moins d'un an.

Cette épreuve est affectée du coefficient 3, et toute note inférieure à 3 sur 20 est éliminatoire.

✔ Atelier n° 1 : Le parcours d'obstacles

Le candidat accomplit six fois le parcours d'une longueur de 50 mètres en appliquant les consignes suivantes :

1. Partir du cône de départ, courir en direction du cône 1.

2. Contourner le cône 1, traverser en diagonale en direction du cône 2. Avant d'atteindre ce cône, franchir d'un bond, sans le toucher, un obstacle (tapis de sol) de 1,80 m de long pour les hommes, de 1,60 m de long pour les femmes. À la réception, tourner à gauche autour du cône 2 et se diriger vers l'escalier.

3. Monter et descendre l'escalier en courant, en touchant au moins une marche en montant, la plate-forme supérieure et une marche en descendant.

4. Contourner le cône 3, remonter et redescendre l'escalier puis se diriger vers le cône 4.

5. Tourner à gauche et se diriger en diagonale vers le cône 5. Avant d'atteindre ce cône, sauter deux obstacles de 45 cm de haut, distants de 3 mètres.

6. Au cône 5, tourner à droite et se diriger vers le cône de départ. Avant d'atteindre ce dernier, franchir une poutre placée à 0,90 m du sol, maîtriser sa réception et se laisser tomber sur le dos ou sur le ventre (alternativement à chaque tour). Se relever sans aide (ne pas se retourner si l'on tombe sur le ventre, ne pas rouler sur le côté lorsque l'on tombe sur le dos, ne jamais s'aider de la poutre) et contourner le cône de départ avant d'accomplir un autre tour.

7. Lorsque les six tours sont terminés, se diriger vers l'atelier n° 2.

Fautes relevées :
- non-franchissement du tapis;
- cône ou barre renversés;
- poutre touchée avec toute autre partie que les mains ou les pieds;
- se relever en s'aidant de la poutre ou en roulant sur le côté.

Toute faute est immédiatement sanctionnée par l'obligation de tenter à nouveau le passage de l'obstacle jusqu'à y parvenir après avoir, le cas échéant, replacé l'élément tombé. Le non-franchissement du tapis répété six fois entraîne l'échec de l'épreuve.

✔ Atelier n° 2 : La simulation de combat

À moins de 10 mètres de la fin de la course d'obstacles, la simulation de combat comprend des exercices de traction et de poussée entrecoupés de chutes maîtrisées. L'exercice de traction consiste à effectuer, dans un premier temps une traction, sur une corde au bout de laquelle un poids de 36 kg (25 kg pour les femmes) est accroché. Une fois le poids soulevé, le candidat doit décrire un arc de cercle de 180° à 6 reprises.

L'exercice de 4 chutes successives se fait alternativement sur le ventre et sur le dos.

L'exercice de poussée a pour effet de soulever un poids de 36 kg (25 kg pour les femmes). Une fois le poids soulevé, le candidat doit décrire 6 arcs de cercle de 180°, puis le repose en amortissant la descente.

Description détaillée des différentes étapes de la simulation de combat :

1. Exercice de traction : agripper la corde et soulever un poids de 36 kg (25 kg pour les femmes). En conservant le poids dans cette position, se déplacer en décrivant un arc de cercle de 180° et toucher le mur de chaque côté de l'appareil. Répéter l'exercice 6 fois en touchant ainsi le mur 3 fois de chaque côté. Conserver son équilibre et garder ses coudes fléchis pendant toute la durée de l'exercice.

2. Chutes maîtrisées : après l'exercice de traction, déposer le poids sur le sol, s'éloigner de l'appareil (1 mètre), tomber sur le ventre, se relever, toucher le mur, exécuter une autre chute sur le dos, se relever sans rouler sur le côté et toucher encore le mur. Cette séquence est exécutée 2 fois (4 chutes : 2 vers l'avant, 2 vers l'arrière).

3. Exercice de poussée : après avoir touché le mur, se déplacer jusqu'à l'appareil de poussée. À l'aide des poignées, pousser afin de soulever du sol un poids de 36 kg (25 kg pour les femmes). Le conserver dans cette position et décrire 6 arcs de cercle complets en touchant 3 fois le mur de chaque côté (idem exercice de traction). Les bras doivent demeurer fléchis au niveau du coude, ni les coudes ni les mains ne doivent toucher la poitrine ou les épaules.

Plusieurs fautes sont susceptibles d'être relevées :
- incapacité à soulever le poids ou à le maintenir en l'air;
- coudes non fléchis au cours de l'exercice de traction ou de poussée;
- mains touchant les épaules ou la poitrine durant l'exercice de poussée;
- incapacité à revenir à une position stable entre les chutes, rouler sur le côté pour se relever après la chute arrière.

Dans tous ces cas, il faut reprendre l'exercice (chute ou arc).

La partie chronométrée de l'EPG prend fin au moment où le candidat termine le 6e arc de l'exercice de poussée (dépôt du poids sur le sol). Le candidat qui dépasse le temps imparti échoue au test et ne peut se présenter à l'atelier suivant.

Barême de la partie chronométrée : ateliers 1 et 2

NOTES	TEMPS	
	Hommes	Femmes
20	3'10	3'20
19	3'15	3'25
18	3'20	3'30
17	3'25	3'35
16	3'30	3'40
15	3'35	3'45
14	3'40	3'50
13	3'45	3'55
12	3'50	4'00
11	3'55	4'05
10	4'00	4'10
9	4'10	4'20
8	4'20	4'30
7	4'25	4'35
6	4'31	4'41
5	4'35	4'45
4	4'40	4'50
3	4'45	4'55
2	4'50	5'00
1	4'55	5'05
0	> 4'55 et abandons/échecs	> 5'05 et abandons/échecs

En cas de performance intermédiaire, la note à attribuer est celle qui correspond à la performance immédiatement inférieure.

Est éliminé tout candidat ayant obtenu une note inférieure à 6 sur 20 à l'une des épreuves d'admission.

L'échec au troisième atelier entraîne le retrait d'un point sur la note obtenue lors des deux premiers ateliers chronométrés.

✔ Atelier n° 3 : Le transport de poids

Le candidat doit soulever un poids (sac de sable) de 45 kg pour les hommes et de 25 kg pour les femmes, le transporter, en se servant uniquement de ses bras, sur une distance de 15 mètres et le reposer sur le sol en douceur.

Fautes susceptibles d'être relevées :

– incapacité à soulever le sac, à le porter en se déplaçant ou à le poser en douceur à la fin de l'exercice.

Dans tous les cas, l'ensemble de l'exercice doit être repris. Trois essais infructueux signifient un échec.

2. Conseils pour le jour de l'épreuve physique

L'épreuve physique gendarmerie nécessite de :

– se préparer physiquement avant la convocation aux sélections;

– s'échauffer avant l'épreuve (les candidats devront disposer d'au moins 15 minutes pour s'échauffer individuellement avant le passage de l'épreuve);

– reconnaître le parcours et faire le tour des installations;

– doser ses efforts et ne pas dépasser ses limites.

Avant que le premier candidat convoqué ne passe l'épreuve physique gendarmerie, une démonstration de l'épreuve est faite à l'ensemble des candidats par un moniteur d'entraînement physique et sportif, en insistant sur les fautes qui, dans un premier temps, obligent le candidat à recommencer l'épreuve et qui peuvent provoquer, le cas échéant, l'échec de l'épreuve.

N'oubliez pas que l'épreuve physique gendarmerie n'est pas une compétition. Elle vise simplement à réussir dans le temps imparti les trois ateliers spécifiques.

En cas de performance intermédiaire, la note à attribuer est celle qui correspond à la performance immédiatement inférieure.

Atelier 3 : transport de poids

L'échec au troisième atelier entraîne le retrait d'un point sur la note obtenue lors des deux premiers ateliers chronométrés.

3. Conseils d'entraînement

En premier lieu, il faut rappeler que, pour être en bonne condition physique, il faut se nourrir sainement. Dans cette optique, évitez de manger entre les repas. Commencez la journée par un solide petit déjeuner, mangez raisonnablement à midi et faites un repas léger le soir.

Si vous êtes en surpoids, la préparation physique au concours est le moment idéal pour faire un régime.

En toute hypothèse, nous vous conseillons de réduire le plus possible les aliments trop gras ou trop sucrés, ainsi que les boissons sucrées. Privilégiez les fruits et légumes, ainsi que les sucres lents (riz, pâtes, féculents, pain...) en vue des efforts physiques.

La réussite des épreuves physiques du concours de gendarme implique une bonne condition physique et une préparation sportive spécifique. Cette mise en condition physique nécessite une préparation s'échelonnant sur au moins deux mois et demi à trois mois, à raison de deux à trois séances hebdomadaires.

Commencez doucement votre entraînement, en prenant en compte votre niveau physique de départ. Augmentez peu à peu la durée et l'intensité des séances.

Compte tenu du caractère tout à fait spécifique des différentes épreuves, il est peut-être délicat pour vous de vous préparer spécialement à ces épreuves. Aussi, en toute hypothèse, nous vous donnons les conseils suivants de préparation physique :

- établissez un planning réaliste de préparation physique (tenez compte de vos impératifs personnels et de votre condition physique initiale, prenez en considération vos atouts et vos faiblesses, modulez vos efforts dans un souci de régularité de l'entraînement) ;
- entraînez-vous à la course à pied de manière régulière (au moins une ou deux sorties par semaine) ;
- pour les exercices physiques, privilégiez ceux effectués avec le poids du corps (accroupissements et fléchissements, sauts sur place, pompes et tractions) et les abdominaux. La fréquence idéale est une pratique quotidienne, ou au moins tous les deux jours ;
- commencez chaque entraînement par un échauffement et des étirements musculaires, pendant au moins 10 minutes ;
- étirez-vous systématiquement après chaque entraînement ou exercice, pendant 10 à 15 minutes ;
- notez votre programme, vos performances et l'intensité de votre entraînement ;
- ne faites pas de sport la veille du concours pour éviter tout risque de blessure.

Partie 2

Sujets corrigés

PARTIE 2

Sujets corrigés

Chapitre 1
Composition de culture générale (concours externe)

Sujet Annales corrigées – Session 2023

3 heures

ÉNONCÉ

Sujet : L'eau est-elle l'or de demain ?

CORRIGÉ

Sujet | Annales corrigées - Session 2023

Proposition de corrigé

Introduction

L'eau recouvre en très grande partie notre planète, mais elle est à 72 % salée. Il reste à peine 3 % d'eau douce utilisable et exploitable sous certaines conditions, parfois difficiles et inégalement réparties.

Ainsi, on comprend aisément pourquoi on lui attribue souvent le qualificatif d'« or bleu ». Pourtant, c'est bien cette eau qui doit satisfaire les besoins des hommes pour toutes les activités, qu'elles soient domestiques, industrielles ou agricoles.

Le 28 juillet 2010, l'ONU a reconnu l'eau potable comme un droit humain essentiel et inaliénable faisant partie des droits fondamentaux de l'humanité : « *Le droit à l'eau garantit à chaque être humain de disposer pour son usage personnel et domestique d'une eau abordable et saine, en quantité suffisante, de qualité acceptable et accessible.* »

Ressource vitale pour l'homme depuis toujours, l'eau a été au cœur de l'actualité ces derniers mois. Elle est devenue un sujet de plus en plus sensible et est en voie de devenir une préoccupation majeure, même dans le monde occidental.

Dans un rapport du 19 juillet 2023, la Cour des comptes alerte sur la gestion de l'eau en France en raison des changements d'ordre climatique. Les restrictions ou les difficultés d'approvisionnement dans certains départements ou communes pendant l'été 2023 en sont un exemple.

Si la France connaît des inquiétudes, voire des problèmes, qu'en est-il à l'échelle mondiale ?

Nous établirons les raisons pour lesquelles l'eau est désormais comparée à un métal très précieux, très rare, et ce, à l'échelle planétaire. Accès et qualité de l'eau : qu'en est-il ?

Quelles sont les pressions, leur nature et leur origine exercées sur cette ressource essentielle ? Est-elle inépuisable et comment les hommes doivent-ils désormais relever le défi de son accessibilité ?

Autant de questions qui montrent l'importance du sujet.

Développement

La population mondiale a quadruplé en un peu plus d'un siècle – elle est passée de 1,6 à 8 milliards – en conséquence, les tensions sur les ressources d'eau douce se sont inévitablement aggravées.

On prévoit 9,6 milliards d'êtres humains en 2050, ce qui entraînera inévitablement une demande croissante d'eau pour les cultures, le bétail, ou pour approvisionner les zones urbanisées qui ne cessent de se développer. Ainsi, juste au vu de ces chiffres, la rupture entre ressources et besoins est à craindre, et « le temps de l'eau facile » est révolu.

L'importante ressource en eau salée ne doit pas faire illusion : elle ne peut pas être utilisée telle quelle. Ce sont les réserves d'eau douce qui sont primordiales et elles sont inégalement réparties.

Les régions méditerranéennes et moyen-orientales – la péninsule arabique –, certaines zones de l'Afrique – la partie orientale et le Sahel – ou de l'Asie – centrale, Inde, Pakistan – connaissent des pénuries d'eau plus ou moins graves, en raison d'un climat trop sec ou d'une pluviométrie aléatoire.

Ces zones sont particulièrement affectées et l'approvisionnement en eau par habitant est largement insuffisant, voire en état de pénurie, alors que les pays qu'on désigne sous le terme du groupe des « neuf géants de l'eau », à savoir la Chine, la Russie, le Brésil, l'Indonésie, le Canada, les États-Unis, la Colombie, le Pérou et l'Inde, se partagent près de 60 % des ressources naturelles d'eau douce. Le déséquilibre géographique est flagrant.

L'Europe n'est pas à l'abri d'une certaine vulnérabilité hydrique sans toutefois atteindre une situation dramatique. Prenons l'exemple de la France : la plupart des départements français ont été concernés pendant l'été 2023 par des restrictions d'eau, à des degrés divers certes. Le ministère de la Transition écologique a même édité un guide sécheresse au vu de l'état des nappes phréatiques qui ne cessent de baisser.

Des mesures ont été prises localement selon la gravité des situations, comme les interdictions d'arroser les jardins et les espaces verts, de laver les véhicules personnels, de remplir les piscines privées, etc. Des mesures qui touchent le quotidien des Français. Elles alertent sur une éventuelle pénurie et appellent à une vigilance jusqu'alors inconnue.
La très inégale répartition des ressources hydriques n'est pas sans conséquences sur les conditions de vie des populations. Nous l'avons évoqué, la Terre n'offre que peu d'eau douce accessible et consommable directement. Cette quantité dérisoire à l'échelle planétaire serait-elle suffisante pour satisfaire tous les besoins humains ? Les chiffres de l'Organisation mondiale de la santé (OMS) sont significatifs : sur presque 8 milliards d'habitants, 2 milliards (c'est-à-dire environ 30 %) n'ont pas accès à l'eau potable et 3,6 milliards de personnes (60 %) utilisent des eaux non traitées et non assainies d'après un récent rapport de l'OMS et de l'Unicef. Ne pas avoir accès à l'eau potable fait courir un risque majeur aux populations. Chaque année, entre 2 millions et 5 millions de personnes, dont de nombreux enfants, décèdent de causes liées à l'utilisation d'eaux polluées et à un assainissement insuffisant, voire inexistant. À l'heure actuelle, le choléra et la typhoïde par exemple – maladies liées à l'eau – se propagent dans des pays qui n'ont pas connu d'épidémies depuis des dizaines d'années. On observe des périodes de pénurie même dans des régions où les ressources sont habituellement abondantes. São Paulo (Brésil) a connu en 2015 une pénurie d'eau sans précédent. Le nord de l'Inde, pourtant bénéficiant des eaux de l'Himalaya, a connu un été 2018 très aride après de faibles pluies hivernales. On constate donc une dégradation des conditions hydriques dans de nombreuses régions du globe. Et les spécialistes prévoient que le stress hydrique devrait encore augmenter, par exemple en Afrique, en raison de l'élévation des températures plus rapide que dans le reste du monde. Certes, il faut nuancer et la gravité n'est pas partout la même.
A contrario, on constate que, bien que situés en zone aride, les émirats du golfe Persique, grâce à leur richesse, ont pu développer des technologies de pointe, comme le dessalement de l'eau de mer. Alors que des pays voisins souffrent de grande pénurie ou de stress hydriques, ces riches émirats ont pu assurer à leur population des conditions de vie décentes et sécurisées quant à l'utilisation et la distribution de l'eau. Le problème majeur reste donc la mise à disposition pour les populations des ressources naturelles et particulièrement de l'eau : cela varie selon le niveau de développement des capacités technologiques et le degré d'investissement des gouvernements des pays concernés.
Dans les pays en développement, 90 % des eaux usées sont rejetées dans les rivières et les nappes phréatiques, sans avoir subi de traitement. Les grands fleuves sont tous pratiquement pollués. Les populations souffrent du manque d'eau saine et de graves contaminations microbiologiques, nous l'avons évoqué, affectent l'espérance de vie de ces populations. La plupart des États du Sud ne disposent pas les moyens des États pétroliers ou de ceux du Nord, d'où l'inévitable déséquilibre.
Les régions tempérées restent tout de même, d'une certaine façon, privilégiées : elles sont moins soumises à de violentes catastrophes naturelles dévastatrices et elles ont les moyens d'y faire face.
Mais, mis à part ces phénomènes naturels, il est important de comprendre que des facteurs politiques et économiques impactent eux aussi l'inégale répartition de l'eau dans le monde. Les pays riches sont en effet plus aptes à développer des techniques d'acheminement de l'eau, tandis que les pays plus pauvres n'ont pas les moyens d'investir dans des infrastructures coûteuses.
Les inégalités d'accès à l'eau entraînent donc de profondes inégalités sociales, comme nous venons de le constater.

Les changements climatiques, même s'ils ne sont pas nouveaux, avec leurs cortèges de catastrophes – inondations, températures anormalement élevées, longues périodes de sécheresse, incendies géants, etc. – ont des conséquences inévitables sur les ressources en eau et sa disponibilité.
Récemment, La France, la Grèce, l'Espagne et le Canada, entre autres, ont connu de sévères épisodes de hausses des températures avec toutes les conséquences que cela entraîne. Mais c'est à l'échelle planétaire que ces phénomènes sont relevés.
Les nappes phréatiques et les cours d'eau ont été touchés par une pluviométrie anormalement basse. Les dommages environnementaux ont affecté la végétation, les sols, les cultures.
Il existe de forts risques pour que les ressources en eau affectent la vulnérabilité des populations, quel que soit désormais le continent.
Les changements climatiques ne sont pas les seuls responsables des menaces qui pèsent sur les ressources en eau.
Les hommes par leurs comportements, leurs pratiques affectent dangereusement la préservation de l'eau.
L'augmentation de la population induit des besoins croissants en nourriture. Il faut donc cultiver en abondance céréales, légumes, fruits.
Ainsi, l'agriculture est une grosse consommatrice d'eau avec l'irrigation des cultures, comme le maïs, le soja et le blé.

Le maïs est le plus gros consommateur d'eau, il représente un tiers des cultures irriguées en France. Cette irrigation intensive a aussi le désavantage de provoquer une déperdition significative de quantités d'eau. Nous avons tous vu dans certaines campagnes des champs à perte de vue irrigués par d'immenses rails d'eau.
Autre problème qui entraîne une certaine raréfaction : l'homme est responsable de la pollution des sols avec l'usage d'engrais et de pesticides qui se retrouvent dans les nappes phréatiques et qui peuvent y rester pendant plusieurs dizaines d'années. Ces substances polluent à long terme l'eau et cela affecte irrémédiablement la santé des populations. N'oublions pas le rejet des médicaments et des microplastiques qui aggravent encore la situation.
De plus, le progrès des connaissances scientifiques conduit à des découvertes alarmantes. Ainsi, la découverte des PFAS, qualifiés de polluants éternels et dont les effets cancérigènes sont établis, alerte à nouveau sur les conséquences délétères sur la faune piscicole, comme sur la santé humaine.
Les industries, la production d'énergie sont également de grands consommateurs d'eau (le refroidissement des centrales nucléaires, par exemple). La fabrication du papier et des vêtements en utilise de grandes quantités : pour un jean, 7 000 litres d'eau sont nécessaires ! ; pour fabriquer un kilo de papier, 500 litres d'eau sont consommés.
Même si ces chiffres apparaissent énormes, il faut savoir que l'industrie ne constitue qu'un cinquième de la consommation totale d'eau.
N'oublions pas la consommation de l'eau à usage personnel : un Européen utilise environ 150 litres d'eau par jour. On puise dans les nappes phréatiques pour alimenter les agglomérations.
Le monde occidental lui aussi commence à connaître de sérieux problèmes hydriques malgré un niveau de développement relativement satisfaisant.
Que dire des populations vivant dans des conditions plus aléatoires ?
En 2018 a eu lieu un sommet pour sauver le Mékong : de nombreux barrages chinois compromettent fortement la vie de 60 millions d'Asiatiques vivant essentiellement de la pêche. Le niveau du Mékong ne cesse de baisser. Une catastrophe écologique entraînera une catastrophe alimentaire à plus ou moins longue échéance.
En outre, une biodiversité exceptionnelle est menacée.
Une superpuissance par la construction de barrages hydroélectriques met en danger des populations qui ne peuvent pas s'opposer à ces gigantesques travaux.
La main de l'homme détruit l'équilibre hydrique d'une immense région au nom d'intérêts économiques.
Encore un autre exemple qui montre bien que l'eau est au cœur des enjeux de développement : le mégabarrage sur le Nil qui provoque un conflit entre l'Égypte, le Soudan et l'Éthiopie. L'Égypte dépend à 97 % du Nil pour ses besoins en eau. Ce mégabarrage hydroélectrique pourrait compromettre la vie de millions d'Égyptiens.
Avec ces deux exemples, on constate les luttes internationales qui se font jour pour l'appropriation de l'eau par certains États au détriment d'autres, moins puissants.
Pollutions de diverses sortes, tensions économiques et politiques, utilisation déraisonnable : voilà quelques-unes des menaces qui pèsent irrémédiablement sur l'eau et qui risquent d'en faire un enjeu comparable au pétrole lors des prochaines décennies.
L'eau se raréfiant – comme nous l'avons évoqué –, comment ne pas la considérer comme un bien précieux qui doit être protégé dès maintenant si l'on ne veut pas assister à une pénurie irrémédiable ? La prise de conscience de l'urgence de la situation doit entraîner des actions.
En Europe, on essaie de promouvoir un élevage moins intensif et le plus souvent dans les prés, une agriculture plus biologique impactant moins la quantité et la qualité de l'eau comme une irrigation au goutte-à-goutte, dès que c'est possible. Planter de nouvelles forêts et ainsi interagir sur le climat, recycler les eaux usées industrielles, construire des usines de dessalement, restaurer des zones humides pour rééquilibrer le cycle de l'eau ou développer l'agroforesterie : autant de nouvelles pratiques qui atténueront les effets négatifs pesant sur l'eau.
En outre, il sera aussi nécessaire d'amplifier les solutions à l'échelle individuelle ou en fonction de la spécificité des territoires pour une gestion durable et efficace en sensibilisant à la réduction et à la maîtrise de la consommation journalière.
Un plan eau, présenté par le gouvernement français en mars 2023, met en avant une cinquantaine de mesures relatives à la gestion de l'eau pour éviter d'être sous la menace de coupures d'eau courante et pour inciter à réduire les gaspillages. Les pouvoirs publics doivent impliquer les secteurs les plus susceptibles d'être impactés pour promouvoir des changements en profondeur et à long terme : agriculteurs, pêcheurs, professionnels du tourisme, etc. Les progrès sociaux ou économiques sont indissociables de l'accès pour tous à l'eau potable et à l'assainissement sous toutes ses formes.

Conclusion

On a institué une Journée mondiale de l'eau chaque année, c'est dire l'importance de cette ressource et la volonté de sensibiliser toutes les populations de tous les continents. La Journée mondiale de l'eau, en mars 2023, dont le thème était « accélérer le changement » est coordonnée par l'ONU-Eau pour toutes les questions relatives à l'eau en collaboration avec les gouvernements. Il s'agit de faire prendre conscience que des changements significatifs doivent être mis en place, notamment parce qu'ils impactent la santé, l'alimentation, l'éducation, le développement économique et, à plus ou moins long terme, la paix dans le monde. Sur l'eau pèsent des enjeux environnementaux, mais aussi géopolitiques. Pour certains pays, l'or bleu est déjà une réalité aujourd'hui et, pour d'autres, ce n'est qu'une perspective inquiétante. Mais au-delà de ces constatations, nous sommes les seuls responsables de cette richesse vitale, à préserver, à partager si l'on veut une vie marquée par un véritable progrès social à l'échelle de notre planète.

Chapitre 2

Connaissances professionnelles (concours interne)

Sujet Annales corrigées – Session 2023

Sujet | Annales corrigées - Session 2023

3 heures

ÉNONCÉ

Répondez aux questions suivantes :

Question 1: les récompenses
Afin de reconnaître les services exceptionnels de ses militaires ou la valeur particulière de leur service courant, la gendarmerie dispose de diverses récompenses.
Indiquez quels personnels peuvent être à l'initiative de propositions de récompenses et quels personnels les attribuent.
Citez les cinq formes de récompenses qui peuvent être attribuées dans la gendarmerie et précisez dans quel cas elles sont décernées.

Question 2 : l'usage des armes
Après avoir énuméré les cinq règles de sécurité fondamentales en présence d'une arme à feu, vous exposerez dans le détail la méthode d'analyse réflexe « AMER » qui permet de vérifier si le cadre juridique d'usage de l'arme est respecté.

Question 3 : le renseignement d'ordre public
Après avoir défini ce qu'est le renseignement d'ordre public et expliqué son organisation au niveau départemental, vous indiquerez les différents éléments que doit connaître le gendarme dans le cadre de l'appropriation de son territoire d'emploi.

Question 4 : la maîtrise sans arme de l'adversaire
Dans le cadre des fondamentaux de la maîtrise sans arme de l'adversaire, détaillez ce que sont les trois zones de sécurité.
Décrivez les trois zones de percussion en précisant les coups autorisés, leurs risques et leurs effets.

Question 5 : les fouilles
Définissez les quatre types de fouilles, puis indiquez celles qui peuvent être réalisées par un APJA et à quelle condition.

Proposition de corrigé

Question 1

Les récompenses sont un moyen de reconnaître les services exceptionnels rendus par les militaires de la gendarmerie ou la valeur particulière de leur service courant.

Les récompenses sont attribuées par les chefs ayant organiquement les personnels méritants sous leurs ordres. En revanche, l'initiative de proposition de la récompense peut être prise par l'autorité qui a constaté les faits ou apprécié les services rendus.

Les décorations sont attribuées pour reconnaître des actions d'éclat, des faits de guerre, des mérites éminents et pour récompenser des actes méritoires et des services rendus. Elles peuvent être également attribuées aux militaires de la gendarmerie, tués ou blessés en service.

Les citations sont décernées pour des actions comportant un risque aggravé, des actes de courage et de dévouement ou des services exceptionnels. Elles comportent plusieurs niveaux (gendarmerie, corps d'armée, division, brigade, régiment).

Les membres du personnel militaire d'active et de réserve, agissant dans le cadre d'une activité commandée ou agréée par l'autorité militaire, qui accomplissent des actes ou des travaux exceptionnels, peuvent être récompensés par l'attribution d'un témoignage de satisfaction. Il peut être attribué par le ministre de l'Intérieur, le directeur de la gendarmerie ou les commandants de régions et assimilés.

La lettre de félicitations récompense les actes ou travaux exceptionnels qui ne justifient pas l'octroi d'un témoignage de satisfaction. Elle peut être attribuée par le ministre de l'Intérieur, le directeur de la gendarmerie ou les commandants de régions et assimilés et les commandants de groupement. Pour les membres du personnel militaire d'active et de réserve qui ont fait preuve d'une efficacité particulièrement exemplaire dans le cadre d'une activité commandée ou agréée par l'autorité militaire, une lettre de félicitations peut être établie.

La prime de résultats exceptionnels est un outil d'amélioration du service rendu pour les citoyens par les services publics.

Enfin, les récompenses au titre du service courant (les fanions, les coupes, les insignes, les objets d'art, les médailles diverses, le certificat de bonne conduite) sont destinées à sanctionner les résultats obtenus à l'occasion de compétitions ou d'examens divers, reconnaître certains actes méritoires, dans le domaine sportif notamment, encourager des recherches ou travaux personnels.

Question 2

La méthode d'analyse réflexe est formalisée par le terme mnémotechnique AMER, qui signifie :

– atteinte à la vie ;

– menace avec arme ;

– environnement ;

– recours.

L'atteinte et la menace à l'intégrité physique du gendarme ou d'autrui doivent être analysées de la manière suivante :

– mise en danger de l'intégrité physique du gendarme ou d'autrui ;

– ou menace avec arme de l'intégrité physique du gendarme ou de celle d'autrui ;

- ou bien hypothèse d'un individu en fuite dont la volonté est de porter atteinte à l'intégrité physique d'autrui ;

- ou bien hypothèse de l'individu susceptible de réitérer un meurtre.

Si l'une de ces conditions est remplie, le gendarme peut faire usage de son arme, car le critère de proportionnalité est rempli.

Ensuite, l'environnement doit être sécurisé. Le gendarme doit alors évaluer les risques de dommages pour les tiers et la sécurisation de l'espace immédiat.

Si ces conditions sont remplies, l'usage de l'arme par le gendarme est adapté.

Enfin, dans le cadre du recours, le gendarme vérifie s'il existe une alternative immédiate à l'utilisation de son arme. Dans le cas contraire, l'usage de son arme est absolument nécessaire.

CORRIGÉ

Question 3

Le renseignement est l'ensemble des constatations et informations de toute nature, permettant d'informer en temps réel les autorités sur l'état des menaces et d'anticiper les événements en apportant une réponse opérationnelle adaptée à chaque situation.

Le renseignement d'ordre public comprend trois domaines d'application. Il comprend en premier lieu la paix publique, qui comprend toutes les situations préconflictuelles (mouvements sociaux, manifestations de rue, phénomènes de bandes, grands rassemblements de personnes, violences scolaires et/ou dans le sport, dérives sectaires…).

Il comporte également la salubrité publique (au travers des risques sanitaires) et, d'une manière générale, la sécurité publique (crimes nécessitant des mesures spéciales, immigration clandestine et travail illégal, affaires judiciaires importantes, accidents graves nécessitant des mesures pour protéger les biens et les personnes, violences urbaines…).

Grâce à l'organisation territoriale de proximité de la gendarmerie et à la confiance que lui porte la population, le gendarme, capteur d'informations, est le maillon essentiel de la chaîne du renseignement. Ces informations sont transmises au niveau du groupement à la « cellule renseignement » commandée par un OAR (officier adjoint renseignement). Cette cellule est chargée d'animer et d'exploiter le renseignement au niveau départemental.

Pour s'approprier le territoire, le gendarme doit connaître :

– la géographie humaine : connaissance de la population, des flux migratoires, de l'habitat, du milieu associatif, des coutumes… ;

– la géographie physique : connaissance des axes, des itinéraires pour se rendre le plus rapidement possible d'un point à un autre ;

– les institutions : connaissance des autorités judiciaires, administratives, militaires, civiles, religieuses… ;

– la géographie économique : connaissance des industries, des activités commerciales, transports, des entreprises classées « sensibles », des zones industrielles et des zones commerciales.

Question 4

Il existe trois zones de sécurité :

– la zone d'observation (prise de renseignements) : c'est la zone à partir de laquelle on prend en compte l'environnement et l'adversaire sans prise de risque ;

– la zone de contact physique (contrôle) : c'est la zone à partir de laquelle un coup d'arrêt peut être porté à l'adversaire avec les pieds ou un moyen de force intermédiaire sans déplacement des appuis ;

– la zone intime (interpellation) : c'est la zone à partir de laquelle l'adversaire peut être saisi à bras le corps, et où il est possible de lui porter un coup d'arrêt avec le coude ou le genou sans déplacement des appuis au sol.

Il existe trois zones de percussion :

– la zone rouge (qui correspond à la tête) : coups interdits, sauf nécessité vitale. Les risques de cette zone sont les suivants : risques traumatiques mortels, tuméfactions, nuit au traitement judiciaire en temps réel, contact sanguin (HIV, hépatite) ;

– la zone orange (qui correspond au torse) : coups puissants, mais modérés dans la répétition des coups. Les risques sont les suivants : risques traumatiques mortels et tuméfactions ;

– la zone verte (qui correspond à toutes les zones corporelles autres que la tête et le torse) : coups puissants pour supprimer la mobilité. Il n'y a pas de risques particuliers.

Question 5

Il existe quatre types de fouilles : la palpation de sécurité, la fouille de sécurité, la fouille judiciaire et la fouille *in corpore*.

La palpation de sécurité consiste à s'assurer au moyen d'une palpation d'un retrait d'éventuels objets dangereux pour le gendarme, l'individu ou le public. Elle consiste en une palpation sur les vêtements et accessoires. La palpation de sécurité peut être effectuée par un APJA de même sexe, sans que le consentement de la personne soit nécessaire.

La fouille de sécurité vise également le retrait d'éventuels objets dangereux ou interdits accessibles avec ou sans déshabillage, selon la dangerosité de la personne. La fouille de sécurité peut être effectuée par un APJA de même sexe, sans que le consentement de la personne soit nécessaire.

La fouille judiciaire vise la découverte d'objets ou de traces utiles à l'enquête. Elle peut comprendre un déshabillage de la personne. Seul un OPJ de même sexe peut la réaliser.

La fouille *in corpore* vise également la découverte d'objets ou de traces utiles à l'enquête, mais elle consiste en une fouille interne des cavités corporelles. Elle sera donc réalisée par un médecin dûment requis à cet effet.

Chapitre 3
Évaluation de l'aptitude professionnelle (concours externe et interne)

Sujet Concours blanc

Sujet | Concours blanc

35 min

ÉNONCÉ

1. Quelle matrice complète la série de façon logique ?

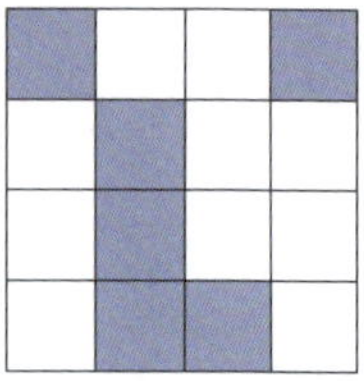

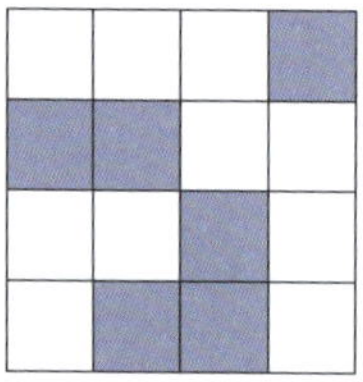

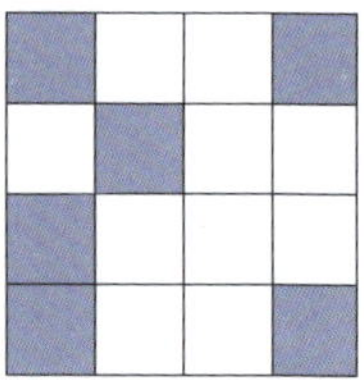

a

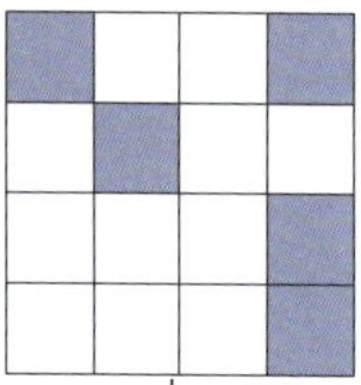

b

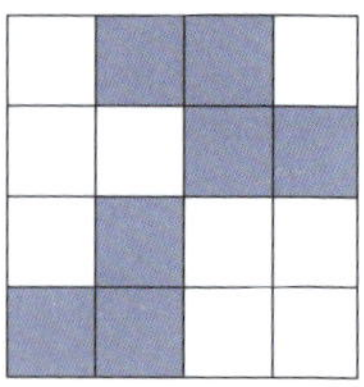

c

2. Quelle matrice complète la série de façon logique ?

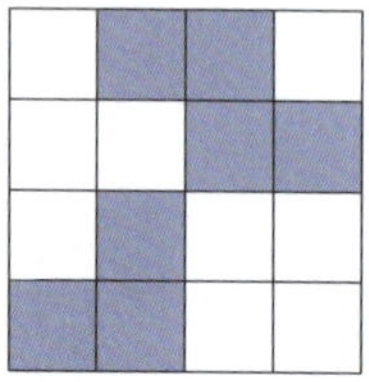

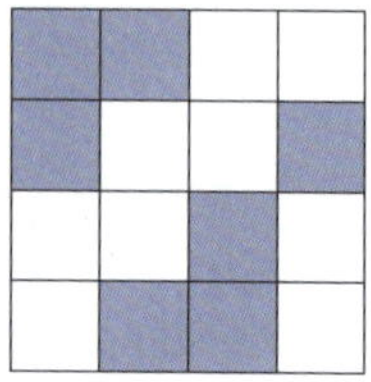

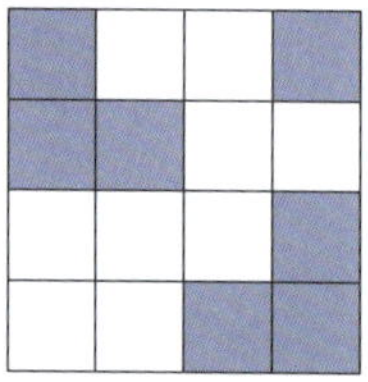

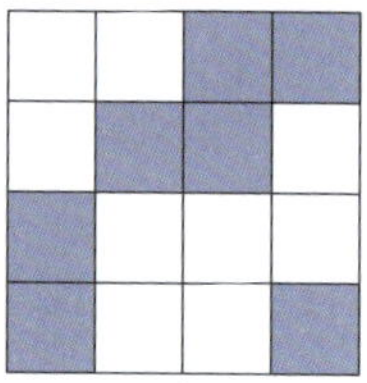

a

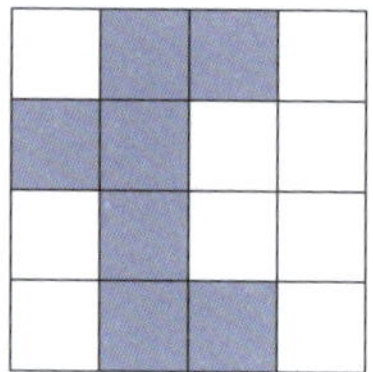

b

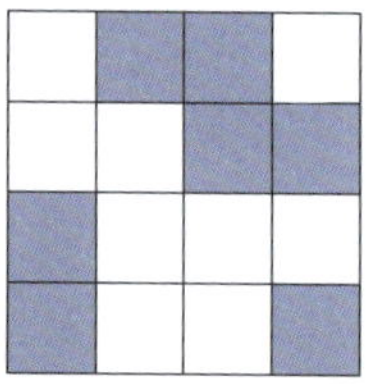

c

3. Quelle matrice complète la série de façon logique ?

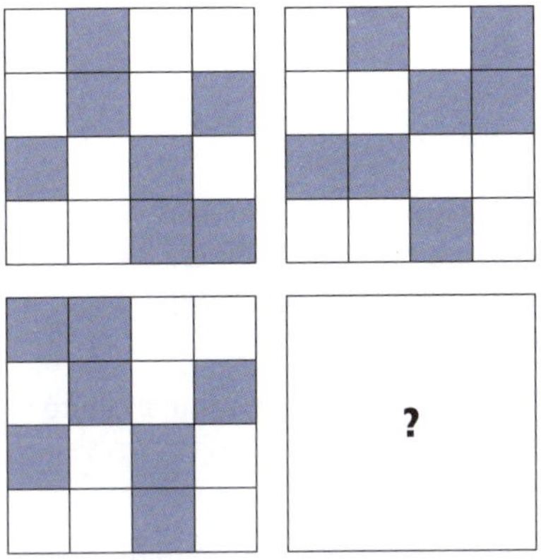

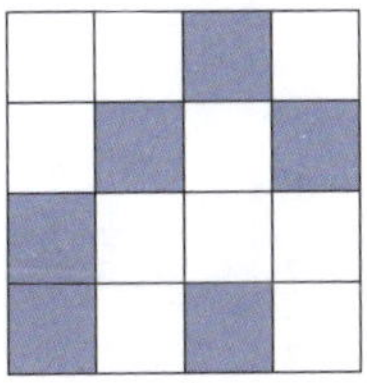

a

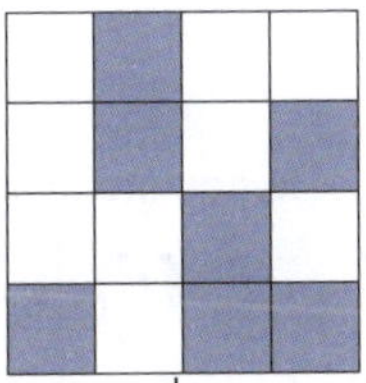

b

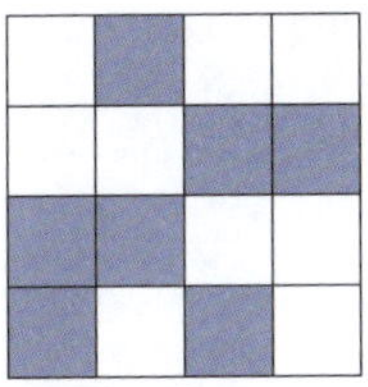

c

4. Quelle matrice complète la série de façon logique ?

	A	B	
	C	D	

		A	
C	D	B	

			A
	B	D	C

?

A	B		
	C	D	

a

A	B		
	D	C	

b

A		C	
	D	B	

c

5. Quelle matrice complète la série de façon logique ?

1			
	2		
		3	
			4

	2		
		4	
	6		
		8	

		3	
			6
9			
			12

?

			4
16			
			12
8			

a

			4
8			
			12
16			

b

			4
8			
			10
12			

c

APTITUDE PRO

6. Quelle matrice complète la série de façon logique ?

19	25	12	1
3	20	3	12
5	3	16	21
7	4	31	24

20	26	13	2
4	21	4	13
6	4	17	22
8	5	32	25

22	28	15	4
6	23	6	15
8	6	19	24
10	7	34	27

?

25	31	18	7
9	26	9	18
11	9	20	27
13	10	37	30

a

25	31	18	7
9	26	9	18
11	9	22	27
13	10	35	30

b

25	31	18	7
9	26	9	18
11	9	22	27
13	10	37	30

c

7. Les lettres A, B, C et D ont toujours la même valeur, de manière que leur somme soit égale au total en bout de ligne ou de colonne. Les quatre lettres ont des valeurs différentes. Quelle est la valeur de la lettre D ?

A	B	D	C	= 27
C	B	A	C	= 25
C	A	A	B	= 20
B	A	C	D	= 27
= 25	= 18	= 24	= 32	

8. Quel nombre complète l'arbre de façon logique ?

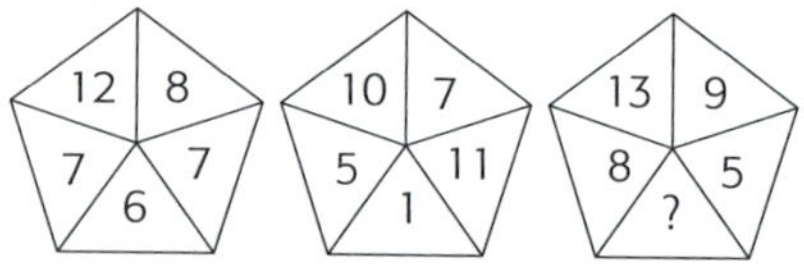

9. Quelle est la probabilité de piocher au hasard une figure rouge dans un jeu de 32 cartes mélangé ? Dans un jeu de 52 cartes mélangé ?

10. Combien payez-vous un produit étiqueté à 170 €, après avoir bénéficié d'une remise de 30 % ?

11. Combien coûtait avant remise un produit que vous avez payé 120 € grâce à une remise de 25 % ?

12. Quel est le domino manquant ?

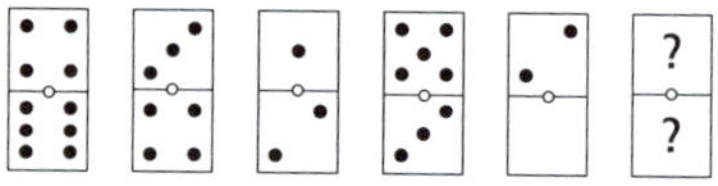

13. Trouver l'intrus parmi les cinq anagrammes.

MONTIEO
ROLCEE
RUPE
EIJO
RETTESSIS

14. Trouver l'intrus parmi les cinq anagrammes.

MADE
CCHEE
LAVARICE
RUTO
NIPO

15. Compléter cette suite numérique :

12 15 30 33 66 69 ?

16. Compléter cette suite numérique :

22 47 26 44 30 41 34 ?

17. Compléter cette suite numérique :

11 13 17 19 23 29 31 ?

18. Compléter cette suite alphabétique :

F S R G Q S H K O I G M ?

19. Compléter cette suite alphanumérique :

U D T Q C S S H N D O D ?

20. Trouvez le code qui complète la série.

Gendarme = 87
Policier = 816
Vigile = 622
Gardien = ?

21. Trouvez le code qui complète la série.

Voiture = 225
Véhicule = 225
Scooter = 1918
Trottinette = ?

22. Quel nombre complète l'arbre de façon logique ?

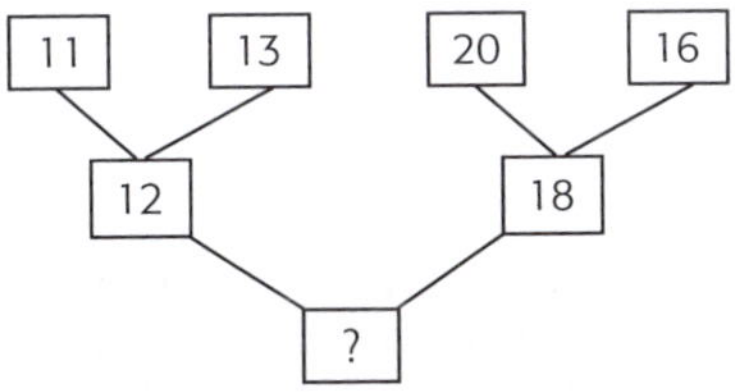

Pour les questions 23 et 24, il faut compléter les neuf cases avec les chiffres de 1 à 9 de façon à respecter les égalités en bout de ligne et de colonne.

23. Quelle est la valeur du chiffre central ?

7			= 15
	?		= 11
		6	= 19
= 19	= 14	= 12	

24. Quelle est la valeur du chiffre central ?

			= 20
	?		= 15
			= 19
= 21	= 18	= 6	

25. Quel nombre complète la figure de façon logique ?

13	6	11	13
15	3	3	6
25	6	4	2
7	12	3	?

26. Quel nombre complète la figure de façon logique ?

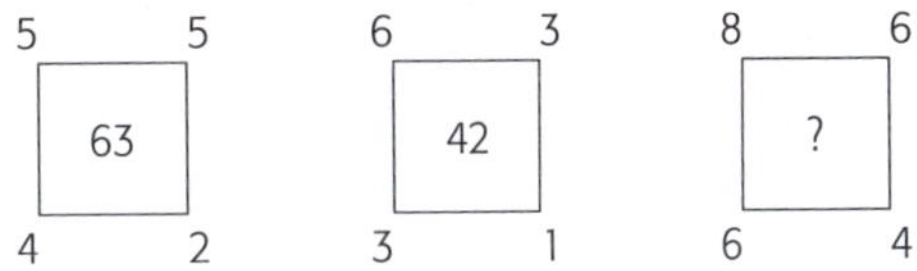

27. Quel nombre complète la figure de façon logique ?

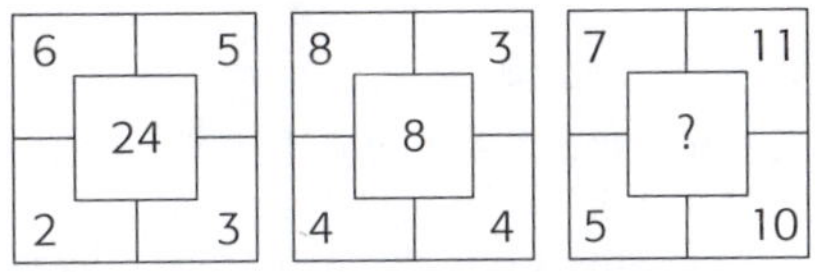

28. Comment réagissez-vous lorsque quelqu'un semble distant avec vous, sans que vous en sachiez la raison ?

❒ **a.** Vous demandez à la personne pourquoi elle fait la tête.
❒ **b.** Vous attendez que cela lui passe, en ne changeant rien à votre attitude.
❒ **c.** Vous prenez vos distances, vous aimez les gens francs et prévisibles.

29. On dit de vous que vous êtes :

❒ **a.** Prévisible.
❒ **b.** Énigmatique.
❒ **c.** Franc.

30. Laquelle des phrases vous semble la plus juste ?

❒ **a.** Il faut prendre le taureau par les cornes.
❒ **b.** Rien ne sert d'attendre que la chance nous sourie, il faut se créer sa propre chance.
❒ **c.** L'enfer c'est les autres, au travail, pas de proximité.

CORRIGÉ

Sujet 1 | Concours blanc

Proposition de corrigé

1. c. Deux carrés sont fixes (en haut à droite et celui de la deuxième ligne). Le carré en haut à gauche descend. En bas, le couple avance vers la droite, le carré seul vers la gauche.

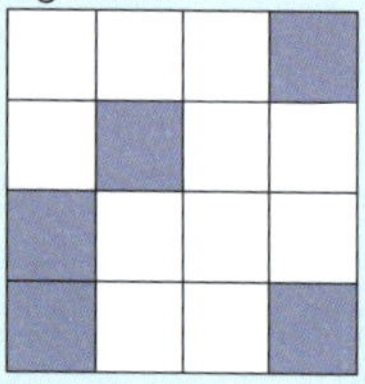

2. a. Les trois carrés en forme d'escalier en bas se décalent vers la droite, ainsi que les deux de la deuxième ligne. Ceux de la première ligne se décalent vers la droite.

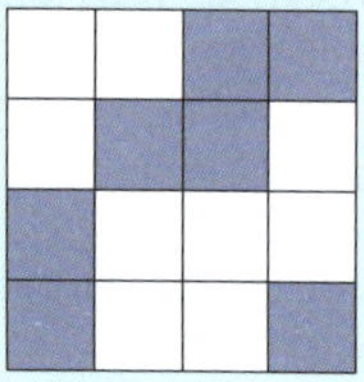

3. c. La figure tourne complètement de 90 degrés dans le sens horaire.

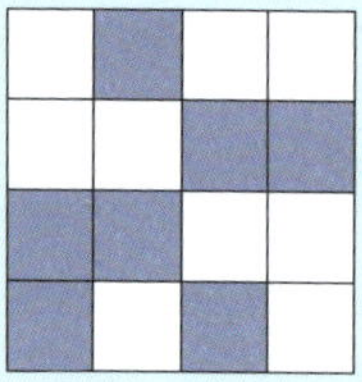

4. b. A se décale vers la droite et C vers la gauche. B tourne dans les quatre carrés du centre, et D alterne entre deux cases.

A	B		
	D	C	

5. b. Chaque nombre évolue dans une direction horizontale et progresse respectivement de sa valeur. Par exemple, le nombre du haut avance vers la droite en augmentant de 1 à chaque case.

			4
8			
			12
16			

6. c. ne matrice à la suivante, on ajoute 1 à chacune des cases, puis 2, puis 3.

25	31	18	7
9	26	9	18
11	9	22	27
13	10	37	30

7. D = 10. Pour aide : A = 3 ; B = 6 et C = 8. La deuxième colonne nous permet de conclure que A + B = 9. Il faut déduire cette valeur au résultat dans la première colonne pour obtenir la valeur de C. La troisième ligne nous permet ensuite de déduire la valeur de A, avec le même principe, puis la valeur de B, puis D dans un dernier temps.

8. 9. La somme des deux nombres du haut est égale à la somme des trois nombres du bas du pentagone. La valeur manquante est donc 9.

9. Dans un jeu de 32 cartes : il y a 6 figures rouges parmi les 32 cartes. 6/32 = 3/16, soit 0,1875.
Dans un jeu de 52 cartes : il y a 6 figures rouges parmi les 52 cartes. 6/52 = 3/26, soit environ 0,1154.

10. 119 €. 170 × 0,70 = 119. Une réduction de 30 % signifie que l'on paye 70 % du prix.

11. 160 €. 0,75 × P = 120. P = 120/0,75 = 160. Rappel : il ne faut pas calculer une augmentation de 25 % au prix soldé de 25 %, car cela ne permettra pas de trouver le prix de départ.

12. Le domino de gauche est égal à la somme des deux autres de la ligne.

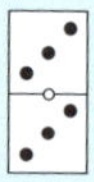

13. a. Émotion n'est pas une émotion primaire.

14. b. Échec n'est pas une pièce aux échecs.

15. 138. Pour passer d'un terme au suivant, il faut alterner entre + 3 et × 2.

16. 37. Deux suites sont imbriquées. La première évolue en + 4, la seconde progresse en – 3.

17. 37. Il s'agit de la suite des nombres premiers. Rappel : les nombres premiers sont des nombres non divisibles par autre chose qu'eux-mêmes ou 1.

18. J. Il y a trois suites imbriquées. La première progresse en + 1, la deuxième en – 2, la troisième en + 1.

19. T. Les lettres sont les initiales des nombres de 1 à 13. Le double S au centre peut être un indice visuel : Six Sept.

20. 77. Le premier chiffre 7 correspond au nombre de lettres du mot, le deuxième 7 au rang dans l'alphabet de l'initiale du mot.

21. 205. Le premier nombre (constitué de 1 ou 2 chiffres) équivaut au rang dans l'alphabet de l'initiale du mot, et le nombre de droite (constitué de 1 ou 2 chiffres) au rang alphabétique de la dernière lettre du mot.

22. 15. Un nombre est égal à la moitié de la somme des deux nombres de l'étage supérieur dans l'arbre.

23. 2. Dans l'ordre de lecture, les nombres sont : 7, 3, 5, 8, 2, 1, 4, 9, 6.

24. 6. Dans l'ordre de lecture, les nombres sont : 9, 8, 3, 7, 6, 2, 5, 4, 1.

25. 3. En colonne, la somme du nombre du haut et du nombre du bas est égale au double de la somme des deux nombres du milieu.

26. 144. Le nombre central est égal au produit de la somme des diagonales : $(4 + 8) \times (6 + 6) = 144$.

27. 27. Le nombre central s'obtient en effectuant la soustraction du produit des deux nombres du bas au produit des deux nombres du haut : $(7 \times 11) - (5 \times 10) = 27$.

Pour les questions 28 à 30, il n'y a pas de bonnes réponses, et peut-être pas de si mauvaises réponses pour peu que vous sachiez argumenter, et répondre avec honnêteté et flexibilité, c'est-à-dire avec souplesse. Dans tous les cas, pensez à être concret et descriptif et essayez d'être affirmé et assertif, sans être trop agressif ou passif.

28. a. Il y a un biais, l'autre peut avoir des soucis qui ne vous concernent pas. Ne prenez pas les choses contre vous.

b. Vous maintenez un climat relationnel en laissant à l'autre le temps nécessaire. Cela peut-être une bonne chose, mais peut aussi être vécu par l'autre comme un signe d'indifférence de votre part.

c. Probablement que vous essayez de vous protéger et que vous n'êtes pas assez enclin à appréhender ce que l'autre ressent. Attention à ce que l'ambiance ne soit pas détériorée à cause d'un cercle vicieux dans lequel chacun prend ses distances.

29. Illustrez de situations concrètes. Chaque adjectif peut vous servir comme vous desservir selon les illustrations que vous apporterez. Soyez franc, non énigmatique, et pas trop prévisible !

30. Expliquez au jury votre compréhension de la phrase, et les situations auxquelles elle vous fait penser.

PARTIE 2

Sujets corrigés

Chapitre 4
Évaluation numérique (concours externe et interne)

Sujet Concours blanc

Sujet | Concours blanc

35 min

ÉNONCÉ

1. Un cheval de Troie est :

❒ **a.** un ordinateur très puissant.
❒ **b.** un nouveau type de souris.
❒ **c.** un logiciel malveillant.
❒ **d.** un jeu informatique.

2. Un mot de passe devrait idéalement être modifié pour chaque site informatique :

❒ **a.** vrai ❒ **b.** faux

3. Les réseaux sociaux relèvent strictement de la vie privée pour un gendarme :

❒ **a.** vrai ❒ **b.** faux

4. Il est recommandé sur Facebook de privilégier une forme d'anonymat :

❒ **a.** vrai ❒ **b.** faux

5. De manière générale, les smartphones sont bien sécurisés :

❒ **a.** vrai ❒ **b.** faux

6. L'autorité administrative indépendante dont la mission est notamment de veiller aux respects des libertés individuelles en matière d'information est :

❒ **a.** le Défenseur des droits.
❒ **b.** la CNIL.
❒ **c.** l'AMF.
❒ **d.** l'ARCEP.

7. Le logiciel Word est un logiciel :

❒ **a.** de traitement de texte.
❒ **b.** de dessin.
❒ **c.** de tableur.
❒ **d.** de jeu.

8. Google Chrome, Firefox et Internet Explorer sont des :

❒ **a.** ordinateurs. ❒ **c.** virus.
❒ **b.** navigateurs. ❒ **d.** imprimantes.

9. Le terme français pour un « mail » est :

❒ **a.** un moniteur. ❒ **c.** un courriel.
❒ **b.** un modérateur. ❒ **d.** un dispositif mobile.

10. Quel est le périphérique amovible de stockage permettant de transférer ou de récupérer très facilement des données sur un appareil comportant un port adapté ?

❒ **a.** Une clé USB. ❒ **c.** Un hardware.
❒ **b.** Un cube TICE. ❒ **d.** Un MOOC.

11. La principale encyclopédie en ligne est :

❒ **a.** Qwant. ❒ **c.** Wikipédia.
❒ **b.** Lycos. ❒ **d.** Norton.

12. Un hacker est :

❒ **a.** un pirate informatique.
❒ **b.** un logiciel spécialisé.
❒ **c.** un clavier virtuel.

13. La conservation des données personnelles informatiques d'un utilisateur implique de sa part :

❒ **a.** des piratages. ❒ **c.** des sauvegardes.
❒ **b.** des forwards.

14. Un utilisateur de réseaux sociaux doit être vigilant quant à ses :

❒ **a.** paramètres de confidentialité.
❒ **b.** paramètres de jeu.
❒ **c.** paramètres d'affichage.
❒ **d.** paramètres monétaires.

15. Instagram est un réseau social basé essentiellement sur la mise en ligne de :

❒ **a.** textes. ❒ **c.** photos.
❒ **b.** poésies.

16. Une connexion est sécurisée par :

❒ **a.** réciprocité de la confiance entre utilisateurs.
❒ **b.** login et mot de passe.
❒ **c.** échanges de courriels.
❒ **d.** amitiés sur les réseaux sociaux.

17. Le darknet suppose :

❒ **a.** de s'identifier par son propre nom.
❒ **b.** de rester anonyme.
❒ **c.** de communiquer avec les gouvernements.

18. Pour être fiable, un ordinateur doit faire l'objet de mises à jour :

❒ **a.** régulières.
❒ **b.** interdites.
❒ **c.** annuelles.
❒ **d.** uniquement s'il est revendu

19. Formater une clé USB conduira à :

❒ **a.** supprimer les données.
❒ **b.** la détruire.
❒ **c.** rendre impossible sa réutilisation.

20. Il est possible de se connecter de manière filaire à Internet via :

❒ **a.** un port Ethernet.
❒ **b.** un port VGA.
❒ **c.** une prise jack.

CORRIGÉ

Sujet | Concours blanc

CORRIGÉ

1 c.	2 a.	3 b.	4 a.	5 b.
6 b.	7 a.	8 b.	9 c.	10 a.
11 c.	12 a.	13 c.	14 a.	15 c.
16 b.	17 b.	18 a.	19 a.	20 a.

PARTIE 2

Sujets corrigés

Chapitre 5

Entretien avec le jury (concours externe et interne)

Sujet 1 | Exposé

10 min

ÉNONCÉ

Sujet : **Dans quelle mesure la Justice est-elle du rôle des citoyens ?**

CORRIGÉ

Sujet 1 | Exposé

Analyse du sujet

Le sujet pose la question relativement complexe des responsables de la mise en œuvre de la Justice dans la société et du rôle que peuvent y tenir les citoyens.

Le sujet est posé sous la forme d'une question : « Dans quelle mesure la Justice est-elle du rôle des citoyens ? »

Il convient de noter que le libellé mentionne clairement « Dans quelle mesure » : il est donc attendu du candidat qu'il prenne une position personnelle, argumentée et nuancée.

Organisation des idées

Le plus simple est alors de regrouper les idées dans trois domaines :

– l'histoire ;
– le droit ;
– la société.

Le plan le plus logique est le suivant :

– première partie : la commercialisation des données ;
– deuxième partie : l'intrusion dans la vie privée.

Plan détaillé organisé au brouillon

Grâce à ce plan détaillé organisé au brouillon, vous aurez les idées essentielles de votre exposé, et il vous servira de fil conducteur et d'aide-mémoire tout au long de votre exposé. De plus, en ne notant au brouillon que les idées essentielles, vous aurez le temps de préparer en totalité votre exposé et vous ne serez pas tenté de lire devant le jury des phrases rédigées entièrement au brouillon. Votre prestation orale sera ainsi bien plus fluide, naturelle et efficace.

Introduction

– État-providence
– Nouveaux rapports sociaux

Première partie : la Justice est du rôle de l'État :

– Rappels historiques
– Judiciarisation de la société
– La Justice sociale

Seconde partie : la Justice est également du rôle des citoyens :

– La surveillance des individus au moyen des nouvelles technologies
– Rôle des citoyens dans la justice sociale
– Multiplicité des acteurs
– Motivations multiples des acteurs

Conclusion

Démarche personnelle pour se positionner vis-à-vis des dangers d'Internet et des réseaux sociaux.

Proposition de corrigé

Votre introduction doit définir le sujet et poser clairement sa problématique.

La société actuelle est marquée par de très fortes attentes des citoyens à l'endroit de l'État. Progressivement, l'État est devenu arbitre, protecteur et providence. Désormais, d'aucuns estiment que l'État s'est transformé en « État-nounou ». Avec le phénomène des droits-créances (droit au logement, à la santé, à l'éducation, à la santé…) et le relativisme moral qui conduit à faire des citoyens des êtres égaux et interchangeables, le concept de justice connaît de semblables mutations. On peut alors légitimement s'interroger sur les responsables de la mise en œuvre de la justice au sein de notre société. (**Introduction**)

Votre développement, sans être trop long, doit avancer votre position, de manière argumentée et illustrée par des exemples concrets.

L'image de la justice s'est historiquement construite autour du pouvoir régalien. Les écoliers de la IIIe République regardaient pieusement dans leurs manuels l'image gravée de Saint-Louis rendant la justice au pied d'un chêne. Progressivement, la justice a mué, mais l'image étatique de neutralité, d'impartialité et d'équilibre est restée la même. De manière schématique, l'État devait arbitrer entre le légal et l'illégal, la récompense et la sanction, le juste et l'injuste, ou, en d'autres termes, entre le bien et le mal. La judiciarisation croissante des rapports sociaux ainsi que les fortes attentes de la population à l'égard des pouvoirs publics et des institutions ont conduit à transformer profondément la manière dont la justice est rendue.

Le terme même de justice a été dénaturé. Il ne s'agit plus seulement de trancher des conflits privés ou de sanctionner des délinquants, mais désormais de rétablir un ordre social que l'on estime, à tort ou à raison, déséquilibré. La justice sociale a fait son apparition. Mélange confus d'égalitarisme politique et d'aspiration à une aide efficace envers les plus démunis, la justice sociale a pris autant de place que la justice rendue par les tribunaux.

Cette justice sociale est en premier lieu l'apanage de l'État. De multiples institutions (écoles, hôpitaux publics, caisses d'aides sociales…) viennent en aide aux milieux défavorisés, notamment en vue de leur donner une meilleure place au sein de notre société. Mais, des acteurs privés, des personnes morales et des personnes physiques assurent aussi le respect de cette justice sociale. De manière individualisée – donc de manière plus efficace, peut-être, que la machine administrative –, la justice sociale est mise en place par certains membres de notre société.

Cette participation individuelle est d'autant plus remarquable qu'elle est conduite de manière désintéressée. Elle peut notamment se réaliser au nom d'idéaux supérieurs : croyance religieuse, humanisme philosophique, sentiment patriotique envers ses concitoyens… En toute hypothèse, elle s'inscrit dans une démarche volontariste de vie en collectivité dans laquelle l'aide et la participation sont le véritable ciment social. (**développement**)

La conclusion doit faire la synthèse de vos idées et ouvrir le débat dans une perspective plus large. Le jury de l'épreuve orale aura alors compris que votre exposé est terminé et pourra vous poser ensuite des questions sur votre exposé, votre parcours et vos motivations pour devenir sous-officier de gendarmerie.

Par conséquent, dans une société où l'État n'est plus en mesure de répondre de manière totalement satisfaisante à toutes les attentes des citoyens à son endroit, la participation de chacun à la poursuite de l'idéal de justice est une nécessité vitale. Cette nécessité est renforcée par la disparition progressive de nombre de liens familiaux et sociaux, ainsi que par l'atomisation en communautés des sociétés occidentales. (**Conclusion**)

Sujet 2 | Discussion

30 min

ÉNONCÉ

Répondez aux questions suivantes.

1. Quels enseignements tirez-vous de vos expériences professionnelles ?

2. Quel fait récent d'actualité a retenu votre attention ?

3. Comment vous êtes-vous préparé au concours

4. Quelle personnalité admirez-vous ?

5. Vous arrive-t-il de prendre des risques ?

6. Selon vos proches, quels sont vos défauts ?

7. Quels pays étrangers connaissez-vous ?

8. Avez-vous déjà vécu en collectivité ?

9. Si vous échouez au concours de gendarme, qu'allez-vous faire ?

10. Avez-vous des activités associatives ?

11. Que pensez-vous du port de l'arme ?

12. Aimez-vous commander ?

13. Pourquoi avoir choisi la Gendarmerie nationale plutôt que la Police nationale ?

14. La hiérarchie est-elle toujours nécessaire ?

15. Quels sont les avantages et les inconvénients du métier de gendarme ?

16. Selon vous, dans quel cas un gendarme peut-il se montrer violent ?

17. Quelle est la solde d'un gendarme ?

18. Pensez-vous avoir les qualités requises pour être gendarme ?

19. Êtes-vous prêt à vivre en caserne ?

20. Quel sens donnez-vous aux termes « service public » ?

21. Quels sont les principaux services de la Gendarmerie nationale ?

22. Quel bilan faites-vous de votre parcours scolaire ?

23. Qu'est-ce qui vous énerve dans la vie ?

24. Quelles sont les principales familles de métiers de la Gendarmerie nationale ?

25. Souhaitez-vous rentrer dans la Gendarmerie nationale pour devenir fonctionnaire ?

26. Un gendarme est-il toujours armé ?

27. Quelles sont les principales missions de la gendarmerie mobile ?

28. Que pensez-vous de la distinction entre les drogues douces et les drogues dures ?

29. Que pensez-vous de l'image de la gendarmerie nationale auprès du public ?

30. Vous êtes gendarme, vous voyez un véhicule passer au feu rouge. Vous contrôlez ensuite le véhicule, et vous constatez que c'est votre voisin qui en est le conducteur. Que faites-vous ?

CORRIGÉ

Sujet 2 | Discussion

Proposition de corrigé

1. Comme pour les autres questions, et pour l'entretien d'une manière générale, vous devez vous efforcer de toujours rester sur une note positive. Même dans vos expériences les plus négatives, vous devez chercher ce que cela a pu vous apporter sur le plan personnel. De même, essayez de faire le lien avec l'acquisition de compétences ou d'expériences en lien avec le métier de gendarme (exemples : informatique, secourisme, langues étrangères…).

2. Le choix est bien entendu libre. Néanmoins, une victoire sportive ou un mariage princier ne sont pas tout à fait des événements à propos desquels le jury souhaite que vous vous exprimiez. Choisissez un fait d'actualité sur lequel vous pouvez fournir un commentaire personnel. D'une manière générale, soyez bien au courant de l'actualité, notamment dans les domaines pouvant concerner la gendarmerie.

3. Cette question doit être l'occasion de démontrer votre motivation. Vous n'êtes pas là par hasard, vous avez pris le temps et les moyens de vous préparer au concours.

4. Un sportif ou un chanteur ne sont pas forcément des personnes manquant d'exemplarité, mais il est préférable de choisir une personnalité plus tournée vers le service à autrui ou à son pays. Soyez prêt à développer et à justifier votre réponse si le jury vous demande de le faire.

5. épondez avec franchise. Toutefois, ayez bien conscience que le discernement professionnel d'un gendarme implique de ne pas prendre de risques injustifiés.

6. Naturellement, tout le monde a des défauts. Néanmoins, il vous faut réfléchir sérieusement à leur compatibilité avec l'exercice du métier de gendarme.

7. Outre vos voyages, le jury pourra s'intéresser à vos loisirs, vos lectures, vos goûts en matière de cinéma, vos pratiques sportives… Montrez-vous curieux et ouvert, mais n'inventez rien. Le jury aurait alors tôt fait de vous démasquer et de vous pénaliser.

8. Même si vous n'avez jamais vécu en collectivité, vous devrez pouvoir l'accepter (le gendarme effectue toujours un travail d'équipe et il est logé sur son lieu de travail). La capacité d'adaptation, le sens du collectif, l'ouverture d'esprit et la tolérance envers les autres sont alors des qualités essentielles.

9. Le retenter, bien sûr ! Mais en ayant toujours une alternative. Par exemple, vous pouvez exercer un travail ou reprendre des études, tout en préparant à nouveau le concours de gendarme.

10. Un engagement associatif n'a rien d'obligatoire pour faire de vous un bon candidat. Si tel était le cas, valorisez au mieux cette expérience devant le jury en mettant en avant votre sens des responsabilités et votre altruisme.

11. L'arme est une nécessité professionnelle. Son cadre d'utilisation est strictement encadré. Connaissez et précisez devant le jury le cadre de la légitime défense, notamment dans ses spécificités pour les gendarmes.

12. Sans tomber pour autant dans l'autoritarisme, il est difficile de répondre négativement à cette question. Un gendarme est un agent de l'autorité. Le sens de l'autorité fait partie des critères d'évaluation d'un candidat.

13. Sans dénigrer la Police nationale, il faut savoir défendre son choix, en évoquant ce qui vous attire davantage dans la gendarmerie. Il n'est pas, non plus, exclu de présenter les deux concours.

14. La Gendarmerie nationale est un corps de militaires, fortement hiérarchisé. Il faut savoir l'accepter, même si cela peut parfois être contraignant.

15. Si les avantages sont souvent évidents, toute médaille a son revers. À vous de réfléchir à cette question et de trouver quelques illustrations (travail éloigné de sa région d'origine, large disponibilité, risques professionnels…).

16. La violence peut être légitime. Rappelez-vous que Max Weber définissait l'État comme l'institution qui détient le monopole de la violence légitime. Il n'empêche que l'utilisation de la force est strictement encadrée.

17. L'introduction de ce manuel vous donnera la réponse.

18. Réfléchissez à ces qualités et mettez-les en comparaison avec vos qualités personnelles, telles que définies par vous-même et vos proches. Il est évident qu'un gendarme doit être honnête et présenter un sens réel du devoir.

19. Les gendarmes et leur famille ne vivent pas réellement en caserne. En revanche, la proximité des collègues et de la hiérarchie peut rendre difficile une certaine intimité familiale.

20. C'est à chacun d'avoir sa propre définition du service public, mais le cœur de votre réponse doit concerner le dévouement à la nation, notamment en raison du fort engagement personnel que peuvent présenter certaines missions de la gendarmerie.

21. Sans avoir une connaissance très large de la Gendarmerie nationale, vous devez en connaître l'organisation, les principaux services et les missions majeures. La première partie de ce manuel présente clairement les services de la Gendarmerie nationale. Vous devez être capable de les présenter sommairement et, le cas échéant, de pouvoir indiquer dans quel service vous souhaitez servir.

22. Répondez honnêtement tout en gardant à l'esprit deux aspects essentiels. Tout d'abord, faites de votre mieux pour maintenir une attitude positive. Ensuite, aucun itinéraire éducatif n'est privilégié par rapport à un autre pour devenir sous-officier de gendarmerie. Toutes les formations sont accueillies avec bienveillance.

23. Pensez à un sujet qui suscite en vous une certaine irritation, tout en étant capable d'apporter une certaine nuance à votre réponse. Vous devrez être en mesure d'articuler des arguments solides pour soutenir votre point de vue devant le jury.

24. Compte tenu de la diversité de ses missions, la Gendarmerie nationale offre plus de cent « métiers » différents en matière de :
– sécurité générale ;
– investigation ;
– police technique et scientifique ;
– renseignement ;
– ordre public ;
– intervention ;
– coopération internationale ;
– fonctions supports (formation, ressources humaines, logistique…).

25. Il est important de rappeler que l'objectif principal de rejoindre la Gendarmerie nationale n'est pas simplement d'acquérir le statut de fonctionnaire. En effet, sur le plan statutaire, il convient de noter que les gendarmes sont des militaires.

26. Oui, un gendarme est toujours armé. Il ne peut cependant faire usage de son arme que dans le cadre de la légitime défense.

27. De nos jours, en plus de leur rôle fondamental dans le rétablissement et le maintien de l'ordre, les escadrons de gendarmerie mobile (EGM) participent activement à la plupart des autres missions de la gendarmerie. Ils sont fréquemment mobilisés en renfort d'autres services, principalement pour des missions de sécurisation en France métropolitaine et en outre-mer.

28. Il est vrai que certaines drogues sont plus dangereuses que d'autres. Mais, il est fréquent de constater que les individus les plus gravement touchés par la toxicomanie ont initialement commencé par des drogues considérées comme moins nuisibles. En tant que gendarme, il convient de souligner que le Code pénal sanctionne sévèrement les drogues dures, même si certaines personnes les qualifient de douces.

29. La Gendarmerie nationale a une bonne image auprès du public. Néanmoins, il est indéniable que la prévention, les interactions de proximité et les diverses relations avec les citoyens peuvent rapprocher la Gendarmerie nationale de certains secteurs de la population, en particulier dans les quartiers complexes des zones périurbaines.

30. Lors de l'entretien oral, le jury peut vous soumettre d'autres questions de mises en situation professionnelles. Dans tous les cas, répondez toujours avec honnêteté et en utilisant votre jugement. N'oubliez pas que vous avez la responsabilité de montrer l'exemple et de garantir l'égalité de tous les citoyens devant la loi. Cela signifie que, même si c'est votre voisin, vous devrez appliquer la loi et éventuellement le verbaliser si cela est justifié.

PEFC
PEFC/30-32-821

Achevé d'imprimer en Décembre
2023 par Wilco aux Pays-Bas
Dépôt légal: Janvier 2024
N° éditeur MAGSI20230035